DIÁRIO DA CATÁSTROFE BRASILEIRA

ANO II
UM GENOCÍDIO ESCANCARADO

RICARDO LÍSIAS

DIÁRIO DA CATÁSTROFE BRASILEIRA

ANO II
UM GENOCÍDIO ESCANCARADO

1ª EDIÇÃO

EDITORA RECORD
RIO DE JANEIRO • SÃO PAULO
2021

CIP-BRASIL. CATALOGAÇÃO NA PUBLICAÇÃO
SINDICATO NACIONAL DOS EDITORES DE LIVROS, RJ

L753d
    Lísias, Ricardo, 1975-
        Diário da catástrofe brasileira : ano II : um genocídio escancarado / Ricardo Lísias. - 1. ed. - Rio de Janeiro : Record, 2021.

        Sequência de: Diário da catástrofe brasileira : ano I
        ISBN 978-65-5587-275-0

        1. Ficção brasileira. 2. Lísias, Ricardo, 1975- - Diários. 3. Brasil - Política e governo - Séc. XXI. I. Título.

21-69900
                CDD: 869.3
                CDU: 82-3(81)

Camila Donis Hartmann - Bibliotecária - CRB-7/6472

Copyright © Ricardo Lísias, 2021

Design de capa: Leonardo Iaccarino

Todos os direitos reservados. Proibida a reprodução, armazenamento ou transmissão de partes deste livro, através de quaisquer meios, sem prévia autorização por escrito.

Texto revisado segundo o novo Acordo Ortográfico da Língua Portuguesa.

Direitos exclusivos desta edição reservados pela
EDITORA RECORD LTDA.
Rua Argentina, 171 – Rio de Janeiro, RJ – 20921-380 – Tel.: (21) 2585-2000.

Impresso no Brasil

ISBN 978-65-5587-275-0

Seja um leitor preferencial Record.
Cadastre-se em www.record.com.br
e receba informações sobre nossos
lançamentos e nossas promoções.

Atendimento e venda direta ao leitor:
sac@record.com.br

SUMÁRIO

Apresentação — 07

PRIMEIRO TRIMESTRE — 19
Crianças e adolescentes em tempos sombrios

SEGUNDO TRIMESTRE — 115
Agamben está se tornando mais tolo

TERCEIRO TRIMESTRE — 221
Um genocídio escancarado

QUARTO TRIMESTRE — 283
O mal-estar na civilização

APRESENTAÇÃO

27 de dezembro de 2020

O ano que agora se arrasta para o final marca o absoluto e voraz sucesso do presidente da República. Depois de algumas décadas como parlamentar de comportamento repulsivo e sempre contra qualquer sinal de civilização que lhe passasse pela frente, o pior candidato da história brasileira foi eleito com mais de 57 milhões de votos com a única proposta de trazer ao país violência, destruição, todo tipo de caos e morte. Ele não falou em outra coisa durante a campanha.

O ano de 2019 abriu espaço para esse projeto. O Brasil assistiu à destruição de sua imagem no exterior (o chanceler chegou a afirmar que o isolamento é um ponto positivo), enquanto por aqui tudo começava a ser dinamitado. Os ministros foram nomeados para destruir o objeto de suas respectivas pastas. Um exemplo claro é o do Meio Ambiente, que faz de tudo para regulamentar leis que irão destruir florestas, causar ainda mais desespero aos povos indígenas e por fim minar garantias de conservação ambiental. Os nomes que se sucederam no Ministério da Educação por sua vez pareciam mais interessados em protagonizar pantomimas públicas do que em fazer qualquer proposta consistente para a área mais estratégica do país. Por fim, foi nomeado um pastor com ideais medievais. Os escalões inferiores também não fugiram disso: ainda em janeiro o secretário da Cultura será demitido por interpretar orgulhosamente Joseph Goebbels em uma *live*. Regina Duarte o sucederá no pior papel de sua vida, deixando dúvidas sobre a própria sanidade mental. Quanto ao diretor da Fundação Palmares, encarregado de combater o racismo no país, basta dizer que ele faz declarações racistas. Os ministros da Saúde vão logo aparecer em todas as entradas, a partir de março.

No primeiro ano de governo faltou apenas uma mortandade a céu aberto impulsionada pelo governo para que o pior candidato da história eleitoral brasileira conseguisse realizar seu projeto político. Foi o que aconteceu em 2020. O Brasil é hoje um lugar tétrico, com a morte por todo lado, controlando tudo e sendo cuidadosamente cultivada pelo presidente da República e seu numeroso *entourage*.

Durante o ano, o presidente da República fará absolutamente tudo o que estiver a seu alcance para aumentar os óbitos causados pela pandemia mundial do novo coronavírus. Todas as medidas recomendadas pelas organizações médicas nacionais e internacionais serão não apenas regiamente descumpridas pessoalmente por ele como incentivadas à desobediência pela população.

É difícil estimar o futuro de Jair Messias []. Depois do que acontecerá em Manaus daqui a poucas semanas (quando pacientes internados por causa da Covid-19 irão morrer por falta de oxigênio hospitalar) e da sabotagem que o governo promoverá ao processo de vacinação, o impeachment continuará fora do horizonte. Continuará assim mesmo depois que todo o sistema de saúde do país colapse e ele zombe em rede nacional de pessoas sentindo falta de ar. Haverá aqui e ali ameaças distantes de julgamento pelo Tribunal Penal Internacional. O que se pode afirmar com segurança é que nunca um político brasileiro foi tão bem-sucedido em cumprir suas promessas de campanha. O Brasil é hoje sinônimo de Morte. Eleito para isso, o presidente fez o que pretendia com bastante rapidez e enorme eficácia.

28 de dezembro

O Brasil foi formado em um projeto de violência contra os grupos vulneráveis. Os povos indígenas são lentamente torturados há séculos. Acontece o mesmo com a população negra. Nada disso fica disfarçado e no geral tudo ocorre através das forças do Estado e com a permissão, incentivo e mesmo execução das instituições.

É a primeira vez, por outro lado, que esse extermínio foi apresentado como promessa de campanha de um candidato a presidente da República. Mais de 57 milhões de pessoas votaram para oficializar nas urnas a violência que constitui desde sempre o Brasil. Ainda que muitos grupos tentem obstinadamente desde o dia 28 de outubro de 2018 colocar panos quentes, teremos que viver com a terrível percepção: quem votou no atual presidente da República é capaz de qualquer coisa.

Ademais, ainda que tudo isso faça parte da nossa história, os índices de violência pioraram. A polícia, por exemplo, nunca foi tão violenta. Ela age, nunca é demais dizer, sob aplauso da principal autoridade do país. Crianças negras são assassinadas continuamente. Sempre foi assim, só que agora é uma política oficial. Ontem um adolescente negro cumpriu por fim as medidas socioeducativas que a justiça lhe havia imposto. Todos estavam contentes: o advogado, o juizado de menores e a família. Ontem mesmo ele foi assassinado por alguém que parecia estar escondido à sua espera. É um exemplo entre tantos. O Brasil se tornou um enorme necrotério, um campo de morte, um espaço de comemorações mórbidas, um país em que o presidente festeja a morte com piadinhas. Um horror eleito por mais de 57 milhões de pessoas. Agora é oficial.

Um certo número de óbitos causados pelo novo coronavírus seria inevitável. É função de um governo proteger a vida de sua população em primeiro lugar, e não incentivar atitudes que irão matá-la. Na véspera de Natal, foi essa a manchete da BBC no site em português: "Brasil tem mais mortes por covid em 1 semana do que 63 países juntos na pandemia inteira." É essa a linha fina: "Com 212 milhões de habitantes, o Brasil registrou mais mortes por covid-19 no espaço de uma semana do que outros 63 países juntos ao longo da pandemia inteira — esse grupo de nações soma 634 milhões de habitantes."[1]

Como vou argumentar ao longo do ano, o Brasil está assistindo a um genocídio escancarado, a céu aberto e oficial. Acuso o presidente da República Jair Messias [] de conduzir abertamente um genocídio durante a pandemia do novo coronavírus. Ele tomou e continua tomando conscientemente medidas para ampliar o número de mortes causadas pela Covid-19.[2]

29 de dezembro

Outro assunto que vai ocupar muitas entradas é a negação da gravidade do que estamos vivendo. Com exceção de seus apoiadores assumidos, não haverá quem negue a inépcia do governo federal na crise causada pela pandemia. Será muito menor a proporção daqueles que aceitarão algo evidente: o governo age de caso pensado e toda essa mortandade está em seu projeto político.

As razões são muitas e diferentes para cada grupo de negação. Bastante gente na verdade apoia veladamente o governo. Outros, como cientistas e intelectuais, giram em torno do que para eles se tornou estranhamente uma verdade: trata-se de incompetência. Por que esses grupos, com exceção de vozes muito isoladas, não aceitam que há um projeto por trás de cada ato aparentemente insano do mito, não sei explicar. A classe médica no geral apoiou a eleição da Morte para presidente. Talvez esteja aí uma parte da explicação. Dá para dizer o mesmo da imprensa, que, como veremos, continua a apoiá-lo, muito por conta do poder financeiro. Tentarei examinar cada um desses grupos. Agora, posso ser enfático: se esses meios empregassem um terço da

---

1. Ver <www.bbc.com/portuguese/brasil-55429651>.
2. Daqui a algumas semanas a organização Conectas publicará um relatório circunstanciado mostrando como as ações do presidente da República, no que diz respeito à pandemia, pretenderam disseminar voluntariamente o vírus causador da Covid-19. O relatório está disponível em <www.conectas.org/wp/wp-content/uploads/2021/01/Boletim_Direitos-na-Pandemia_ed_10.pdf>.

força que investiram para afastar Dilma Rousseff da presidência da República e prender Lula, o presidente brasileiro seria outro hoje. O destino de muitas das 353.137 pessoas que perderão a vida até o fechamento desse livro mudaria.

A ocasião me parece boa para avaliar a circulação do *Ano I* do *Diário da catástrofe brasileira*. No que diz respeito a essa mesma imprensa, o livro foi ignorado. Tendo sido compreendido como um trabalho endereçado à editoria de política e não à de arte e cultura, e ao mesmo tempo criticando enfaticamente essa mesma editoria, o livro não foi resenhado por nenhum jornal, embora eu saiba que inúmeros jornalistas dessa área o tenham lido. A única resenha, aliás brilhante, saiu na revista *Quatro cinco um*, que não separa sua pauta por temas.[3]

Para este *Ano II*, não fiz nenhum jogo de boa vizinhança, como o leitor irá logo notar. Acho que um breve exame de um editorial recente do jornal *O Estado de S. Paulo* pode mostrar bem a situação do jornalismo político no Brasil.

Amanhã.

30 de dezembro

Acompanhei o noticiário internacional sobre a Covid-19. Dá para dizer com bastante tranquilidade que o jornalismo brasileiro não fez feio. A pauta de esportes, que também acompanho curioso, continuou ótima. As páginas destinadas à cultura e ao discurso intelectual diminuíram um pouco e tiveram certa guinada conservadora. Nada muito destrutivo.

Tudo isso me obriga a uma conclusão: os jornalistas brasileiros sabem trabalhar. A próxima pergunta, assim, continua obrigatória: por que as editorias de política insistem em aderir ao ponto de vista do mercado financeiro? A resposta é óbvia e vai aparecer nas páginas deste *Ano II* inúmeras vezes.

---

3. Ver <quatrocincoum.folha.uol.com.br/br/resenhas/os-melhores-livros-de-2020/um--romance-mural?_ga=2.88645211.1799948511.1613885001-2009913675.1613885001>.

Com muita razão, tornou-se antológico o repulsivo editorial que o jornal *O Estado de S. Paulo* publicou sob o título "Uma escolha muito difícil" em 2018. Se o texto tivesse sido lançado às vésperas do primeiro turno, eu concordaria: fácil ali era apenas decidir não votar na Morte. No dia 28 de outubro de 2018, havia apenas uma opção possível: o voto em Fernando Haddad. O resto significava o que estamos vivendo hoje...

Há alguns dias, o mesmo jornal publicou outro editorial tentando encontrar os culpados pela eleição de []. Seríamos todos nós... Esse é um resumo das editorias de política e economia do jornalismo profissional brasileiro: repetir incansavelmente que é preciso distribuir e dividir culpas. Sem dúvida, uma conjuntura fez com que a Morte fosse eleita presidente da República no Brasil em 2018 com mais de 57 milhões de votos. Um dos principais fatores, como a própria Morte afirmou, foi a criação da Operação Lava Jato, para o que a mídia mainstream foi decisiva.

De resto, não há até aqui, por parte dessas editorias falsamente indignadas e muito corporativistas, o menor movimento efetivo para derrubar a Morte do cargo que torna seu poder efetivamente matador. Vou falar muito disso, agora quero apenas apresentar outra situação, que observei ao lado da negação: a repetição.

31 de dezembro

Como se sabe, o procedimento da morte não tem variação: ela encerra a vida. Dá para dizer que temos aqui a repetição por excelência. Como a própria Morte disse várias vezes depois de eleita presidente da República do Brasil, ela um dia encontra todo mundo. No Brasil vai ser mais cedo para bastante gente, já que as urnas legitimaram isso.

Assim, tornou-se fundamental compreender como agir diante dessa repetição incontornável. Por um lado, é possível insistir em um movimento que irá o tempo inteiro marcar a existência da morte, sem que se faça qualquer coisa para afastá-la além dessa própria insistência. Outra repetição possível é a que fornecerá motores capazes de impulsionar um distanciamento.

A primeira hipótese, a que repete sem parar a existência da morte sem que isso ofereça qualquer resistência (e nem mesmo defesa), é uma doença. A "compulsão à repetição" é um dos conceitos mais discutidos por Freud. Durante o ano de 2020, com um genocídio acontecendo na frente de todo mundo, o Brasil assistiu a uma repetição doentia das notas de repúdio, editoriais indignados, falas inflamadas na televisão e todo tipo de discurso exaltado contra a Morte. Logo ficou claro que nada disso daria conta de brecar o desastre humanitário que o país protagoniza até agora — e tudo indica que continuará assim por longas semanas. Quando essa impotência ficou clara, os emissores do discurso repetitivo fizeram o seguinte: repetiram de novo e da mesma forma o que já vinham falando!

Esse será um dos meus principais assuntos nos próximos meses.

Apenas para não deixar no ar: a repetição que resiste é aquela que empurra a Morte para longe de seu centro. Ela está mais próxima da paródia, por exemplo, do humor ou do mero e simples combate. Por favor, leitor, entenda combate aqui como enfrentamento de todas as naturezas. A literatura viu esse potencial há bastante tempo:

> Quando se deseja trazer alguém dessas alturas de volta para a terra, o mais eficiente mecanismo de controle é a paródia: ele não é único, tem mais um que fala igual a ele, que tem a aparência dele, que se comporta como ele. E então rimos. E se desejamos não apenas trazer alguém dessas alturas para baixo, mas também destruir a pessoa em questão, basta mostrar de que maneira aquilo que essa pessoa disse ou fez é uma cópia de outra coisa que alguém mais disse ou fez.[4]

Um dos últimos assuntos deste novo volume do *Diário* é justamente uma paródia.

Outro discurso bastante repetido em 2020 foi o da necessidade de proteção, a todo custo, do patrimônio das classes altas. Continuo amanhã.

---

4. Ver KNAUSGARD, Karl Ove. *O fim*. Trad. de Guilherme da Silva Braga. São Paulo: Companhia das Letras, 2020, p. 207.

1º de janeiro de 2021

Agora no final do ano apareceu uma tradução para o português de *Violência e a história da desigualdade:* da Idade da Pedra ao século XXI. Logo no início, Walter Scheidel é claro e categórico:

> Os choques violentos tiveram suprema importância na perturbação da ordem estabelecida, na compressão da distribuição da renda e da riqueza e na redução do abismo entre ricos e pobres. Ao longo de toda a história registrada, o nivelamento mais poderoso resultou, invariavelmente, dos choques mais poderosos. Quatro tipos diferentes de rupturas violentas nivelaram a desigualdade: as guerras com mobilização em massa, as revoluções transformadoras, as falências do Estado e as pandemias letais.[5]

Ele obviamente destaca que alguma variação na desigualdade pode ser obtida através de reformas lentas e custosas. É o caso por exemplo do Brasil e de outros países latino-americanos ao longo dos anos 2000.[6] No geral essas mudanças acabam neutralizadas pelo poder financeiro que, sem dificuldade, faz tudo regredir, muitas vezes para uma situação ainda pior. É a isso que estamos assistindo.

O que vimos em 2020 no Brasil foi uma enorme coalizão, com muita gente que se enxerga como de esquerda participando animadamente, para defender o patrimônio e a renda dos grupos já privilegiados. Um pequeno foco de incêndio em uma loja da rede Carrefour logo será apagado com o slogan "isso não resolve nada". A taxação das grandes fortunas, realizada em alguns países para cobrir os gastos com a Covid-19, por aqui não vê nenhum tipo de debate consistente.

---

5. Ver SCHEIDEL, Walter. *Violência e a história da desigualdade:* da Idade da Pedra ao século XXI. Trad. de Vera Ribeiro. Rio de Janeiro: Zahar, 2020, p. 18.
6. Ibid., p. 21.

Há um esforço gigantesco para que a população seja uma vítima pacificada da violência que o mercado financeiro e seu braço de apoio no Brasil, o Estado, impõe-lhe cotidianamente. No início de 2021 circulará a seguinte notícia, que reproduzo aqui através da manchete e da linha fina: "Fortuna dos mais ricos no mundo salta 31% no ano da pandemia. De acordo com o Índice de Bilionários da Bloomberg, as 500 pessoas mais ricas do planeta somaram a suas fortunas US$ 1,8 trilhão."[7] Naturalmente, os menos bilionários também ganharam bastante. Muita gente por aqui aumentou os lucros durante o genocídio.

Dando um salto analítico, termino hoje afirmando que os establishments no Brasil se esforçam bastante para cultivar todo tipo de bom comportamento. A propósito, inclusive o artístico. Amanhã fecho essa apresentação com as críticas ao meu trabalho.

2 de janeiro de 2021

O *Ano I* do *Diário da catástrofe brasileira* não recebeu nenhuma crítica em público. Aqui e ali apareceram comentários lançados esporadicamente em redes sociais e vários rumores acabaram chegando a mim. Isso é bastante normal no Brasil, que não muda nem mesmo debaixo de um genocídio. Acho bastante desagradável. Todas as críticas que fiz foram objetivas, com nome do autor e localização do raciocínio. Com exceção dos extremistas, que só merecem escárnio, todos os meus interlocutores foram tratados com respeito, ainda que às vezes eu tenha usado algum humor para lidar com o que não concordava.

Em primeiro lugar, fui atacado nas redes sociais por ter discordado de alguns ícones do meio acadêmico. No geral as agressões vieram de estudantes de pós-graduação. Não houve nenhum comentário sobre o conteúdo das minhas afirmações. Tudo ficou no nível do "onde já se viu ele falar isso e aquilo do XX e da YY?!". Agora, julgo Giorgio Agamben autor de inúmeras

---

[7]. Ver <valor.globo.com/financas/noticia/2021/01/02/fortuna-dos-mais-ricos-no-mundo-salta-31-pontos-percentuais-no-ano-da-pandemia.ghtml>.

tolices sobre a pandemia do novo coronavírus. Espero que uma turma de doutorandos não tente me bater na rua.

Acredito que a falta de argumentos confirme no geral as minhas críticas. Acho apenas que preciso observar melhor os dois últimos trabalhos de Vladimir Safatle, o livro *Maneiras de transformar mundos:* Lacan, política e emancipação[8] e sobretudo o admirável filme *#eagoraoque*,[9] em que o filósofo parece ter notado o esgotamento da própria proposta política. Como ambos foram lançados no final do ano, não houve tempo hábil para que eu fizesse algo mais consequente. Tanto a importância do trabalho de Safatle quanto o teor das duas obras merecem novo cuidado, e pretendo fazer isso agora em 2021.

A segunda crítica, do mesmo jeito realizada indiretamente, foi quanto à terminologia.[10] A questão do termo "fascista" parece ter sido por fim superada. Daqui a alguns dias o Congresso norte-americano será invadido por apoiadores de Donald Trump. Vários estarão usando camisetas com expressões como "Camp Auschwitz". A partir deste *Ano II* adoto nazifascista para caracterizar o governo da Morte. A justificativa está no próprio texto.

O que incomodou certos grupos foi a planificação que fiz entre gente de direita, liberais, conservadores e reacionários. Pelo que deu para notar, os liberais não querem ser vistos junto com os conservadores e ambos detestam ser chamados de reaças. Há inclusive quem defenda que um liberal possa ser de esquerda.

Apresento a questão amanhã, quando pretendo também me despedir.

---

8. Ver SAFATLE, Vladimir. *Maneiras de transformar mundos:* Lacan, política e emancipação. São Paulo: Autêntica, 2021.
9. Dirigido por Jean-Claude Bernardet e Rubens Rewald, o filme foi exibido na 43ª Mostra Internacional de Cinema de São Paulo.
10. Um doutorando em ciências políticas entenderá que, como não citei o nome próprio da Morte, não falei sobre ela...

3 de janeiro de 2021

Uma "produção teórica" que aparece sobretudo após a Segunda Guerra tenta diferenciar liberais, conservadores e reacionários (além das pessoas de direita) através de um conjunto de crenças, comportamentos e inclinações. Ela vai de Ludwig von Mises, passa por Roger Scruton e, um pouco antes, Michael Oakeshott. Como se pode ver, autores muito frágeis. Os mais infantis chegam a citar o gibi *Watchmen*, de Alan Moore.

Enfim, é um exercício taxonômico divertido e que proporciona algum passatempo para nerds. O que posso dizer em uma apresentação é que na prática todos chegam no dia 28 de outubro de 2018 elegendo a Morte. Além disso, aqui deixo só uma sugestão: as principais vítimas da Covid-19 são os grupos que as políticas dos liberais, dos conservadores, dos reacionários e das pessoas de direita também prejudicam. Por mais torção que muita gente tente fazer, um dos legados do liberalismo é a escravização de milhões de seres humanos. O resto, desenvolvo ao longo do livro.

Para este *Ano II*, não escrevo nenhuma vez, salvo engano, qualquer conjunção adversativa. A explicação está no volume anterior. Do mesmo jeito, continuo sem citar o nome próprio da Morte. As razões são inúmeras. Uma delas é suficiente: minha saúde mental. Este diário é bastante custoso para mim. Acho que agora em 2021 ficará ainda pior, pois pretendo analisar a forma contemporânea do Mal.

Boa leitura e até o ano que vem.

PRIMEIRO TRIMESTRE

Crianças e adolescentes em tempos sombrios

7 de janeiro de 2020

Enviei ontem o arquivo final para a editora Record, que vai publicar meu *Diário*. Enquanto escrevo, achávamos que sairia no começo de abril. Deixei para trás o descanso de uma semana que pretendia fazer. Estou dependente. Sempre fui viciado em alguma coisa. Não consigo largar esses cadernos, o que não é necessariamente ruim, desde que consiga trabalhar direito. Começo portanto o *Ano II* com uma semana de antecedência.

Pretendo fechar alguns pontos que no ano passado, por várias razões, ficaram abertos. A essa altura, ainda não sei a repercussão do *Ano I*.

O eixo geral deste novo volume será: "crianças e adolescentes em tempos sombrios". Vale como uma espécie de subtítulo. As digressões continuarão sendo muito bem-vindas. Gosto delas.

*

O leitor deve ter ligado meu subtítulo à famosa obra de Hannah Arendt. Não pretendo aqui, evidentemente, traçar qualquer tipo de perfil, como ela fez. Não se trata sequer de mudar a proposta dela, indo dos homens notáveis para crianças de 3, depois de 8 anos, e por fim os adolescentes. Pretendo observar de maneira geral como o nosso tempo sombrio, embaixo dos escombros, afeta as crianças e, do mesmo jeito, com uma troca inevitável, nos influencia.

Como defendi no *Ano I*, um dos graves problemas da nossa era é a negação: muita gente não aceita a gravidade do que estamos vivendo. Veremos aos poucos como os acontecimentos de 2020 e dos primeiros meses de 2021 confirmam isso. É preciso dizer ainda mais e deixar claro que mesmo grupos que a princípio repudiam as ameaças à civilização que acontecem todos os dias na verdade estão bastante confortáveis. Parafraseando Arendt, não vamos poder esconder por muito tempo o que aconteceu no Brasil nas eleições de 2018, nem mesmo para proteger as crianças. Precisaremos conviver com o nazifascismo e sobretudo sobreviver a ele. E como o que diz respeito a crianças no geral liga-se ao substantivo "proteção", achei que esse seria um tema adequado. Não perco por esperar.

8 de janeiro

Quando falamos em crianças, muita gente compreensivelmente pensa logo nos filhos. Por causa da proteção a que me referi ontem, a ligação fica ainda maior em tempos sombrios. Não vou traçar qualquer conselho para a educação de ninguém. Ficaria ridículo, e já basta ser brasileiro. Do mesmo jeito, não me refiro necessariamente ao nosso convívio com parentes apenas. Claro que meu raciocínio deve respingar neles. Espero atingir também o contato com os alunos. Minha intenção é discutir a infância de forma ampla.

Mais adiante passarei bastante tempo pensando no meio escolar. Ele é o principal alvo do novo nazifascismo, não resta dúvida. A economia também é importante. Do mesmo modo, a extrema direita aprecia sem moderação a política hiperpunitivista do ex-juiz, futuro ex-ministro e ator Sergio Moro.

O alvo para onde pretendem virar todas as suas amadas armas é a educação. Os motivos são inúmeros e passam pelo mero interesse em oferecer a coligados o enorme mercado brasileiro de livros didáticos, pela reescrita historiográfica que os nazifascistas pretendem levar adiante, pela "purificação" dos poucos espaços em que existe algum tipo de convívio com o outro e, por fim e mais importante, pela disseminação do pensamento extremista para as próximas gerações, o que irá fortalecê-lo e difundi-lo. Em busca de uma eficácia maior, usam as eleições não para impor uma forma de administrar um país, organizar e promover a coexistência de suas múltiplas comunidades, e sim para estabelecer uma limpeza social. Na Polônia, já estão tentando criar "zonas livres de homossexuais". Daqui a dois meses haverá um massacre étnico na Índia. Os dois governos são próximos do nosso. No Brasil, um desastre sanitário irá ajudar a Morte a impor um genocídio da parte mais vulnerável da população.

É fácil ver que o presidente brasileiro não administra nada, o que passa a falsa sensação de incompetência. Ele não está preocupado com isso, na verdade. O que tem feito, e muito bem, é destruir as instituições que ofereciam algum tipo de proteção contra a barbárie. A escola é a principal instituição inimiga, compreendendo aqui evidentemente o ensino superior e mesmo a pesquisa mais especializada.

A questão da infância e os tempos sombrios é ainda mais incômoda se retomarmos um tema que discuti bastante no ano passado: a pulsão de morte que move o atual governo brasileiro. Por razões óbvias, as crianças exercem atração nesse tipo de gente porque lembram a passagem do tempo e, portanto, a proximidade cada vez maior da morte. Não é à toa que, para suprimir todo tipo de avanço civilizatório, a Morte sempre tira da manga a defesa das crianças.

Muito compreensível em nossa era póstuma.

9 de janeiro

Para a filósofa Marina Garcés, "passamos, assim, da condição pós-moderna à condição póstuma".[1] Apenas essa linha já nos dá muitos pontos de análise. Caso concordemos com ela — e essa é a minha tendência —, de cara teremos uma questão particular e inicial: o Brasil não teve pós-Modernismo. Obviamente conheço as teses de Jürgen Habermas sobre o estatuto da pós-modernidade. No Brasil, elas sequer se colocam, já que mesmo nosso Modernismo foi bastante precário, então não podemos ter uma continuidade fraturada.

---

1. Ver GARCÉS, Marina. *Novo esclarecimento radical*. Trad. de Vinicius Nicastro Honesko. Curitiba/Veneza: Âyiné, 2019, p. 8.

Faço uma provocação de passagem: é por isso que o establishment da nossa literatura continua tragicamente realista.

Sem um Modernismo minimamente consolidado, não temos como sequer pensar direito em algum tipo de pós-Modernismo. Não faz sentido. Não resta dúvida, por outro lado, de que atingimos muito bem a condição póstuma. O Brasil não é um laboratório do nazifascismo, como muitos afirmam. Laboratórios abrigam experimentos cuja intenção é algum tipo de criação bem-sucedida. A partir dela padrões serão criados. Não podemos, portanto, abrigar no interior desse campo semântico o vocábulo morte e seus derivados.

Acabar com a vida dos grupos vulneráveis não é uma experiência, e sim uma prática há muito tempo bem-sucedida — ainda mais no Brasil. Nazifascistas não vivem em um laboratório. Comem e dormem no necrotério. Trabalham o tempo inteiro colocando rótulos nesse e naquele gavetão: aqui esse grupo, ali as pessoas trans, mais à direita quem frequenta os terreiros. Sentem cheiro de formol o tempo todo.

A própria Garcés defende meu argumento: "Na condição póstuma, a relação com a morte atravessa o tempo em suas três dimensões vividas e o submete, assim, à experiência da catástrofe. Somos póstumos porque de alguma maneira a irreversibilidade de nossa morte civilizatória pertence a uma experiência do ido."[2] Aqui, ela afirma que nossa civilização já morreu. Seus exemplos são inúmeros:

> Tchernóbil, Verdún, Auschwitz, Hiroshima, Nagasaki, Bhopal, Palestina, Nova York, África do Sul, Iraque, Chechênia, Tijuana, Lesbos... Uma geografia inacabável da morte que devorou o tempo e o converteu em catástrofe. Morte massiva, morte administrada, morte tóxica, morte atômica. É a morte provocada de milhões de pessoas, com a qual morrem também o sujeito, a história e o futuro da humanidade.[3]

---

2. Ibid.
3. Ibid.

Vivemos portanto na era posterior à nossa morte civilizacional. Vale dizer que a pandemia, que agora em janeiro é apenas a notícia de algo estranho na China, irá confirmar com ênfase o argumento dela.

A essa altura levanto uma questão: se é assim, como então o nazifascismo está tão ávido pelo poder? Pela lógica, seu trabalho já estaria feito.

Continuo amanhã.

10 de janeiro

Na era póstuma, o poder político é, portanto, o agente da morte. Por isso, o nazifascismo quer ocupá-lo e precisa fazer isso através de eleições. Uma ditadura não lhes serve: ela usa a violência mortífera para combater a oposição. Não a naturaliza, portanto, até porque é um estado de exceção. Eleitos, os nazifascistas têm uma espécie de salvo-conduto para naturalizar a morte. Encontram sua posição ideal.

De novo, é por isso que o foco são as crianças. Por um lado, como eu disse e repito, elas acabam atraindo a pulsão de morte pelo oposto. Por outro, como se sabe desde sempre, a morte é a única certeza que temos sobre o nosso futuro. Estou falando da morte natural e não da que assumiu o Palácio do Planalto. (Depois das eleições de 2018, é preciso sempre lembrar.) As crianças, por outro lado, são de novo o contrário disso. Toda sua vida à frente é uma incerteza, algo a construir com uma infinidade de possibilidades. Essa situação assusta muito os nazifascistas e, ao mesmo tempo, os fascina. As crianças são tudo o que eles não são. De passagem, ressalto que o apoio mais forte ao governo terraplanista brasileiro vem dos homens mais velhos.

Tanto quando candidata como depois ocupando o cargo mais importante do Brasil, a Morte se refere à infância falando de sexo. Evidentemente, o vocabulário simula uma espécie de defesa: contra o kit gay, contra livros pervertidos, contra a sexualização precoce e contra sei lá mais o quê. A ministra da Mulher, da Família e dos Direitos Humanos é outra que só pensa em sexo, chegando a propor há poucos dias uma política de Estado que privilegie a abstinência sexual.

No final das contas, o que o atual governo faz é tentar controlar os instintos das crianças e adolescentes, invadir laços e, usando seu poder, lidar com as crianças através da mediação do sexo, e não por exemplo das necessidades delas. A Morte não diz que vai protegê-las da fome... O que o atual governo está tentando fazer é se aproximar das crianças por meio do sexo.

Marina Garcés é clara quanto à forma de resistir a essa tentativa de subjugação, violenta e covarde, já que recai justamente sobre a fase da vida em que os medos, inclusive dos adultos próximos, são de difícil apreensão:

> Toda insubmissão, se não quer ser um ato suicida ou autocomplacente, deve ter ferramentas para sustentar e compartilhar sua posição. Nesse caso, precisamos de ferramentas conceituais, históricas, poéticas e estéticas que nos devolvam a capacidade pessoal e coletiva de combater os dogmas e seus efeitos políticos.[4]

11 de janeiro

A Morte manipula perversões sexuais, trazendo para seu lado todo tipo de comportamento disfuncional. Dessa forma, acolhe pervertidos (que vão de tarados a velhas moralistas) e lhes oferece inclusive uma sensação de bem-estar, já que essa gente fica com a impressão de estar protegendo o que na verdade deseja.

Durante a campanha de 2018, nazifascistas acusaram inúmeras vezes o candidato Fernando Haddad de estar ligado de alguma forma à pedofilia. Do kit gay à "mamadeira de piroca", os exemplos não acabam.

Como se pode ver, é muito coerente que o governo não queira que as escolas ofereçam educação sexual para os alunos. Muitas crianças descobrem que estão sendo abusadas no decorrer desse tipo de aula.

*

---

4. Ibid.

Está circulando uma pesquisa apontando que a Morte ganharia hoje qualquer eleição, inclusive contra o ex-juiz, futuro ex-ministro e ator Sergio Moro. Lula também não o venceria, e a propósito perderia para o juiz que o prendeu. (Quando o ex-presidente recuperar seus direitos políticos, ainda que de forma precária, em março de 2021, o panorama mudará um pouco. Ainda assim, a Morte continuará liderando as projeções.) Como comentei no ano passado, o principal objetivo desse tipo de pesquisa é fazer com que a eleição de 2018 jamais termine, o que favorece as políticas nazifascistas, dependentes de confrontos contínuos. É o que querem essas pessoas, e a imprensa, vítima contumaz, oferece-lhes de bandeja.

O segundo efeito também é muito benéfico para os nazifascistas: mostrar como não existe oposição competitiva. Suas propostas, portanto, estão naturalizadas. A maioria eleitoral quer a continuidade da Morte. Mais do que isso, afirma que o grupo no poder está capacitado para aprimorar a sua necropolítica.

A eficaz máquina de propaganda continua muito ativa. Tenho bastante a dizer sobre isso. Por enquanto fico com a resposta da oposição, que continua insistindo na matriz comparativa, reforçando o preceito nazifascista do nós-contra-eles. No final, a vitória é deles. Hoje, circulou bastante uma imagem com o rosto de Sergio Moro à frente da Morte e de seus filhos. A legenda diz o seguinte: "Ele forjou fama de justiceiro ao prender Lula sem provas. Agora é reles advogado de um governo de corruptos e milicianos do crime organizado."

12 de janeiro

Hoje é domingo. Vou descansar da análise mais cerrada. Estou de novo sentindo bastante angústia com o diário. Não quero ter outra crise, como aconteceu no começo do ano passado.

Estive em algumas universidades apresentando minha pesquisa. Falei sobretudo das imagens da extrema direita. Em todas, alguém comentou sobre o sangue-frio que é preciso ter para suportar o trabalho com esse material. Acho que na UFSCAR quiseram saber se tenho alguma estratégia de resistência.

No começo eu não tinha. Acabei com bastante mal-estar depois de uns três meses de trabalho (entre o fim de outubro de 2018 e o começo de fevereiro de 2019). Aos poucos, precisei desenvolver algumas estratégias. Como escrevo o diário invariavelmente à noite, antes de dormir, estava perdendo o sono. Uma solução foi beber. Logo vi o tamanho da minha sem-vergonhice: estava usando o neofascismo para justificar meu gosto por álcool. E não é cerveja… Fiquei com medo de passar para coisa pior e diminuí de novo a quantidade. Ainda assim, bebo muito até hoje.

Adotei uma tática que funcionou muitas vezes. Depois de terminar o trabalho, parei de ir direto para a cama e comecei a passar algum tempo assistindo a vídeos de humor no YouTube. Algumas comunidades são muito engraçadas. Indico uma que se chama algo como "Por que os homens vivem menos". No caso aqui, menos que as mulheres. Tem a ver.

*

Outra estratégia que tem funcionado bem é alternar a bibliografia. Assim, depois de cada análise do neofascismo, passo para um livro de outra natureza. Em 2020 acho que vai ser ainda mais fácil, pois vou desenvolver um romance novo, *Brasília*. Se eu entrar em crise e não conseguir trabalhar com o *Diário*, publico aqui os trechos que já fiz. Agora que acabei de montar um plano, é menos provável que um apagão me ocorra.

Não quero passar pelo *Diário* sem nenhum tipo de incômodo. Se isso acontecer, terei naturalizado o neofascismo. Essa é outra de suas tantas forças: para enfrentá-lo, precisamos estar fortes; o fato de ele nos tirar forças, por outro lado, significa que ainda somos pessoas normais.

Por falar em alternar a bibliografia, estou terminando de ler um romance ótimo sobre a infância em meio à opressão, *A vida pela frente*, de Émile Ajar.[5]

---

5. AJAR, Émile. *A vida pela frente*. Trad. de André Telles. São Paulo: Todavia, 2019.

Com uma linguagem leve e sempre bem-humorada, o livro descreve em primeira pessoa a vida de uma criança árabe abandonada em Paris. Momo, o garoto, vive em uma espécie de hospedaria para filhos de prostitutas, que passam o tempo ali enquanto as mães trabalham. Aparece então todo o cotidiano da cidade, o racismo, o dia a dia nebuloso e ao mesmo tempo cheio de possibilidades. Do crescimento da metrópole nos anos 1970, passando pelos conflitos políticos e o fortalecimento do movimento ideológico que levou François Mitterrand ao poder, o livro trata até da gênese de movimentos terroristas. Agora vejo que não alternei nada...

13 de janeiro

Uma questão intrigante, que trago desde o volume do ano passado, é a da literatura redigida por autores que, em algum espaço do livro, se identificam como parte da comunidade LGBTQ+. Ao fazer isso, em primeiro lugar eles se afinam com o que tem sido feito de mais eficaz na arte contemporânea e fogem desde logo do establishment. Nada mais clichê e denunciador da intenção de receber reconhecimento de um grupo de poder do que quem defende que não representa grupo ou minoria nenhuma, frase que sempre ouvimos por aí, e é apenas "escritor", sem obrigação com nada. Mais lugar--comum que isso só mesmo dizer que pretende, com a literatura (a dele, claro), dar voz ao "outro". Eu prefiro ler o que o outro tem a dizer. Não me interesso pela literatura que já começa tirando a voz dos outros...

Ao se colocar como membro da comunidade LGBTQ+, um escritor desde o início cria tensão, pois puxa para todos os lados a interpretação do leitor. Até no pé biográfico! É uma provocação, claro, e também um sinal de força e autoconfiança.

Essa literatura pretende expor o leitor. Aqui não falo dos conservadores apenas. Esses caem já no início. Como afirmei no ano passado, quando terminei de ler a antologia *A resistência dos vaga-lumes*[6] percebi claramente que havia em mim algum traço de homofobia, já que eu tinha certeza de que encontraria uma enorme influência de Caio Fernando Abreu, um autor do establishment, nos textos de ficção. E não havia, inclusive porque o grupo é muito diversificado, como qualquer outro a propósito.

Até agora não consegui chegar a nenhuma conclusão, além da minha própria homofobia. Como se pode ver, não basta ser a favor do casamento entre gays, repudiar brincadeiras bestas e denunciar o preconceito assassino dos nazifascistas. Esses autores trazem problemas para todo mundo que gosta de um cânone — o que, afinal de contas, deve fazer com que os fãs do cânone literário sejam também cultivadores de outros cânones e normatizações, inclusive os de orientação afetiva e sexual. É uma operação estética notável.

Estou já há alguns dias fugindo do meu assunto...

14 de janeiro

Ontem pela manhã o documentário *Democracia em vertigem* foi indicado como um dos finalistas de sua categoria no Oscar. Imediatamente sua eficácia e inúmeras qualidades deram novos resultados. Membros do governo terraplanista logo declararam que o filme está na categoria errada: devia concorrer na lista de ficção. Diga-se de passagem que não existe uma categoria de ficção no Oscar. Um pouco depois, o canal oficial do PSDB no Twitter mostrou sua maturidade e publicou o seguinte texto: "Parabéns à diretora Petra Costa pela indicação de melhor ficção e fantasia por *Democracia em vertigem*."

Não vou comentar o filme, pois falei bastante dele no ano passado. São duas horas da manhã (dia 15, portanto). Essa é, por exemplo, a prova de

---

[6]. Ver JUDAR, Cristina e RABELO, Alexandre (orgs.). *A resistência dos vaga-lumes*. São Paulo: Nós, 2019.

que o PSDB se tornou um partido que está na mesma trilha do governo do mito. Muita gente inclusive localiza como ponto de inflexão na derrocada da nossa democracia o fato de o partido não ter reconhecido sua derrota na eleição presidencial de 2014.

A perda gigantesca de votos do PSDB em 2018 foi decisiva para a vitória do pior candidato da história eleitoral brasileira. Basta ver o que aconteceu no estado de São Paulo, por exemplo. Na eleição de 2014, o candidato tucano à Presidência recebeu 10.165.921 votos no primeiro turno no estado. Quatro anos depois, com o indefectível Aécio Neves afastado de qualquer chance, Geraldo Alckmin obteve apenas 2.224.049 votos. Quase cinco vezes menos!

Historicamente reacionária, a elite paulistana colocou as manguinhas de fora e aderiu à campanha mais machista, racista e homofóbica da história eleitoral brasileira. Aliás, para quem está acostumado com eles, a seguinte manchete, que aparecerá daqui a um mês no jornal *O Globo*, não surpreende muito: "Fiesp vira 'escritório informal' do governo [] em SP".[7]

De resto, a esquerda repete seu erro de hábito e não consegue se unir. Depois de tudo, devíamos estar todos comemorando que a denúncia de Petra Costa vai receber ainda mais audiência. Sempre nos ajuda a resistir. Ao contrário, utilizando no geral argumentos que agradariam ao recém--falecido Roger Scruton, muita gente revelou o que também afirmei antes e, portanto, não pretendo desenvolver: como conjunto, o meio intelectual brasileiro é conservador. Coloque cinco pessoas com ideais, atitudes e comportamento eleitoral tipicamente de esquerda e lhes peça para falar de arte. A chance de que haja um consenso reacionário é enorme.

Admito que só voltarei ao assunto, crianças em tempos sombrios, quando me sentir emocionalmente preparado.

---

7. Essa manchete aparecerá em *O Globo* em 14 de fevereiro.

15 de janeiro

Graças às questões que comecei a levantar no ano passado sobre arte, tensão, exposição e o relacionamento do autor com o leitor — que no final das contas é uma luta com o significado de sua própria obra —, comecei a pesquisar trabalhos em que o nome que os assina em algum ponto da obra se associa à comunidade LGBTQ+. Acabei de ler *Ninguém vai lembrar de mim*, de Gabriela Soutello, vencedora do I Prêmio Mix Literário do Festival Mix Brasil.[8]

É assim que ela começa seus agradecimentos: "*Ninguém vai lembrar de mim* é um livro produzido por mulheres, sendo 80% delas lésbicas, bissexuais ou pansexuais: da seleção ao planejamento à produção à editoração à capa à diagramação à divulgação."

O gênero do livro é de difícil apreensão. Uma reunião de fragmentos de tamanhos variados, que alternam a prosa poética, o verso tradicional, a prosa narrativa e a declarativa e cartas mascaradas de confissões, forma um conjunto em que salta aos olhos o hábito da passagem. A narradora atravessa vários estágios afetivos enquanto busca, aos sobressaltos, compreender-se. Do mesmo jeito, roda pela cidade grande, ou para em um bar, em busca de um lugar para ficar que, no final das contas, sabe que vai ser tão transitório quanto a calmaria que o amor e o sexo vão trazer para seu universo íntimo. O fragmento, portanto, é a forma possível para abrigar uma escrita cuja única certeza parece ser a contradição: a narradora gosta de transgredir, só que depois sofre por isso e, mais ainda (ou ainda assim), busca o típico amor romântico. Com algum risco dá para observar uma leitora arredia de Hilda Hilst aqui. As duas se encontram nas impossibilidades de Samuel Beckett.

O livro traz dois finais que, coerentemente, são contraditórios. Em um deles, a narradora pede algum tipo de aceitação: "Que seja possível errar e gostar de estar do outro lado." Depois, uma espécie de jorro dramático

---

[8]. Ver SOUTELLO, Gabriela. *Ninguém vai lembrar de mim*. São Paulo: Pólen, 2019.

deixa de lado a racionalidade do erro e acerto e a troca pela confissão: "Não penso: sinto." A propósito, os agradecimentos aparecem logo depois disso.

O leitor é colocado diante de um dilema? Na verdade, ele é levado a construí-lo através do jogo de contradições, em que talvez a última e maior delas seja a necessidade de sua própria observação quanto à proximidade ou distância do universo em que a autora transita. Repito: o trânsito aqui é fundamental.

Mais seguro criticamente, portanto, é aceitarmos nosso lugar de passagem como leitores e não tentarmos apreender nada de fixo além da força desestabilizadora do livro. Os reacionários têm tanto receio da comunidade LGBTQ+ porque ela parece capaz de atravessar contradições com alguma facilidade. Sofrem, como todo mundo, por isso. Ao mesmo tempo, é aí que instalam seu lugar.

16 de janeiro

A discussão sobre o livro que fiz ontem e, mais ainda, sobre esse tipo de literatura (e quem sabe ainda mais o que tenho chamado de "arte de exposição") vai muito longe. Para fazer o raciocínio que reservei para hoje, terei que me colocar na posição ridícula de heterossexual assumido. De fato, não tenho nenhum tipo de sensibilidade homossexual. Outro dia me chamaram atenção para o problema do uso do termo "homossexualismo" e que no lugar dele devemos utilizar "homossexualidade", se estivermos a favor dos valores da civilização. Confesso que demorei um tempo para entender. Depois, fiquei de acordo.

No caso, portanto, tomo esse tipo de livro como fato estético. Ainda assim, mesmo aqui, não me sinto seguro. A estética não é autônoma de quem fala sobre ela. Minha aproximação estará sempre limitada ao lugar que ocupo.

Acho que aqui encontro a razão de por que esse tipo de obra tem me atraído tanto. Acredito que toda leitura é limitada e não vai de nenhuma forma atingir qualquer tipo de completude. (Tenho má impressão de todo tipo de todo, com desculpas pelo jogo de palavras.) Do mesmo jeito, é passageira e condicionada. Daí que obras que nos obriguem a observar isso acabam me agradando. São trabalhos afastados do Realismo, já que não representam coisa alguma além das próprias opções de quem os cria. A voz do outro é inapreensível, e quanto mais isso for assumido por uma obra de arte, melhor e mais democrático.

Por fim, a arte de exposição não é em nenhuma hipótese conservadora: por ser móvel, não consegue estabilidade, nada ali perdura e todos os sentidos precisam ser refeitos e renovados. Não há segurança ou certeza, tudo é muito trabalhoso e desafiador. Não existe nada melhor.

17 de janeiro

Ontem, Roberto Alvim protagonizou uma cena patética e reveladora. Em uma das já tradicionais e constrangedoras *lives* que o mito veicula às quintas-feiras nas redes sociais, o dramaturgo apresentou um edital de incentivo à produção artística que, nas palavras do presidente, deveria promover uma nova forma de enxergar a história do Brasil. Vou me desincumbir de comentar teoricamente a asneira. Foi só mais uma.

Logo depois, os canais da secretaria que Alvim comandava divulgaram um vídeo promovendo o tal prêmio. A fala não é muito diferente do que ele e outros membros do governo, inclusive o mandatário, vinham e vêm falando. O cenário, por sua vez, copia a arte que ele promovia em seu teatro, o Club Noir: foco no ator, poucos objetos e jogo de luz discreto em plano fechado. O teatro de Roberto Alvim sempre foi reacionário.

O esteticismo vulgar agora serviu para compor uma performance que ele está querendo fazer há anos. Enquanto olha fixo para a câmera, sem piscar em momento algum, com voz pausada e sorriso contido, Alvim ostenta segurança e talvez até algo mais: investidura. Primeiro, foi ungido por anos pela crítica. Agora, alcançou o poder político. A música de fundo é a ópera *Lohengrin*, de Richard Wagner, uma das preferidas de Adolf Hitler. Atrás do rosto dele, acima do corte de cabelo pensado e realizado à risca, há uma foto convencional do mito e, ao lado, uma cruz missioneira. Não será difícil enxergar ali um homem realizado. Alvim está gozando enquanto fala.

A certa altura Alvim cita um discurso de Joseph Goebbels, que lhe inspirou cafonamente também o penteado. A performance dura intermináveis seis minutos.

Pouco depois, um escândalo de proporções internacionais se instalou. Alvim, por fim, atingiu o reconhecimento com que sempre sonhou. Durante a madrugada e a manhã de hoje, além das embaixadas alemã e israelense, entidades judaicas, a OAB, políticos e inúmeras personalidades manifestaram seu repúdio. Vale lembrar que desde a candidatura a Morte recebe apoio de amplos setores da comunidade judaica, sobretudo os de classe alta. Antes do meio-dia, ou seja, menos de 24 horas depois de divulgada a performance, Alvim será pateticamente demitido.

Ele não perdeu o cargo, evidentemente, pela propaganda nazifascista e muito menos pelo conteúdo do tal edital que pretendia lançar. Esses estão de pleno acordo com o governo. Roberto Alvim errou feio na performance, o que desde já mostra que, em termos de artes cênicas, ele sempre foi apenas mediano.

P.S.: Daqui a um ano, Roberto Alvim publicará uma nota cujo conteúdo não interessa muito, para além de uma linha: ele se apresentará como um artista perfeito, o que de novo mostra que não entende absolutamente nada de arte.

18 de janeiro

O atual governo brasileiro é nazifascista. Desde a campanha política usa termos, símbolos e propala a ideologia de Hitler e Mussolini. O neofascismo adota a representação de outras atividades não necessariamente nazifascistas como artifício para atrair seu público e obter apoio, sempre trabalhando em duas camadas. O mais eficaz e característico exemplo é Sergio Moro. Ele passou alguns anos representando o papel de juiz para com isso concretizar suas intenções políticas. Daqui a alguns meses será outro que terá uma saída performática do governo.

Roberto Alvim não percebeu esse detalhe e fez uma performance representando Joseph Goebbels. A conclusão de seus superiores não poderia ser outra: se ele representou um nazifascista, não é um nazifascista, portanto não pode integrar nosso governo. Para se adequar à extrema direita ele tinha que agir como um nazifascista, sem por outro lado representá-lo. Daí a demissão sumária, completamente atípica para o modo de proceder desse governo.

Alguém poderia lançar um contra-argumento, usando inclusive o que informei ontem: ele só vai cair porque o presidente foi muito pressionado, sobretudo pelos grupos que lhe dão apoio, como parte da comunidade judaica. Não vai demorar a circular a informação de que o embaixador de Israel telefonou pessoalmente para o mito e manifestou o desejo de que Alvim fosse demitido.

Não há contradição alguma. De fato, ele só vai ser demitido, da forma como foi, por conta dessa pressão. É preciso fazer a pergunta constrangedora: por que esses mesmos grupos não manifestaram incômodo quando, durante a campanha, o atual vice-presidente Hamilton Mourão fez a seguinte declaração: "Gente, deixa eu ir lá, que meus filhos estão me esperando. Olha, meu neto é um cara bonito, viu ali? Branqueamento da raça?" Tanto essa parte da comunidade judaica quanto Israel não repudiaram a declaração. Os exemplos são infinitos.

Todos esses fatos, que comprovam a filiação nazifascista do grupo que está no poder, ocorreram em representações que não colocavam no palco, diretamente, um símbolo nazifascista. Do mesmo jeito, são discursos fragmentários, que partem de espaços diferentes. Alvim enfeixou toda a barbárie em um vídeo de seis minutos e deixou essa gente em situação desconfortável. O nazifascismo do atual governo é amplamente aceito por inúmeros setores da sociedade brasileira, desde que não seja exposto com clareza. Uma prova é a afirmação, repetida ao infinito, logo depois da nossa catástrofe eleitoral: não temos 57 milhões, 797 mil e 847 nazifascistas no Brasil. Não é possível: não temos 57 milhões, 797 mil e

847 nazifascistas no Brasil. Não é possível: não temos 57 milhões, 797 mil e 847 nazifascistas no Brasil. Não é possível... A descrença foi repetida à exaustão, quem sabe na esperança de que se tornasse verdade.

19 de janeiro

Hoje, a ministra Damares Alves, em parceria com uma de suas secretarias, publicou um texto na *Folha de S.Paulo* respondendo a um editorial do jornal sobre a proposta de abstinência sexual para adolescentes que o governo federal pretende lançar nas próximas semanas.

O texto é confuso e no geral inócuo. Alguns parágrafos revelam que o governo tem uma política oficial para... sexo!

> [...] estamos trabalhando interministerialmente para oferecer material adicional para a tomada de decisões, sem nenhum desejo de imposição, mas de informação — fomentando assim a autonomia — cujo significado se refere à capacidade de se autorregular — que merecem as famílias e adolescentes brasileiros para edificar seu projeto de vida.[9]

Depois, fica clara a intenção de retirar a educação sexual das escolas e passar para o âmbito das famílias, o que de imediato dilui a proteção contra o abuso. Como se sabe, muitas crianças e jovens só descobrem que estão sendo vítimas de violência sexual quando assistem a uma aula proferida por uma pessoa distante e sem vínculos emocionais com o abusador. A necessidade do governo de deixar claro que não há desejo de imposição evidentemente revela o contrário. Cito aqui um trecho de Freud que já usei no ano passado. É brilhante:

---

[9]. Ver ALVES, Damares, e MARTINS, Angela Gandra. "Abstinência ou autonomia?". *Folha de S.Paulo*, 19 jan. 2020, p. A3.

O modo como os nossos pacientes apresentam as ideias que lhes ocorrem durante o trabalho analítico nos dá a oportunidade de fazer algumas observações interessantes. "Agora o senhor vai pensar que quero dizer algo ofensivo, mas realmente não tenho essa intenção." Entendemos que isso é uma rejeição, por projeção, de uma ideia emergente naquele momento. Ou então: "O senhor pergunta quem pode ser essa pessoa no sonho? Minha mãe não é." E nós retificamos: logo, é a mãe. Na interpretação, tomamos a liberdade de desconsiderar a negação, extraindo o puro conteúdo da ideia. É como se o paciente tivesse dito: "Na verdade foi minha mãe que me ocorreu com relação a essa pessoa, mas não tenho a menor vontade de admitir essa ideia." [...] Se o paciente cai na armadilha e nomeia aquilo em que ele menos pode acreditar, ao fazê-lo ele quase sempre confessa a verdade.[10]

Outro trecho do texto da ministra Damares é ainda mais revelador:

O pressuposto para a ação mostrou-se evidente: sendo a sexualidade humana um fator decisivo, tanto para *consolidar a personalidade* como para promover relações saudáveis, não poderia ser ignorada como tal ou ser tomada de forma reducionista, atendo-se somente à dimensão biológica. Era preciso analisá-la em sua completude para poder estabelecer *políticas públicas* que realmente possam construir a convivência humana, a partir da liberdade, da responsabilidade e do respeito, o que só pode ocorrer com informação integral que englobe a afetividade constitutiva do ser humano.

Os itálicos são meus. Quero destacar que o governo pretende realmente lidar com a formação da personalidade dos brasileiros. Além disso, deseja fazer do sexo de fato uma "política pública". Começa assim e qualquer hora vai haver um plebiscito sobre com quem vocês vão transar.

---

10. FREUD, Sigmund. *A negação*. Trad. de Marilene Carone. São Paulo: CosacNaify, 2014, p. 19.

Por fim, o texto termina ligando sexo a afeto. Como se sabe, os adolescentes têm tanto vigor físico como confusão afetiva: se o sexo ficar atrelado exclusivamente à bomba-relógio que são os amores da meninada, aí sim vai lhes causar transtornos muito maiores do que a ansiedade com que abrem um preservativo.

Hoje o governo admitiu que o Exame Nacional do Ensino Médio (Enem), que seleciona jovens para o ensino superior, teve falhas graves. Ou seja: os nazifascistas transtornam a vida dos adolescentes e ainda não querem que eles transem! Só apoia esse governo quem gosta de sofrer.

20 de janeiro

O governo nazifascista pretende produzir modelos que devem, de cima para baixo, ser copiados. O principal, por razões que ainda vamos discutir, é o da conduta sexual. Aqui o problema é central para o meu foco. Como se sabe, crianças precisam de modelos para constituir aos poucos seu universo de referências, reflexões e ação. É esse espaço que o nazifascismo quer ocupar.

Entre parênteses vale reparar que há de novo um ocultamento entre a performance pública e os reais objetivos dos atores. Certamente não é a produção de um objeto estético relevante. Ao dizer que pretende defender a família, o governo do mito retira dela justamente o papel de mediação entre as crianças e seus modelos. Do mesmo jeito, trata como pública uma questão meramente individual: a administração das formas como as pessoas pretendem extrair prazer de seu corpo. Enfim, elas são públicas de fato apenas se esse prazer fizer algum tipo de trânsito não permitido e acabar violentando outros corpos.

Hoje nenhuma dessas políticas surpreende, até porque a campanha do mito, aceita eleitoralmente por 57 milhões, 797 mil e 847 pessoas, falou praticamente só de sexo.

A proposta de abstinência sexual da ministra Damares, como o resto do governo, é sincera e pretende criar um tipo de personalidade que Wilhelm Reich mapeou ainda durante a vigência do governo de Adolf Hitler:

> A inibição moral da sexualidade natural na infância, cuja última etapa é o grave dano da sexualidade genital da criança, torna a criança medrosa, tímida, submissa, obediente, "boa" e "dócil", no sentido autoritário das palavras. Ela tem um efeito de paralisação sobre as forças de rebelião do homem, porque qualquer impulso vital é associado ao medo; e como sexo é um assunto proibido, há uma paralisação geral do pensamento e do espírito crítico. Em resumo, o objetivo da moralidade é a criação do indivíduo submisso que se adapta à ordem autoritária, apesar do sofrimento e da humilhação.[11]

A descrição cai às maravilhas para qualquer militante do mito. Ontem mesmo circulou a notícia de que uma igreja evangélica mantém uma espécie de milícia, realizando inclusive exercícios similares a um treinamento militar. É esse tipo de energia que o governo pretende aproveitar ao estimular o represamento da libido em pessoas na idade do auge físico.

É um objetivo evidentemente militar, só que no caso voltado para a política interna. Aos poucos veremos que ele procura por razões diferentes (entre elas a autodefesa) para a formação de milícias. Acontecerá o ano todo.

21 de janeiro

Em um ensaio desconcertante, Michela Murgia afirma o seguinte: "A maior vantagem de ter um chefe em relação à condição de ter um *líder* é outra, no entanto: quem governa molda quem é governado, ativando um processo

---

11. Ver REICH, Wilhelm. *Psicologia de massas do fascismo*. São Paulo: Martins Fontes, 1988, p. 45.

pelo qual o primeiro e o segundo, depois de algum tempo, acabarão por assemelhar-se."[12] Aqui, no caso, para ela "líder" quer dizer simplesmente um governante que se submete aos mecanismos de controle e limitações de poder. Chefe, por outro lado, é justamente aquele que pretende ser seguido e ditar comportamentos, formas de agir e pensar, isto é, oferecer à sociedade um modelo de vida.

Mais uma vez, é o que as crianças buscam.

Será preciso portanto desconstruir a figura do homem político como detentor de qualquer tipo de padrão a ser seguido. Ora, pode ser muito fácil com as crianças de 2 ou 3 anos. Elas vão notar, aliás, se estiverem em um ambiente familiar. Com crianças de 5 anos que interagem com colegas de escola, por exemplo, é bem mais difícil.

Foram inúmeros os relatos de que crianças nessa faixa etária estavam fazendo o sinal de arminha na escola. Não vejo muita saída: é preciso explicar-lhes o que isso significa e deixar claro que ela não nasceu nem está crescendo em um ambiente que aceita esse tipo de coisa. Como o nazifascismo está na verdade tentando consolidar seu poder destrutivo para daqui a dez ou quinze anos, é com as crianças que devemos nos preocupar.

22 de janeiro

Nos últimos dias, o governo federal exonerou seu secretário de Cultura depois que ele fez circular um vídeo com estética e propostas nazifascistas; um pouco antes um jornal informou que o secretário de Comunicação trabalha no governo com as mesmas emissoras que contratam sua empresa particular; o Enem, que seleciona centenas de milhares de jovens para o serviço superior, apresentou falhas muito graves, depois de um ano em que o ministro da Educação ficou fazendo palhaçada nas redes sociais; no Fórum

---

12. Ver MURGIA, Michela. *Instruções para se tornar um fascista*. Trad. de Julia Scamparini. Minas Gerais: Âyiné, 2020, p. 31. Lamento não poder analisar melhor esse livro.

de Davos, o ministro da Economia afirmou que a culpa do desmatamento e dos problemas ambientais é das pessoas pobres; o INSS está tão atolado que o governo cogitou separar alguns milhares de militares para trabalhar na previdência a fim de destravar os processos, como se um pedido de aposentadoria fosse uma guerra; o presidente foi considerado em pessoa o maior agressor da imprensa no país; os índices de violência policial continuam subindo; algumas redes de comércio varejista começam a desmentir as notícias de aquecimento nas vendas de final de ano (o PIB logo chegará e aí o nosso mito será representado, literalmente, por um palhaço) e por aí vai. Não vou continuar a lista, pois já estou chegando na metade do espaço reservado para hoje e nem falei do que os filhos da Morte têm feito nas redes sociais, por exemplo. Sem dizer que quando a crise do novo coronavírus chegar por aqui (na China ela já está rolando, e a ditadura ainda esconde a gravidade da situação), teremos o pior presidente do mundo não apenas no que diz respeito à imprensa e sim à própria saúde da população.

E com tudo isso acaba de circular uma nova pesquisa mostrando que a avaliação do governo... melhorou! Ultimamente se espalhou a notícia de que alguns indicadores econômicos mostram avanço. É uma afirmação controvertida, contestada por muita gente da área e sem nenhum tipo de lastro na realidade.

Por outro lado, a violência policial cresce, junto com os aplausos de amplos setores da sociedade. Hoje tomei um café ao lado de duas mulheres que, comentando algo que viam em um celular, não tiveram vergonha de dizer alto que "se a polícia pegou, alguma coisa errada devia estar fazendo, ou iria fazer".

A ministra Damares Alves e suas políticas moralistas do mesmo jeito continuam com forte apelo. Talvez não para vocês que estão lendo este diário. Só que meus leitores não são modelo para coisa alguma. Espero que vocês também não achem que estou falando aqui, como muitos intelectuais ainda confundem, das classes baixas e dos evangélicos. Uma vez ouvi um cirurgião plástico, em uma festa infantil, dizer que o novo governo estava finalmente trazendo "segurança sexual" para as crianças. Um engenheiro e o diretor de uma incorporadora de imóveis concordaram, garantindo que é preciso retirar da vida das crianças qualquer tipo de confusão. Damares Alves, portanto, é um momento de placidez, um porto seguro para boa parte da população brasileira, e não apenas para os mais pobres.

Hoje já deu. Retorno amanhã ao que acabei deixando em aberto: a questão da clareza.

24 de janeiro

Estou bastante chateado.

Ontem, enquanto a madrugada aparecia e assistíamos a mais um episódio da tortura a que o mito submete, há meses, o ex-juiz e ator Sergio Moro, vim escrever este diário e percebi que havia perdido o caderno. Escrevo todos os dias à noite, logo antes de dormir. No geral, os cadernos em que estou desenvolvendo este projeto (já usei uns oito, todos diferentes) não saem da minha casa. Desobedecendo a meu hábito, ontem eu precisava passar um tempo na rua e levei o caderno e o computador para digitar as entradas sobre Roberto Alvim. Elas foram redigidas fora da ordem cronológica. Eu estava ansioso também porque pretendo colocá-las, se ainda der tempo, no livro impresso que vai sair agora em abril. Já estamos preparando a capa e o copidesque deve voltar para mim nos próximos dias. Vou tentar a todo custo fazer essa atualização. Procurei na casa inteira. Hoje de manhã voltei a todos os lugares onde estive ontem, inclusive na parte da tarde, e não encontrei. Ontem fiquei sem ânimo e não escrevi nada. Não perdi nenhuma entrada, o que significa que deixei o caderno para trás depois da digitação. O problema é que nas primeiras folhas estavam todos os apontamentos que fiz para estruturar este volume, inclusive os fichamentos de leitura, observações sobre livros que li há mais tempo e a que voltei agora para me organizar. Vou ter que refazer tudo. Aliás, já comecei. Estou relendo *Pedagogia do oprimido*. Lembro-me de ter organizado o raciocínio aqui por palavras geradoras. Uma, que eu começaria a desenvolver, é "clareza". Outras interligadas seriam "ressentimento-festa--alegria". Vou rever tudo e recomeçar um novo caderno. É um de capa dura amarela, simples, da mesma marca que o anterior, que tinha a capa verde. Nesse as folhas são de 200 mm × 275 mm, mais ou menos equivalente ao A4. Eu já tinha usado o caderno antes, acho que uns 25% dele. Amanhã descrevo o que tinha feito. Assim ganho mais um dia para recuperar o material perdido. Tenho um caderno bem melhor. Reservo-o para o romance que vou escrever este ano. Já tenho o título, *Brasília*, e dois capítulos.

Acabo de ver que não separei os parágrafos dessa entrada. Nem respirei direito.

25 de janeiro

Ocupei os primeiros 25% deste caderno que passei a usar, depois de perder o outro, com um novo projeto da família Tobias,[13] que a propósito deu inteiramente errado. Fernando Tobias, sobrinho do legendário delegado Tobias, é artista plástico com inclinações políticas confusas, ainda que sinceras. Em outubro do ano passado, ele planejou sua nova exposição, *O que fizeram com a minha família*. O trabalho se compunha de duas partes: os releases, que eu espalharia como se fosse um assessor de imprensa, e as exposições propriamente ditas, que se compunham de alguns materiais de banheiro, como protetor de assento com a cara do Sergio Moro, desodorizador com o rosto do mito e de Donald Trump, papel higiênico mostrando notas de dólar e, inclusive, adesivos que eu colava, obviamente com luva higiênica, na privada de alguns museus previamente escolhidos. Assim, o público poderia mijar e cagar em quem tem nos feito essa merda toda. Além disso, havia uma série de cartões-postais, que eram colados com delicadeza na porta do banheiro. O frequentador tinha a chance de contemplá-los enquanto usava o vaso e em seguida levá-los para casa.

---

13. Até agora utilizei três trabalhos para criar a família Tobias: a série de e-books *Delegado Tobias*, publicada em 2015 pela editora e-galáxia, a peça *Vou, com meu advogado, depor sobre o delegado Tobias*, encenada na Unidade Ipiranga do Sesc-SP (dirigida por Alexandre dal Farra e Janaína Leite) em 2017, e o livro-objeto *Inquérito policial*, publicado pela editora Lote 42 no mesmo ano.

A abertura aconteceu no cubículo mais à esquerda do banheiro do subsolo do Masp. Entrei no museu sem problemas com todo o material, inclusive luvas no bolso e cola bastão no estojo. Também montei o cubículo tranquilamente. Aí, notei o empecilho: assim que saí, uma faxineira entrou e sem piedade limpou tudo. Fiquei bastante chateado. Aguardei quinze minutos e coloquei de volta o que por sorte tinha levado em dobro. Fingi lavar as mãos e vi uma pessoa entrando no cubículo. Ela saiu logo. Voltei e a exposição, inclusive os postais, estava intacta. Quando saí a faxineira retornou e de novo limpou tudo. Isso aconteceu em todos os museus em que tentei montar a exposição, inclusive na Biblioteca Mário de Andrade. A exposição do Fernando Tobias nunca durava mais de cinco minutos.

O segundo problema, causado agora por protocolos de leitura que eu mesmo em parte estimulo, foi que a maioria absoluta das pessoas que recebeu os releases achou que o trabalho era mesmo só aquele. Para esse tipo de leitor, a exposição propriamente dita não existia. É forte a crença de que o texto se basta, sem nada além dele. É uma interpretação bastante despolitizadora. Ao mesmo tempo, faz com que o leitor tenha a ilusão de não estar envolvido no sentido que cria, já que tudo termina no ato de leitura.

Reproduzo aqui nos próximos dias os releases. Com isso ganho um pouco mais de tempo para me reorganizar, depois do caderno perdido, e também dou um fim à criação do Fernando Tobias. Como estou colando um trabalho externo, suspendo a determinação de não usar conjunções adversativas e de não citar o nome do presidente terraplanista.

26 de janeiro

RELEASE
Fernando Tobias abre exposição no MASP

O artista Fernando Tobias abre hoje (24 de setembro) a exposição *O que fizeram com a minha família* no Museu de Arte de São Paulo, o Masp. As obras se compõem de cartões-postais circuláveis que estarão afixados no banheiro do museu. Por conta do local onde a exposição ocorre, Tobias achou que um coquetel de abertura não seria muito adequado.

A exposição aparece depois de um enorme intervalo, possivelmente por conta da morte traumática de seu irmão e também do envolvimento, ainda muito pouco esclarecido, de alguns membros de sua família com a famosa Operação Lava Jato. O título da exposição deve ter vindo daí, embora a afirmação de Rodrigo Naves pareça cada vez mais válida: "A obra de Fernando Tobias encarna todas as contradições e mazelas da nossa sociedade, inclusive as mais misteriosas."

A obra como um todo é bastante bem-humorada, embora cada uma das partes seja agressiva e pessimista. Segundo Lorenzo Mammi, é essa uma das características mais notáveis de seu trabalho: "Fernando Tobias reúne violência e dor para compor amplos painéis em que esses afetos ruins acabam muitas vezes desaparecendo diante do inusitado da situação."[14]

Depois do Masp, a exposição irá para a White Cubicle Toilet Gallery, em Londres, a partir de novembro. Outros museus também deverão receber as obras.

Artista: Fernando Tobias
Galeria: Galeria Millan
Imagens: Gustavo Piqueira
Comunicação: Relísias Assessoria de Imprensa

RESUMO BIOGRÁFICO DE FERNANDO TOBIAS

Fernando Alinde Tobias tem 36 anos. Nasceu em São Paulo em uma família tradicionalmente ligada às artes. Seu avô, José Alinde Tobias, criou e foi o proprietário da famosa imobiliária O Imóvel Modernista e trabalhou em conjunto com diversos galeristas e colecionadores em São Paulo e no Brasil.

---

14. A afirmação está na abertura do catálogo da referida exposição.

Seus trabalhos já foram expostos em mostras coletivas e individuais e estão em alguns acervos importantes, como o do Museu de Arte Contemporânea da Universidade de São Paulo e o da Tate Modern, em Londres.

ENTREVISTA COM FERNANDO TOBIAS
(Realizada em 15 de setembro de 2019)

Você passou anos sem expor, apenas trabalhando com alguns projetos conceituais, e agora retorna com uma exposição no Masp. Esse tempo todo você ficou planejando O que fizeram com a minha família, *ou esse é um trabalho mais recente?*
Se você buscar a origem das imagens, vai conseguir estimar o tempo em que trabalhei nelas.

Como posso fazer isso?
Com o Google.

Mudando de assunto, no caso dessa exposição, o que lhe deu mais trabalho? Você diz para montar as obras?

Sim.
As orelhas do juiz Sergio Moro são muito grandes, então dava trabalho cortar.

Por que você escolheu o banheiro para expor esses trabalhos?
É o melhor lugar para contemplá-los.

Por quê?
Eu não sou o crítico dos meus trabalhos.

Você retorna com uma grande galeria, expondo imediatamente em um grande museu. Chegou o momento da consagração?
Nunca fui uma unanimidade.

E esse descompasso da crítica costuma incomodá-lo?
Não é um descompasso. É um fato.

Por que tematizar questões familiares em um momento tão tenso da vida política brasileira e internacional, logo você que é um artista sempre preocupado com questões políticas?
Pois minha família está envolvida, muitas vezes injustamente. Basta ver o caso do meu pai.

Antes de entrarmos nisso, tenho uma curiosidade: você acredita que o seu humor atrapalha a recepção da sua obra? Será que se você fosse mais simpático, seria mais reconhecido?

(A linha caiu ou, nesse momento, o artista desligou o telefone, não consegui distinguir bem. Tentei retomar o contato diversas vezes, inclusive nos dias seguintes, mas não fui atendido. Como a exposição abre hoje, não tive como continuar a entrevista.)

27 de janeiro

EXPOSIÇÃO DE FERNANDO TOBIAS NO BANHEIRO DO MASP É MAL COMPREENDIDA

Aberta em 24 de setembro passado, no cubículo mais à esquerda do banheiro do Museu de Arte de São Paulo, o Masp, a exposição *O que fizeram com a minha família*, do artista plástico Fernando Tobias, foi mal compreendida. Para a grande maioria do público, os cartões-postais e o "papel higiênico do Moro" não foram expostos e na verdade a obra, para eles, era apenas o release.

A exposição, no entanto, foi de fato montada.

No dia seguinte já não havia nada no banheiro, o que não deve ser considerado um problema, pois a exposição é formada por objetos volantes. Hoje, 1º de outubro, a Galeria Millan remontou a exposição no mesmo cubículo. Além dos cartões expostos na semana passada, o artista acrescentou um protetor de assento e imagens decorativas no vaso. Além disso, o público poderá optar por usar o "papel higiênico do Moro" ou o "papel higiênico do Boris Johnson".

Fernando Tobias foi convidado por Joselia Aguiar, curadora do Festival Mário de Andrade — A Virada do Livro, para montar *O que fizeram com a minha família* em um dos banheiros da Biblioteca Mário de Andrade durante o evento. Ele aceitou o convite e remontará a exposição nesse importante espaço da cultura paulistana.

O artista continua aberto a conversas com a imprensa, inclusive presenciais, desde que com prévia marcação. Abaixo, reproduzimos a continuidade da entrevista iniciada na semana passada.

Artista: Fernando Tobias
Galeria: Galeria Millan
Imagens: Gustavo Piqueira
Comunicação: Relísias Assessoria de Imprensa

ENTREVISTA COM FERNANDO TOBIAS

Como você se sentiu com a inauguração da sua mostra?
Não estou satisfeito com a situação geral e não seria a arte que mudaria isso.

Mas a exposição está saindo como você esperava?
Eu não costumo esperar nada. Acho que meu trabalho está sendo feito.

O que achou do fato de muita gente ter pensado que apenas o release era a obra e que não havia nada no banheiro do Masp?
Acho que é o espírito do nosso tempo.

O que significa para você esse espírito?
O fato de muita gente achar que uma obra de arte é o release sobre a obra.

Você poderia desenvolver sua opinião um pouco mais?
Não sou bom com palavras.

Será que há uma imagem que traduz bem esse que seria o espírito do nosso tempo?
A foto do governador Witzel pulando diante de um homem morto e de um ônibus sequestrado é isso aí.

Pelo que entendo, você acredita que o espírito do nosso tempo é um político comemorando a morte.
Me parece óbvio.

Por isso uma exposição no banheiro de um museu?
Acho que é mais amplo.

Estou com dificuldades para fazer outras perguntas. Posso me preparar um pouco mais e ligar de volta daqui a alguns dias?
E por que você já não fez isso?

É que essa não é a minha área. Sou novo nisso.
E a Millan contratou você por quê?

Acho que é por causa da aura de escritor. Acharam que os releases poderiam atrair o público.
Mais do que o meu trabalho?

Não é isso, é que...

(Aqui, Fernando Tobias bateu novamente o telefone. Tentei retomar a ligação algumas vezes, mas ele não atendeu.)

P.S.: Foram expostos no banheiro do Masp um protetor de assento de vaso sanitário com a cara do Sergio Moro, o papel higiênico com a cara do Boris Johnson e inúmeros cartões-postais com as colagens de Fernando Tobias.

28 de janeiro

FESTIVAL MÁRIO DE ANDRADE — A VIRADA DO LIVRO RECEBE BANHEIRO DE FERNANDO TOBIAS

O artista plástico Fernando Tobias abriu hoje, 5 de outubro, na Biblioteca Mário de Andrade, a exposição *O que fizeram com a minha família*, a convite da curadora Joselia Aguiar. As obras são as mesmas que estão expostas no Museu de Arte de São Paulo, o Masp, com um acréscimo: o desodorizador do Sergio Moro, que pode ser encaixado em qualquer vaso sanitário.

Abaixo, reproduzimos uma entrevista com a curadora Joselia Aguiar e esclarecemos que o artista continua aberto a conversas, mesmo presenciais, desde que com marcação prévia.

Artista: Fernando Tobias
Galeria: Galeria Millan
Imagens: Gustavo Piqueira
Comunicação: Relísias Assessoria de Imprensa

Por que você resolveu convidar Fernando Tobias para um evento como o seu Festival Mário de Andrade — A Virada do Livro?
Em primeiro lugar, creio que o trabalho dele coaduna com o dos outros convidados, na medida em que estabelece um diálogo com as várias instâncias da sociedade. Creio que ele está muito bem afinado com as questões contemporâneas. Quando fui curadora da Flip tentei levá-lo, mas não consegui. Estou bastante satisfeita agora.

Qual a importância de um banheiro como esse ser montado na Biblioteca Mário de Andrade?

A Mário é um patrimônio histórico de São Paulo e está afinada com os anseios da sociedade. Por isso abrimos espaço para diversas linguagens diferentes. E a do Tobias é fundamental que o público possa ver. Muitas vezes artistas não são reconhecidos porque não são vistos.

Trata-se de um artista obviamente político. O convite tem ligação com a visão política de Fernando Tobias?

De forma alguma. Não faço esse tipo de distinção e deixo claro que os artistas se expressam como quiserem. Não acho que um artista político só saiba falar de política. Ele vai falar de arte!

29 de janeiro

FERNANDO TOBIAS EXPÕE NO MAR

Abriu hoje, 22 de outubro, a exposição *O que fizeram com a minha família* (sem ponto de interrogação), em um dos cubículos do banheiro do Museu de Arte do Rio (MAR). A exposição tem apenas duas alterações quanto à que ainda está em cartaz em um dos cubículos do banheiro do Museu de Arte de São Paulo (Masp). Além do papel higiênico do Moro, os usuários poderão agora optar pelo papel higiênico do Trump.

A segunda alteração é mais séria: depois de inúmeros problemas, a Galeria Millan resolveu afastar da divulgação o escritor Ricardo Lísias. Sobre isso, a Relísias Assessoria de Imprensa realizou a seguinte entrevista com o escritor:

A que o senhor atribui sua saída da divulgação da exposição O que fizeram com a minha família*?*

Não tenho experiência nessa função e não consegui concluir direito minhas entrevistas.

Apuramos que o senhor e o artista tiveram alguns problemas de convivência
De forma alguma. Inclusive jamais convivemos. Nem teria como. O problema foi de fato minha falta de experiência em realizar entrevistas.

Por que o senhor diz que não teria como conviver com o artista plástico Fernando Tobias?
Como posso conviver com um heterônimo que eu mesmo inventei?

Aí é o senhor que tem que responder
Trata-se de mero absurdo que vocês da imprensa vivem fazendo.

Desculpe, não fomos nós que criamos o Fernando Tobias, eu só fiz uma pergunta.
Não falei que é um absurdo criar o Fernando Tobias, mas sim perguntar se posso conviver com ele.

O senhor deve admitir que tem que enfrentar esse tipo de problema ao ficar inventando essas coisas...
Não vejo motivos para admitir nada além da minha falta de habilidade para fazer entrevistas.

Essa parece uma resposta fácil, já que o senhor também criou a Relísias. Então, o mais razoável seria responder nossa pergunta, que é o senhor mesmo que está fazendo.

(Nesse momento, o escritor Ricardo Lísias desligou o telefone, ou algum problema técnico interrompeu a entrevista e não conseguimos retomá-la a tempo.)

Nota: por enquanto o artista plástico Fernando Tobias suspendeu a decisão de dar entrevistas, mesmo que presenciais. Suas exposições, porém, continuam no Masp, no MAR e em algumas montagens especiais.

Eu pretendia montar o banheiro. A pandemia me impediu.

1º de fevereiro

No auge da crise que Roberto Alvim causou no governo do mito, o presidente da Fiesp, Paulo Skaf, que aliás dirige o colégio que no ano passado censurou meu romance *O céu dos suicidas* e não respondeu a nenhum dos meus questionamentos, escreveu o seguinte em um artigo meio aparvalhado:

> Apoiamos o governo[]? Sim. Ele promove a agenda econômica que sempre defendemos, de controle de gastos públicos, reformas estruturais, redução de juros, desburocratização... [] colocou o país no rumo certo e tem dado demonstrações concretas de estar comprometido com o crescimento e com a geração de empregos.[15]

Muito repetida por aí, a expressão "O mercado apoia esse governo" me incomoda bastante. Não acredito na existência autônoma desse "mercado". Acho inclusive que a palavra tomou essa independência justamente para garantir sua imunidade: é como um ser vivo que se machuca, pode ficar enfermo e, imagina só, até morrer! O que existe são pessoas ricas que controlam mecanismos que as deixam cada vez mais ricas, no geral em detrimento do resto da população.

Por isso foi tão fácil para muita gente afirmar que o "mercado" não se incomoda com o fato de o atual governo ser nazifascista. Na defesa meio atabalhoada de Paulo Skaf, não há em momento algum qualquer menção ao racismo, machismo, homofobia, culto à violência e destruição da educação que caracterizam o governo. Nosso presidente racista, machista, homofóbico, destrambelhado, nazifascista e, logo veremos, despreocupado com a saúde da população está no caminho certo, já que ajuda os ricos a ficarem cada vez mais ricos.

Poucos dias depois do artigo de Skaf, durante o Fórum Mundial de Davos, em uma entrevista, o presidente do Bradesco, ao ouvir a seguinte pergunta

---

15. Não dou indicação bibliográfica de porcaria.

"Neste ano, em Davos, como está a percepção em relação ao Brasil? Mudou alguma coisa em relação ao ano passado?", respondeu que "No ano passado, como era começo do governo, [] fez a abertura e muito se falou, mas não se tinha material para apresentar. Eram só proposições. Neste ano, apesar de não ter andado na velocidade que a gente gostaria, entregamos uma reforma da Previdência".[16] Aqui, a voz usada é o "nós". O presidente do banco, portanto, coloca-se como parte do governo, revelando sem muita sutileza que preparou a reforma da previdência. Logo depois fala como parceiro do ministro que aprendeu finanças na ditadura de Augusto Pinochet: "Acho que tudo isso, associado à convicção de Paulo Guedes de que essa agenda vai andar — com reforma fiscal, o pacto federativo e a reforma administrativa —, o sentimento que a gente percebe entre os investidores é de um pouco mais de confiança no Brasil. O que precisa é que essas reformas andem rápido."[17]

Em resumo, os ricos estão trabalhando no governo, que faz o que eles determinam, e inclusive falam em nome desse mesmo governo. Entre suas muitas vontades está a destruição do ensino público. Sabemos o quanto o sistema de cotas incomoda a classe alta, já que expõe às maravilhas que seus filhos não entram na universidade pública por mérito, e sim porque sempre tiveram privilégios. Um pouco mais exigidos, gritam e apoiam o nazifascismo. Estrebucham em praça pública.

2 de fevereiro

Um pouco depois de o mercado[18] afirmar que o fato de o governo ser nazifascista não vai de forma alguma influenciar a retomada do crescimento econômico (que só eles veem), apareceu a notícia de que uma variante de um

---

16. Do mesmo jeito que a anterior, a entrevista não serve para nada, talvez apenas para que a gente, mais uma vez, observe que esses banqueiros não estão em cargos de comando, seguramente, por causa de suas habilidades intelectuais.
17. É inútil.
18. Ou seja, as pessoas ricas.

vírus da gripe está assustando os chineses. Aos poucos, enquanto as notícias se difundem, jornais publicam manchetes como a seguinte: "Coronavírus leva temor ao mercado[19] e derruba Bolsas."

Em resumo, o nazifascismo que matou milhões de pessoas faz com que as pessoas ricas[20] digam sem nenhum pudor que não estão se importando com as classes vulneráveis. Já um vírus, ainda que potente e de rápida capacidade de disseminação, faz o mercado[21] mudar todo o funcionamento da economia.

As razões são evidentes e cínicas. Isso só é feito porque as pessoas ricas[22] querem a todo custo consolidar a ideia de que o mercado[23] é um ser vivo e que, portanto, pega gripe, fica triste, e quem tenta acabar com ele é assassino. Sub-repticiamente, o recado que passam é o seguinte: tenham paciência que um dia ele morre. Não podemos, pois é crime matá-lo. Não tem nada disso. Nem o mercado[24] e muito menos as pessoas ricas[25] morrem. O que elas fazem na verdade é garantir a vida eterna através da transmissão do dinheiro de pai para filho,[26] o que fará com que o mercado[27] também nunca morra.

Como se pode ver, essas crises teatrais da economia têm uma função bastante definida: fazer o mercado[28] continuar explorando a maioria absoluta das pessoas. Isso não vai acabar a menos que tenhamos um desejo ativo para tanto. O fim da exploração que é a consequência da existência do mercado só vai acontecer com um ato de organização consciente.

P.S.: Daqui a um mês esta entrada precisará de uma revisão. Ela não será feita. Como o leitor pode ver, comparei àquela altura a capacidade destrutiva

---

19. Repetindo: pessoas ricas.
20. O mercado, portanto.
21. Entenda-se aqui pessoas ricas.
22. Você já sabe...
23. Ou não sabe?
24. Pensei muito se faria essa nota e resolvi me dar uma chance de morrer de rir.
25. Já essa eu nem pensei!
26. E para neto, bisneto, tataraneto e por aí vai.
27. Que são os filhos das pessoas ricas.
28. Nossa, vocês gostam mesmo de nota de rodapé!

do novo coronavírus ao nazifascismo. Pretendo desenvolver um pouco mais isso, agora compreendendo que, na verdade, o vírus acabou ocupando o lugar do nazifascismo contemporâneo. O "mercado", portanto, viu-se abalado por algo bem mais capaz de acionar mecanismos nazifascistas do que os políticos que vivem para fazer um acordo: a gente torna os ricos mais ricos e com isso ficamos livres para operar nossa política de mortandade. O novo coronavírus irá colocar esse acordo em xeque, o que, como veremos tragicamente, irá confirmar essa hipótese: mesmo depois de estar claro que a letalidade da pandemia no geral atinge mais os grupos economicamente vulneráveis, o governo brasileiro teimará a todo custo em proteger as grandes fortunas.

3 de fevereiro

Na verdade, o dia 4 começou faz tempo. Estou muito cansado e certamente essa vai ser uma daquelas entradas que vou apagar depois. Vim escrever pelo hábito e também porque agora sinto um tipo de obrigação estranha com este diário.

Quero apenas concluir o assunto dos últimos dias, o que talvez também me sirva para por fim introduzir meu tema. Há um grupo de brasileiros no epicentro da crise do coronavírus, a cidade chinesa de Wuhan. Desde o início o presidente brasileiro e sua notável e delicada inteligência disseram que não retirariam essas pessoas de lá. Muitos países estão obviamente evacuando seus cidadãos, o que é hábito na diplomacia. A Morte declarou que não colocará milhões em perigo por causa de umas poucas pessoas. Ela acha portanto que existe o risco de todo o povo brasileiro contrair a pneumonia causada pelo coronavírus! Mais ainda, nos imagina a todos mortos por obra de uma atitude de seu governo. Aqui falo de mim, de vocês e obviamente dele mesmo. Além da dissonância cognitiva evidente, mais uma vez aparece a prova de que o presidente tem a morte na cabeça.

Os nazifascistas já estão usando a crise para intensificar seu discurso racista. Donald Trump por exemplo irá citar muitas vezes o "vírus chinês", no que será bastante imitado no Brasil.

Vi muita gente defendendo a ideia da Morte, dizendo claramente que aquelas pessoas deviam mesmo ser abandonadas, já que resolveram ir por livre e espontânea vontade para o perigo, que ainda fica em um país comunista. A gente precisa realmente discutir o Mal.

4 de fevereiro

Não aceito tutelar o voto (nem coisa alguma) de ninguém. As pessoas que em 28 de outubro de 2018 votaram no pior candidato da história eleitoral brasileira sabiam o que estavam fazendo e portanto aderiram às suas propostas machistas, racistas, homofóbicas, destrutivas e necrófilas. Naquele dia, depositaram um voto nazifascista na urna.

Evidentemente, muitas se arrependeram. O movimento inicial foi de defesa auxiliada por bastante gente da oposição: não foi nazifascismo e sim isso, aquilo e aqueloutro. Discordo! Foi nazifascismo sim, impulsionado por isso, aquilo e aqueloutro. E, naquele momento, quase 60 milhões de eleitores se aproximaram do Mal.

A sociedade brasileira adora meias palavras: leva porrada e acha que é estímulo. Passou a hora de parar de fazer isso.

É preciso desgastar a presença do Mal na nossa sociedade, até que ele possa ao menos nos livrar da destruição a que estamos submetidos. Nos inúmeros eventos em que participei desde que iniciei o projeto do *Diário*, uma afirmação aparece sem parar: os grupos vulneráveis sempre foram massacrados no Brasil. É verdade, só que agora se trata de uma política de Estado, organizada, clara e ativa, e sobretudo a partir de uma escolha consciente de boa parte dos eleitores.

A ação contra o Mal pode inclusive incidir sobre os índices pré-fascismo entre nós. Sendo claro: assim que conseguirmos neutralizar a necropolítica que a Morte está instalando, devemos continuar a ação para nos aproximarmos cada vez mais de uma sociedade verdadeiramente justa. Isso vai colaborar para que gente como ele jamais receba quase 60 milhões de votos de novo. Por enquanto, é quase um delírio da minha parte.

Estou otimista e agora sinto vergonha disso. Mesmo assim, vou continuar. Passarei as próximas entradas me dirigindo a professores. A propósito, na verdade, vale para todo mundo que tenha uma criança ou adolescente por perto. Tenho experiência com o fascismo na sala de aula. No ano passado, descrevi como um colégio do Sesi censurou meu romance *O céu dos suicidas* e como se comportou depois com a minha reação. Falo a partir daí.

5 de fevereiro

São inúmeras e muito evidentes as razões que colocam a escola como alvo principal dos nazifascistas.

a) uma de suas principais bases de apoio é formada por gente com problemas sexuais: "*o misticismo fascista é o anseio orgástico restringido pela distorção mística e pela inibição da sexualidade natural*".[29] Como eu já disse, e vou repetir porque gosto e sobretudo é importante, uma grande parte dos casos de abuso sexual é descoberta quando a escola oferece aulas de educação sexual aos alunos. Evidentemente, os pervertidos querem continuar à sombra, para abusar das crianças sem serem incomodados;

b) a escola é um ambiente razoavelmente plural. Aqui, preciso modular minha afirmação. No ensino fundamental e médio, com poucas exceções, a distinção que existe é de classe social, o que obviamente torna os colégios particulares, sobretudo os mais caros, ambientes quase exclusivamente brancos. Ainda assim, resta certa pluralidade. Se a elite apoiou em massa o candidato mais nefasto da história eleitoral brasileira, dá para dizer que ela aderiu ao fascismo, e não necessariamente

---

29. Ver REICH, Wilheim, op. cit., p. 17. O itálico é do próprio Reich, que o usa para destacar a afirmação diante do argumento mais geral sobre a atração dos tarados pelos regimes de exceção.

ao radicalismo religioso. Caso seja preciso se converter para que seus privilégios sejam mantidos, não tenho dúvida de que fará isso, como mostra bem o romance *Submissão*, de Michel Houellebecq. Ainda não aconteceu. Já o ensino superior no Brasil estava se tornando de fato plural, até a chegada do neofascismo ao poder. Hoje, é evidente que o Ministério da Educação age para minar o Enem, o Sisu, e com eles as políticas de cotas. O objetivo é fazer com que as melhores universidades voltem a ser o que eram há quinze anos: um ambiente quase exclusivamente frequentado por brancos das classes mais altas. As escolas militares são uma forma de coibir a pluralidade. Nelas, até o corte de cabelo é controlado. Os pais nazifascistas podem ficar sossegados: suas crianças não vão andar com ninguém com a franja verde, um orgulhoso black power ou um menino de cabelo comprido. Se o nazifascismo continuar se fortalecendo no país, é provável que o próximo passo sejam os colégios compulsoriamente religiosos, aos moldes de *O conto da Aia*, de Margaret Atwood;

c) na escola, as crianças e adolescentes estão longe dos pais. Como os pais nazifascistas são inseguros (eles têm a necessidade de um "líder"), sentem-se muito ameaçados por conta dessa distância. Daí aparece o movimento Escola sem Partido, que quer controlar o que os professores falam e portanto o que seus filhos ouvem, e o fortalecimento da educação domiciliar, que no caso controla tudo.

6 de fevereiro

Fiquei bastante impressionado com a desfaçatez com que o Sesi demitiu o professor que havia indicado meu livro para o terceiro ano do ensino médio. Primeiro a coordenadora pedagógica da escola falou um absurdo para um jornal. Depois, o coordenador geral mostrou que não só não tem noção nenhuma do que é o ato de leitura como não dá a menor bola para a opinião dos alunos. Houve muito protesto dos alunos. A instituição permaneceu impassível: manteve os profissionais que demonstravam fragilidade e autoritarismo (estou sendo redundante) e demitiu o professor que, segundo os alunos, fora o responsável pelo seu sucesso no Enem, por exemplo.

Os professores estão atualmente sendo vigiados. Nossa primeira preocupação aqui deve ser a empregabilidade, sobretudo dos docentes não conformistas. Da minha parte, recomendo cautela. Com isso não quero dizer qualquer tipo de abandono de um ensino voltado para a emancipação dos alunos. Ao contrário, em tempos sombrios, ele é ainda mais necessário. Para que continue e o professor não perca seu trabalho, é preciso desenvolver estratégias. Fica ainda mais divertido, pois os censores em geral são burros. Capaz até que elogiem.

Eu pretendia terminar a entrada de hoje com a seguinte citação de Paulo Freire:

> A nossa preocupação, neste trabalho, é apenas apresentar alguns aspectos do que nos parece constituir o que vimos chamado de pedagogia do oprimido: aquela que tem de ser forjada *com* ele e não *para* ele, enquanto homens ou povos, na luta incessante de recuperação de sua humanidade.[30]

Minha ideia era enfatizar a expressão "com ele", que foi destacada pelo próprio Freire, para sublinhar a importância do trabalho em grupo e do fato de o professor ser basicamente mais um membro desse grupo, aquele que talvez ocupe o lugar de mediador. Acabei preso à afirmação final do trecho: "luta incessante de recuperação de sua humanidade". Nos anos 1970, quando o mais importante clássico da pedagogia universal foi lançado, o oprimido era o estudante proveniente das classes baixas. Não tenho dúvida de que a educação sob os moldes de Paulo Freire precisa continuar dirigida para a população ainda economicamente explorada. No caso, alargo a proposta de

---

30. Ver FREIRE, Paulo. *Pedagogia do oprimido*. Rio de Janeiro: Paz e Terra, 2019.

Freire: agora, o estudante que vem de uma família nazifascista, de qualquer classe social, também é oprimido. Ele precisa ser libertado.

7 de fevereiro

Para localizar o leitor no tempo, vou listar algumas das realizações do governo terraplanista durante esta semana:

a) a Morte declarou que brasileiros soropositivos são uma despesa para o Estado;

b) o ministro da Economia, que trabalhou para Augusto Pinochet, afirmou que funcionários públicos são parasitas;

c) a missão brasileira que foi à China recolher os brasileiros que pediram para sair do epicentro do coronavírus se recusou a trazer cidadãos de países que são nossos vizinhos e deu carona para alguns poloneses, cujo governo é também nazifascista;

d) as forças armadas elaboraram um documento impagável afirmando, entre outras coisas, que a França é nosso possível futuro inimigo, ao que imediatamente a embaixada francesa respondeu, "saudando a imaginação sem limites" dos autores, militares de alta patente. No final do *Ano I* do *Diário*, comentei a questão da literatura francesa e de como ela mostra que o antagonismo é mesmo bem marcado e a forma como a arte combate os poderes socialmente estabelecidos é clara. Continuarei oportunamente com a análise;

e) logo mais o presidente "dará uma banana" para os jornalistas, fazendo aquele gesto infantil de cruzar um braço por cima do cotovelo do outro. No mesmo dia em que recebeu esse afago, a *Folha de S.Paulo* publicou dois artigos em sua página de opinião discutindo o "criacionismo". Como se sabe, relativizar a ciência é típico de regimes nazifascistas que... querem acabar com o jornalismo.

Voltando ao assunto de ontem, acho que preciso ocupar mais espaço justificando a afirmativa de que estudantes de famílias nazifascistas podem ser incluídos na categoria de "oprimidos" de Paulo Freire. Meus argumentos são muitos. Tentarei continuar com a minha proposta de organização. Maria Rita Kehl fez uma bela formulação no ano passado: "Acrescento outra hipótese: a de que uma grande parcela dos eleitores de [] seja composta de pessoas que não conseguiram ou não quiseram integrar nenhuma das festas democráticas que encheram as ruas das grandes cidades brasileiras desde os idos da lei de Anistia, em 1979."[31]

Se nos lembrarmos da ocupação que os alunos adolescentes realizaram há poucos anos em colégios públicos, reivindicando melhorias mais do que justas, logo nos virá à mente a imagem de alguns pais, do lado de fora, gritando de ódio pelo fato de os filhos estarem reivindicando seus direitos. Se olharmos o conjunto dos pais, são uma minoria. Pouco ou nada se vê de alunos reclamando dos livros que seus pais querem que sejam proibidos. Do mesmo jeito, não são os alunos que aceitam em sua maioria as diretrizes do tal Movimento Escola sem Partido. Ao contrário, no que depender deles, a escola será um momento importante e na medida do possível feliz em sua formação. Quando tive o problema com a unidade do Sesi, reparei que os alunos tentavam a todo custo transformar o ambiente opressor em um lugar acolhedor. Os alunos que vêm das famílias nazifascistas, portanto, não são ouvidos em sua própria casa, funcionando como receptáculos coisificados da tendência de posse dos pais, o que acaba redundando em sofrimento. Volto a Paulo Freire:

---

31. Ver KEHL, Maria Rita. "O ressentimento chegou ao poder?". *Serrote*, n. 33, nov. 2019.

Esta tendência dos opressores de inanimar tudo e todos que se encontram em sua ânsia de posse se identifica, indiscutivelmente, com a tendência sadista. [...] O sadismo aparece, assim, como uma das características da consciência opressora, na sua visão necrófila do mundo. Por isto é que o seu amor é um amor às avessas — um amor à morte e não à vida.[32]

8 de fevereiro

Talvez o leitor esteja encontrando uma possível contradição. Afirmei que uma minoria de alunos provém de famílias nazifascistas. Por outro lado, em muitos momentos deste *Diário*, sobretudo no *Ano I*, eu disse que quase 60 milhões de eleitores depositaram em 28 de outubro de 2018 um voto conscientemente nazifascista. Vou me deter um pouco nisso, pois já estamos há praticamente um ano e meio da nossa catástrofe eleitoral e muita coisa exige atualização. Antes de tudo, afirmo com clareza que continuo sem nenhuma disposição para tutelar o voto de quem quer que seja, pobre ou rico.

Em todas as narrativas de docentes que enfrentaram problemas em sala de aula por conta de reclamações de familiares nazifascistas, é comum a nota de que se tratava de um ou dois pais. Apesar da franca minoria, a reclamação no geral progride porque a autoridade escolar parece agir sempre prestando atenção na primeira parte de sua própria designação, o que a torna "autoridade", e bem menos na segunda, que lhe devia fazer observar melhor o ambiente "escolar". Em resumo: o grupo que tomou o poder no Brasil fez com que qualquer tipo de comando se tornasse uma possibilidade de desmando. Daí a um mero gestor querer impor sua autoridade sobre outra pessoa, não é preciso muito. Ainda mais em uma sociedade cuja principal característica, defendo, é o sadomasoquismo.

---

32. Ver FREIRE, Paulo, op. cit., p. 64.

Ainda vou comentar o romance *M: o filho do século* de Antonio Scurati. Aqui ele mostra com clareza por que o Brasil aceita o nazifascismo sem nenhuma resistência. Veja o leitor se esse não é um bom resumo de boa parte do que se tornou nossa população: "pessoas abaladas no mais íntimo de seu âmago por um desejo irrefreável de submissão a um homem forte e, ao mesmo tempo, de domínio sobre os indefesos. Estão prontas para beijar os sapatos de qualquer novo patrão, desde que também lhes seja possibilitado pisar em alguém".[33]

Não é igualmente à toa que, enquanto estrelava a série de TV Lava Jato, Sergio Moro performasse os depoimentos dos personagens não atores (advogados de defesa e réus no geral) de forma muito violenta, submetendo-os a verdadeiras sessões de tortura psicológica. Seu público adora isso. Esta é uma mensagem que, por exemplo, circulou em um grupo de WhatsApp de pais de uma escola infantil no dia em que o ator impediu que a liminar concedida pelo desembargador Edson Favreto fosse cumprida, como a propósito a lei (não os roteiros para TV) exigiria: "Muito bem, o nosso juizão espancou o sapo barbudo ladrão sem dó." Evidentemente, quem escreveu isso aí estava com muita vontade de levar umas chicotadas na bunda para ver se conseguia gozar.

10 de fevereiro

Ontem não escrevi o *Diário* pois fiquei a madrugada inteira assistindo à cerimônia do Oscar. Quem sabe ela mereça algumas entradas mais adiante. Agora não quero perder o fio. Continuo: são poucos os estudantes que se manifestam nazifascistas em comparação com os pais. Aqui, vamos pensar mais no ensino médio, que congrega aqueles que já podem votar. Consultei inúmeros professores sobre isso e eles confirmaram minha hipótese.

---

33. Ver SCURATI, Antonio. *M: o filho do século*. Trad. de Marcello Lino. Rio de Janeiro: Intrínseca, 2020, p. 294.

Vou devagar agora. O silêncio não significa necessariamente que os nazifascistas não estejam na sala. Provavelmente muitos estão de fato. Uma série de fatores faz com que não se manifestem. Estimo alguns: são minoria, sabem que sua opinião é impopular, não querem se ver excluídos do grupo, talvez por fim sequer sejam assim tão nazifascistas. Precisamos avaliar cada uma das possibilidades. Quero, por outro lado, propor um salto: e se nos voltarmos aos jovens que estão iniciando o quinto ano do ensino fundamental, por exemplo? Eles têm por volta de 10 anos e certamente não apresentam o mesmo interesse político que os secundaristas. Um dia chegam lá. O importante então é que permaneçam afastados do neofascismo durante o percurso.

A atual Base Nacional Comum Curricular (BNCC) propõe o seguinte para esse momento da vida escolar, no que diz respeito à linguagem:

a) Conhecer e explorar diversas práticas de linguagem (artísticas, corporais e linguísticas) em diferentes campos da atividade humana para continuar aprendendo, ampliar suas possibilidades de participação na vida social e colaborar para a construção de uma sociedade mais justa, democrática e inclusiva.

b) Utilizar diferentes linguagens — verbal (oral ou visual-motora, como Libras, e escrita), corporal, visual, sonora e digital — para se expressar e partilhar informações, experiências, ideias e sentimentos em diferentes contextos e produzir sentidos que levem ao diálogo, à resolução de conflitos e à cooperação.

c) Utilizar diferentes linguagens para defender pontos de vista que respeitem o outro e promovam os direitos humanos, a consciência socioambiental e o consumo responsável em âmbito local, regional e global, atuando criticamente frente a questões do mundo contemporâneo.[34]

---

34. Ver <basenacionalcomum.mec.gov.br/abase/#fundamental/a-area-de linguagens#competencias-especificas-de-linguagens-para-o-ensino-fundamental>.

Vamos combinar algumas atividades que ajudem esses alunos na pré-adolescência (e que portanto começam a pensar concretamente nas festas) a ficar longe do neofascismo? bell hooks faz uma atividade em sala de aula do ensino superior em que estimula seus alunos a produzir discursos particulares em que os colegas não entenderão o que o outro diz e terão que analisar o momento em que perderam a possibilidade de reconhecer a comunicação do outro. Sua ideia é mostrar como a linguagem pode ser um fator de separação. Depois ela obviamente estimula a compreensão e reconhecimento do outro:

> Pedagogicamente, estimulo-os a conceber como um espaço para aprender o momento em que não compreendem o que alguém diz. Esse espaço proporciona não somente a oportunidade de ouvir sem "dominar", sem ter a propriedade da fala nem tomar posse dela pela interpretação, mas também a experiência de ouvir palavras não inglesas.[35]

A partir de amanhã proponho que a gente imagine atividades em sala de aula que ajudem os alunos a pensar no outro e a valorizar a diferença. Como sabemos, o diferente não é aceito pelos nazifascistas. Eles o odeiam.

11 de fevereiro

Cada estudante deve escrever um episódio importante de sua vida. Se é triste, marcante ou meramente imaginário, não faz diferença. Dez ou quinze linhas talvez sejam suficientes. Acho que eu estava na quinta série em 1986, mais ou menos. Meu relato poderia ser o seguinte:

---

35. Ver HOOKS, bell. *Ensinando a transgredir*: a educação como prática da liberdade. Trad. de Marcelo Cipolla. São Paulo: Martins Fontes, 2013, p. 247.

Meu pai sempre gostou muito de futebol. O que ele mais gosta no futebol é o Corinthians e também assistir jogos do Corinthians deitado no sofá da sala, o que ele faz todos os domingos. Para eu assistir junto tenho que ficar espremido no cantinho. Se meus irmãos quiserem ver, tem que sentar no chão. Minha mãe nunca vê. Meu pai também gosta de assistir os jogos da seleção. O único dia que ele chorou na vida foi quando o Brasil perdeu para a Itália a alguns anos. Agora ele não mora mais na minha casa e mora com a minha vó.

Não tenho certeza de que eu escreveria desta forma. Está valendo.

Depois, a primeira surpresa: os alunos deverão agora passar o relato para a "língua do p". Vocês devem se lembrar de como é: no início de cada sílaba a gente acrescenta o fonema "pê". O início do meu ficaria o seguinte: "PêMeu pêpai pêsempêpre pêgospêtou pêmuipêto pêde pêfupêtepêbol." Um aluno deve ler seu relato na frente da sala na "língua do p". Dois ou três outros então dizem o que entenderam. Essa atividade só pode ser feita em uma aula dupla, de cem minutos. Aqui, devemos estar na metade. O primeiro confirma se os outros entenderam tudo e completa o que estiver divergente. É possível repetir a atividade duas ou três vezes, com alunos e relatos diferentes. O ideal é que sejam voluntários. Como tarefa de casa os estudantes podem agora fazer outra redação em que vão contar em dez ou quinze linhas de novo qualquer situação em que acreditem terem sido mal compreendidos.

Na aula seguinte, pedimos para que dois ou três de novo leiam o relato sobre a falta de compreensão. Os outros devem agora redigir um terceiro relato, transformando a narrativa do colega em uma situação agora de compreensão. De novo outra aula passou. No encontro seguinte, trazemos um dos relatos anteriores que todos acharam muito claros, agora redigido em um idioma estrangeiro. Se for uma escola em que muitos alunos compreendem o inglês (podemos aplicar essa atividade em colégios de filhos de ricos com tranquilidade), pode ser o francês, alemão etc. Lemos e perguntamos se alguém entendeu. Claro que não. Revelamos que se trata do relato muito claro, só que agora em língua estrangeira.

Aqui em algum momento é possível falar da situação dos refugiados. Os temas geradores podem ser "outro", "compreensão", "comunicação" e "língua estrangeira". Podemos discutir a necessidade de acordos de compreensão, que afinal de contas são acordos para uma vida em comum.

12 de fevereiro

O que fiz ontem foi um esboço que pode ser adaptado para praticamente todos os níveis de ensino, inclusive o superior. Acho bastante importante que a escola prepare o aluno com todo tipo de habilidade comunicativa. Hoje, por outro lado, parece-me urgente que em cada ponto do ensino seja apresentada a dificuldade do outro. No caso da comunicação, é urgente, já que ela só existe de fato como um acordo, quem sabe um "combinado", para usar o vocabulário infantil.

O que é preciso, de imediato, para que a conversa aconteça? Desculpem-me pelo óbvio: que todos os lados estejam vivos. Então qualquer ato que cause ameaça à vida dos outros é desde o início contrário à comunicação. Para você que está me lendo, é uma bobagem simplista. Falar algo parecido para crianças de 10 anos é um enorme ato de resistência ao nazifascismo. Não é só que você entende porque uso uma linguagem compreensível. É que eu quero que você esteja vivo. Estamos aqui prontos para a aula de educação física antifascista.

Colocamos os alunos todos no meio da quadra, se eles tiverem entre 7 e 10 anos, entregamos-lhes todo tipo de material (bolas, redes, cordas, o que tivermos) e anunciamos: façam o que quiserem e depois venham me dizer como foi o jogo. O caos estará imediatamente instalado. Aqui os grupos vão reagir de forma diferente. Alguns logo param e chamam pelo professor, outros vão se entregar a uma enorme confusão. Seja lá o que acontecer, o professor terá que fazer a mediação. Depois de algum tempo, vale a pena pedir para que um aluno descreva o jogo. Não vai dar certo ou no máximo haverá uma narrativa bastante confusa. Chegou a hora de ensinarmos as regras do futebol e, na verdade, a importância da presença do outro e da aceitação não apenas das regras e sim da presença dele. No final podemos mostrar que o jogo funciona e que isso ocorreu por causa das regras e não por exemplo por conhecermos como os outros alunos da escola vivem. Não sabemos se os pais são separados, se um vive com a avó e o outro com a tia e por aí vai. Estamos aos poucos garantindo a existência das famílias homoparentais, que tanto assustam os nazifascistas.

13 de fevereiro

Se formos pensar no ensino médio, é possível refazer a atividade que propus anteontem utilizando gírias ou vocabulário que os estudantes normalmente não usam no dia a dia. Quando eu dava aula, tive um aluno que participava de uma torcida organizada de futebol. Ele não apenas frequentava assiduamente os jogos e o clube. Fazia parte da diretoria e revelou-me uma vez que na verdade o time era parte vital dele. Em uma aula, me mostrou uma série de vocábulos que só usava no campo. Muitos eram palavrões. Aconselho que deixemos esses de lado. Não sou nenhum purista, só não quero fomentar qualquer tipo de confusão.

Podemos pedir que nossos alunos escrevam ainda sobre um momento importante de suas vidas, agora usando gírias específicas. Depois, com a leitura, eles podem explicar do que se trata. Os outros alunos podem então escolher uma narrativa pela qual sentiram atração e tentar redigir agora um texto usando a sua própria gíria.

Iremos perceber que isso não vai dar muito certo, já que o nosso redator não terá intimidade com o contexto do colega. É no momento de constatar o estranhamento que nós professores podemos lhes revelar algo. Vocês se atraíram pelo contexto particular do outro, chegaram a compreendê-lo mesmo sem fazer parte dele! As tentativas falhas de se apoderar da linguagem específica mostram isso bem. Aqui o professor pode discutir o multiculturalismo, outra questão bastante atacada pelo nazifascismo.

Os temas geradores podem ser "gíria", "linguagem informal", "comunicabilidade" e "tradução".

Com tudo isso espero estar deixando claro que para mim a questão é abstrata e formal. Precisamos resguardar nos estudantes a capacidade de gerar estruturas que, outra vez, tragam dentro de si possibilidades de resistência à destruição civilizatória (de convívio, quero dizer) que o neofascismo tem empreendido com muita força. Vou continuar traçando essas propostas, pois elas estão, por muitos motivos, dando-me prazer.

16 de fevereiro

O professor de Comunicação e Expressão é evidentemente decisivo na conscientização antinazifascista. Fico tranquilo com isso, pois sei que a maioria não apoia o governo da Morte. Conheço obviamente boa parte dos departamentos de Letras por aí e posso dizer que o número de conservadores é mínimo.

Mais uma vez, não estou me contradizendo: sei que no ano passado afirmei que tanto o meio literário quanto mais amplamente o intelectual são conservadores no Brasil. Preciso de um pouco mais de espaço para me justificar. Por enquanto fico com uma explicação que já fiz àquela altura: a gente pode reunir cinco pessoas sem nenhum traço nazifascista e descobrir que o grupo resultante provavelmente será conservador ao falar de arte.

Acho que é por aí. Agora quero ressaltar que me parece urgente para o meio literário ultrapassar o Realismo. Essa corrente precisa por fim se tornar um fato histórico e não uma obrigação ou, mais ainda, motivo de cobrança para a arte contemporânea. Por isso, vou repetir ainda outra vez: a literatura não representa nada, ela cria um objeto que vai ocupar um espaço no mundo e portanto produzirá efeitos sobre ele, nele e a partir dele.

Continuando as propostas, recomendo que o professor de Comunicação e Expressão, se possível junto com o de Artes, privilegie objetos que estejam abolindo todo tipo de fronteira. É possível, com Banksy, além de toda a discussão geopolítica que ele produz, falar da deriva do conceito de autor. Por que não usar filmes de bastante sucesso hoje para discutir com o ensino médio a pouca relevância da separação ficção e não ficção no mundo contemporâneo? É possível discutir *Dois papas*, por exemplo.

Com isso o professor pode relativizar qualquer conceito mais essencial, além de provocar nos alunos uma reflexão sobre corpos que dinamitam fronteiras, como os transexuais, por exemplo. Despertar esse tipo de sensibilidade me parece muito importante.

17 de fevereiro

Obviamente, professores de ciências exatas e biológicas são fundamentais também na luta antinazifascista. Hoje qualquer criança precisa crescer com um globo terrestre em casa. O Papai Noel pode existir. A terra plana, em nenhuma hipótese. Acho importante inclusive que a diferença esteja bem clara. Crianças precisam praticar a imaginação, criar mundos que só podem existir até certa idade, viajar para a lua sem sair do chão, ser muito valentes diante de uma horda de dragões. Se tiverem medo, também não faz mal. O que não se pode é promover falsificações que infantilizam o mundo e façam com que adultos vivam em um arremedo de adolescência boçal. Sim, pois só mesmo aquele moleque bobo que passava a manhã inteira atrapalhando a aula de ciências e jogando papel nos caras de óculos acredita que a terra é plana.

O professor de matemática pode, por exemplo, trabalhar com dinheiro. Os pais reaças vão achar o máximo. Fazer essa gente de trouxa é tudo de bom.

Vou fugir um pouco do meu formato e propor uma aula já esboçada. Imagino que seja para uma série que domine bem a adição. É preciso pedir para que os alunos tragam de casa cédulas de dinheiro que eles mesmos podem desenhar. De novo, o auxílio do professor de Artes é fundamental. Que tal durante a atividade de desenho discutir, por exemplo, a desvalorização da moeda e suas consequências para as pessoas mais pobres? Agora descrevo a atividade:

0-10 minutos: vamos separar os valores para os alunos em notas simulando dois e cinco reais;

11-20 minutos: vamos pedir para que cada criança conte quanto dinheiro tem. Sugiro que recebam todos o mesmo valor de doze reais, com notas diferentes;

21-30 minutos: vamos mostrar alguns alimentos (café, pão, um quilo de carne, um prato de comida) e estabelecer que algumas precisarão comprar também para os irmãos, pais etc.;

31-40 minutos: vamos pedir para que as crianças vejam o que dá para comprar e como gastariam. Sugiro que a carne e o prato de comida custem mais de doze reais. Um café com pão fica em média dez reais;

41-50 minutos: dependendo do dinheiro que as pessoas tiverem e da quantidade de comida de que necessitem, não dá nem para se alimentar.

18 de fevereiro

Para localizar o leitor no tempo, vou deixar aqui alguns dos últimos acontecimentos do governo terraplanista:

a) agora cedo, ao comentar as mentiras que um homem contou na CPMI das Fake News, que os apoiadores do governo insistem ser o "outro lado", o presidente afirmou que a jornalista que publicou uma matéria sobre o uso de disparos em massa no WhatsApp nas eleições de 2018 "queria dar o furo". Enfim, é a babaquice machista que ouvimos o tempo todo por aí. Vale dizer que o jornal continua, mesmo depois de o governo ter chamado uma de suas melhores jornalistas de puta, apoiando as medidas econômicas, o que para muitos é sinal do neoliberalismo de seus donos. É mesmo, só que acho melhor ir além: mostra o sadomasoquismo de quem controla a pauta;

b) no sábado passado (há quatro dias, portanto), Alessandra Negrini desfilou em um tradicional bloco de carnaval de São Paulo com parte do rosto enfeitado com pinturas indígenas e um cocar. Ela estava acompanhada de Sônia Guajajara, que ressaltou a importância do apoio da atriz à luta indígena. Logo a turma do dedo na cara da internet apareceu para acusá-la disso e daquilo e pedir seu "cancelamento". Não tenho como desenvolver agora. Há na atitude uma evidente questão psicanalítica quanto ao corpo de Negrini e com quem tem problemas para olhá-lo. De resto ela de fato está ao lado dos índios contra o massacre que o governo terraplanista vem praticando. Tanto é assim que a Associação dos Povos Indígenas do Brasil publicou uma nota com muita clareza: "É preciso que façamos a discussão sobre a apropriação cultural com responsabilidade, diferenciando quem quer se apropriar de fato das nossas culturas ou ridicularizá-las daqueles que colocam seu legado artístico e político à disposição da luta."[36] O mais maluco é que os canceladores se consideram de esquerda.

Eu pretendia só nos localizar no tempo e acabei com o espaço para a entrada de hoje. Enfim, vou preencher as últimas dez linhas com um assunto relacionado. Uma professora de inglês no interior de São Paulo está sendo investigada em um processo administrativo por ter discutido termos feministas em uma aula. Uma aluna gravou e o pai dela, apoiador sabem vocês de quem, fez uma reclamação. Confirma-se tudo o que eu disse há algumas semanas: a autoridade escolar dobra-se diante de apenas um pai, que está instrumentalizando a filha. Imagina o constrangimento a que ele não submete a menina, que está isolada na reclamação.

---

36. Ver <www.cartacapital.com.br/sociedade/liderancas-indigenas-defendem-alessandra--negrini-por-uso-de-fantasia>.

21 de fevereiro

No final da tarde de anteontem, dia 19, o senador Cid Gomes tentou terminar um motim de policiais encapuzados no Ceará usando contra eles uma retroescavadeira. Recebeu dois tiros, ainda não se sabe de onde, enquanto gritava contra o surgimento das milícias em seu estado.

Agora continuo nosso assunto com uma questão muito séria para mim. Ela exige evidente aprofundamento, o que pretendo fazer logo. Por enquanto vou insistir no meu esforço de praticidade. Propus há alguns dias algumas atividades em sala de aula que envolvem dinheiro e que, no final das contas, intencionavam mostrar a dificuldade que a diferença de classes pode causar na vida de quem não recebe o suficiente para consumir as calorias mínimas para o sustento diário.

Quero pedir o máximo de atenção para os professores envolvidos, o que inclui também as atividades de Artes, para um detalhe: aqui em hipótese alguma sugiro que os estudantes possam "representar" alguém que sofre tão violentamente algo a que eles não têm acesso. Sendo mais claro, é preciso evitar qualquer atividade em que os alunos sejam chamados a "representar" por exemplo classes oprimidas. O mal-estar que estudantes de colégios caros podem causar quando simulam adolescentes que precisam trabalhar (ainda mais se for em condições precárias) já é suficiente para evitar esse tipo de coisa. Não é só isso: a atividade pode dar a impressão de que se ele "representa" aquele que é oprimido economicamente, este também pode "representá-lo". Isso não ocorre, e o caminho ainda piora se o raciocínio continuar, tal o lugar que a noção de representação assumiu hoje: se eu represento uma realidade, ela existe. Se ela existe, então pessoas que passam fome podem chegar aos mesmos privilégios que eu. Isso é falso, como sabemos, e a atividade ainda pode sair pela culatra.

Estão voltando à moda aqueles escritores que representam o outro e com isso no geral nada mais fazem que usurpar a voz desse outro, através de alguns artifícios formais. Talvez agora seja bom pensar em algumas atividades para a aula de Artes.

23 de fevereiro

Hoje é domingo de carnaval. No geral, os desfiles, apresentações de blocos e tudo o que faz parte da festa estão criticando bastante o presidente. O conflito com as polícias militares dos estados parece adormecido. Segundo os analistas, na quinta-feira estará de volta. Acredita-se que o governo tenta uma espécie de criação de paredão miliciano contra a revolta dos governadores e, o que seria um bônus, a falta de articulação política. O Poder Legislativo não parece amedrontado. Muita gente acha que a conflagração está próxima. Não sei, aposto mais em uma nova redisposição de forças, que continuará a precariedade destrutiva e confortável que interessa a muita gente por aqui.

Quanto ao professor de Artes, uma atividade interessante poderia ligar o Teatro à disciplina de História. Os alunos precisam pesquisar em casa um antepassado que tenha vindo de outro país (nas escolas particulares, quase todos são netos ou bisnetos de estrangeiros, no mínimo). Então, devem fazer uma breve pesquisa sobre como esse antepassado vivia logo que chegou no Brasil.

> 0-10 minutos: a sala se divide em grupos. Cada um lê para os outros do grupo a pesquisa que realizou. O grupo escolhe aquela que lhe pareça mais dramática (aqui o professor explica que o sentido de dramático é "teatral". A ambiguidade fica para nós, mesmo que acabe sendo perceptível para os estudantes);
> 11-20 minutos: os grupos então recebem uma instrução surpreendente: devem pensar como seria aquela narrativa nos dias de hoje;
> 21-50 minutos: tendo feito a reaclimatação, dividem os papéis, reescrevem o texto e começam a ensaiar a apresentação.

Na aula seguinte cada grupo apresenta sua cena. O professor então propõe um novo rearranjo: como unir todas as cenas? Os alunos com isso podem construir uma peça inteira que irá tratar das possibilidades de convivência contemporânea ou, dependendo da narrativa, dos conflitos que estão nos abatendo. Aqui, o professor de História pode aparecer com atividades auxiliares quanto à reconstituição e o de Comunicação e Expressão ajudará na criação dos textos.

24 de fevereiro

Se durante toda a campanha e agora no governo a extrema direita se aproveitou da perversão sexual de muita gente, é fato que há um gozo perverso em manter esse cara na presidência da República. Provavelmente é também por isso que as reações são tão tímidas. Ele nos oferece o lugar confortável da certeza: é mais do que certo que não dá para apoiá-lo, é lógico que só gado vai atrás de gente de tão baixo nível e não resta dúvida de que amanhã ele vai falar um absurdo tão grande que teremos um enorme prazer por não ter votado nesse cara. Na verdade vamos ficar ansiosos por sua obtusidade e, se ela não vier logo cedo, na hora do almoço já não conseguiremos largar as notícias. É muito bom estar aqui do outro lado. Do mesmo jeito, só temos conforto: como todo mundo já viu, não vamos de fato estar errados nunca. Estamos apaixonados pelo nosso lugar esclarecido e por isso na verdade não queremos mudá-lo. E se eu estiver errado e quisermos, sim, não é tanto, já que realmente fazemos de pouco a nada para isso. Um presidente com nível tão baixo é bom para nós: nós que somos só um pouco machistas, de vez em quando e quase sem querer homofóbicos e nos policiamos por causa do racismo estrutural — que nos protege — podemos ficar tranquilos, já que o outro lado é realmente muito cafajeste, muito escroto e conscientemente canalha. Estamos confortáveis, pois agora podemos criticar com tranquilidade a imprensa. Mesmo que suas funcionárias sejam chamadas de putas, os chefões continuarão apoiando a política econômica e lidando com o governo terraplanista de forma distante e na verdade respeitosa. Sempre estivemos certos sobre isso, portanto. A gente não faz coisa alguma porque esse governo nos mostra que estamos certos. E faz isso com muita facilidade. É tão tranqueira que a gente tem a mais absoluta segurança da própria dignidade, elegância e bom senso. Dá para entender. Só fico me perguntando se isso também não é uma perversão. Realmente quero saber se não era melhor nos libertarmos dessa gente horrorosa e retornarmos ao nosso mundo cheio de fraquezas, deslizes, erros e imperfeições. Voltarmos a ser pessoas normais, portanto.

25 de fevereiro

O carnaval acaba oficialmente amanhã, Quarta-Feira de Cinzas, ao meio--dia. Como no ano passado, os desfiles das escolas, os bailes e os blocos se encheram de manifestações contra o governo terraplanista. Aqui em São Paulo a escola Águia de Ouro foi considerada a melhor, depois de colocar na avenida um enredo homenageando Paulo Freire. No Rio de Janeiro, nem se fala. A Mangueira não teve nenhuma discrição: criticou o messias armado no samba-enredo em um de seus carros alegóricos, muito comovente, trouxe um jovem baleado e crucificado e no lugar de INRI escreveu NEGRO. A São Clemente deixou Marcelo Adnet sozinho em um carro com todo espaço para ele fazer o que sabe de melhor: debochar. Ele deitou e rolou, literalmente.

Os leitores devem se lembrar do ano passado, quando uma performance durante o carnaval desestabilizou o presidente. Esse ano não foi diferente: o mito não apenas reclamou do desfile da Mangueira como, agora à noite, repassou em seu WhatsApp pessoal um convite chamando as pessoas para uma manifestação no próximo dia 15 contra o Congresso Nacional e o Supremo Tribunal Federal. Obviamente, o escândalo foi grande.

Parei de contabilizar os perigos e prejuízos para a nossa democracia. Ela não existe mais e para mim a preocupação principal não é salvá-la ou remendá-la, e sim entender como talvez possamos voltar algum dia a ela.

Então, o que me interessa na situação é notar como o nazifascismo tem de fato problemas com as festas. O carnaval os desequilibra ainda mais, pois expõe, com evidente força, suas perversões sexuais, como vimos com Reich. Encontro ao menos duas questões óbvias: a) os corpos estão expostos, só que não ao alcance deles, que não conseguem participar da festa. É por isso que a resistência não pode cair no erro de tentar disciplinar fantasias e outras ações engajadas. Foi o próprio cacique Raoni que agradeceu o empenho de Alessandra Negrini; b) o carnaval sustenta todo tipo de inversão. Certamente a principal é a de gênero. Mais objetivamente: homens se vestem de mulher sem nenhuma preocupação nesses dias. Depois, acaba. Li agora mesmo em uma rede social uma advogada fazendo uma reclamação: "aqui na minha cidade, [] teve a maioria absoluta de votos. O feminicídio é altíssimo. Enche-me de raiva ver esse monte de homem se vestindo de mulher no carnaval só para depois ir bater na esposa". A raiva dela está mais do que justificada e na verdade oculta de novo a perversão e o recalque nazifascistas. Os que conseguem se esconder na festa sentem-se mal do mesmo jeito: ela vai acabar e com isso terão que voltar a se vestir de homem, o que os tornará de novo um bando de escrotos violentos.

Continuo amanhã. Desde já deixo a minha conclusão: muita festa é um bom antídoto ao nazifascismo.

26 de fevereiro (Quarta-Feira de Cinzas)

Talvez eu tenha falado demais da situação escolar e deixado um pouco de lado a questão mais geral da infância. Como ressaltei ontem, acho que inclusive com ênfase exagerada, o nazifascismo não suporta nenhum tipo de festa. Quando nazifascistas se reúnem, é para recomendar que ninguém goze. Em primeiro lugar, portanto, é preciso não apenas manter como mais ainda estimular o lado festivo da vida. Quando os sinistros estão no poder, crianças não devem apenas brincar. Elas precisam pular, fantasiar-se o tempo inteiro, dançar pela rua e sobretudo exibir no rosto a alegria de não ser nazifascista.

Não é fácil. No momento em que escrevo, praticamente todo mundo só fala no vídeo patético que o mito repassou no WhatsApp para alguns contatos, na certeza de que iria vazar. Ele estimula o gado a ir à manifestação no dia 15. Celso de Mello, decano do STF, por exemplo, declarou de manhã que o mito não está à altura do cargo. É uma perda imensa de energia que poderia estar sendo gasta com brincadeiras.

Um exercício curioso na aula de Artes, por exemplo, pode ser esse:

- 0-10 minutos: os alunos se reúnem em grupos. Cada grupo escolhe um componente para contar a origem de sua família;
- 11-30 minutos: o grupo descreve o que parece nesse aluno de fato originário desse passado e o que se desvia;
- 31-40 minutos: o componente tenta então narrar o momento em que os desvios podem ter aparecido na família;
- 41-50 minutos: o grupo tenta organizar uma festa de boas-vindas para o componente que aceitou ser alvo da descrição. Essa festa deve misturar elementos da cultura de partida e de chegada.

Nas aulas seguintes as descrições podem ser misturadas. Aqui o professor de Comunicação e Expressão pode aproveitar a ocasião para falar de dissertação, narração e descrição. Por favor não vamos nos esquecer que é a mistura desses três tipos de redação que traz maior criatividade e resistência à monotonia e portanto ao nazifascismo.

27 de fevereiro

Atualmente os trabalhos artísticos precisam abandonar todo tipo de fronteira. Publicado em 2017 na Itália e agora recentemente traduzido no Brasil, *M: o filho do século* descreve os primeiros anos da vida pública de Benito Mussolini, que vão de 1919 a 1924. Com 812 páginas, o livro fez enorme sucesso na Itália, um pouco por conta da polêmica (o autor afirma que se trata de um "romance sem ficção") e muito pelos paralelos, para lá de impressionantes, que a trama oferece com o nosso tempo.

Vou me estender pouco no tal "romance sem ficção", ao menos agora. O autor justifica praticamente todas as passagens com algum documento. A marcha sobre Roma é descrita conforme notícias de jornal, cartas e testemunhas. Todos os trechos do livro estão escorados em algum tipo de fonte histórica, no geral primária. A reprodução dos documentos me enfastiou. Ela é esteticamente desnecessária e acaba reservando outra vez um espaço privilegiado da narrativa histórica sobre a artística. De qualquer forma a ficção faz parte da realidade e qualquer objeto fictício, portanto, existe.

Fica bastante constrangedor o apoio desabrido de muitos artistas ao fascismo. De Marinetti e D'Annunzio, eu já sabia. Confesso que Pirandello me surpreendeu. A ligação dos empresários com o regime de Mussolini é tratada com toda clareza no livro: "Às 19h, [Mussolini] recebe, pela segunda vez em dois dias, uma delegação de industriais: De Capitani D'Arzago, Pirelli, Benni, Crespi, Ettore Conti, que já aprenderam o caminho."[37]

Como se pode ver, lembra bastante a sustentação que a Fiesp está dando ao mito. Outro dia, alguns empresários chegaram inclusive a declarar apoio ao ministro Abraham Weintraub, reconhecido por todos não apenas como péssimo, e sim patologicamente destrutivo. Hoje mesmo, os jornais informam que empresários pretendem patrocinar as manifestações do próximo dia 15 de março contra o Congresso Nacional.

É isso que tenho chamado de "monotonia histórica".

28 de fevereiro

Circula a notícia de que o ex-juiz, ator e brevemente defenestrado Sergio Moro apoia um inquérito da Polícia Federal contra um grupo de punks de Belém do Pará por conta dos cartazes de um festival, o Facada Fest, que aconteceu no ano passado. Uma das imagens mostra o palhaço Bozo, em evidente alusão ao nosso presidente, sendo empalado por um lápis. Coisas assim. Pelo que entendi, a acusação é de apologia ao crime. É um assunto

---

37. Ver SCURATI, Antonio. *M*: o filho do século. Trad. de Marcello Lino. Rio de Janeiro: Intrínseca, 2020, p. 576.

que interessaria muito ao volume do ano passado, quando discuti a natureza nazifascista do movimento que levou o presidente a ser eleito. Como se sabe, punks foram desde sempre adversários do nazifascismo. Por isso, Sergio Moro, ator e ex-juiz, quer perseguir o movimento.

Continuo com o ex-juiz para destacar a questão da "monotonia histórica". É evidente que um governo de natureza nazifascista precisa ter bastante gente com a voz monocórdia. Como, aliás, é a Morte: um homem com um pequeno repertório de gestos, a vulgaridade de qualquer balcão de bar e muita dificuldade para esconder a própria limitação. A propósito, o tal Olavo do Carvalho também é assim. A cada vez que tem a limitação intelectual revelada repete a palavra cu, e sempre que alguém mostra como ele é um nazifascista mal disfarçado, fala cu de novo. Cu e cu é o que ele sabe falar. Cuecu é o grande raciocínio filosófico do guru dessa gente.

A monotonia da ministra Damares é embaraçosa: é possível pensar em algo mais repetidamente triste do que a abstinência sexual? O Nada é sempre igual. O governo vazio está aberto para ser preenchido. Como não existe ninguém com criatividade disposto a participar dele, essa gente só pode preenchê-lo com uma maldade que já conhecem. E então, a repetição monótona do que a história nos legou de pior salta aos olhos.

29 de fevereiro

É de fato muito monótono. Ontem soubemos que o senador Davi Alcolumbre está articulando um acordo com o governo terraplanista para que as manifestações do dia 15 sejam desidratadas. Agora é tarde e o estrago está feito. Repetem a história de Mussolini no início dos anos 1920. Enfim, a reação não pode ser igualmente monótona, sob o risco de intensificar ainda mais a sensação de fato consumado. Aí já estaremos mortos.

Volto à sala de aula, um espaço decisivo. Acho um dos ensaios mais notáveis de Susan Sontag completamente equivocado. Ela o inicia com uma afirmação clara e em todo acertada:

> Quer pensemos a obra de arte aos moldes de uma imagem (a arte como imagem da realidade) ou aos moldes de uma afirmação (a arte como afirmação do artista), o conteúdo continua a vir em primeiro lugar. O conteúdo pode ter mudado. Agora pode ser menos figurativo, menos claramente realista. Mas ainda se supõe que uma obra de arte é seu conteúdo. Ou como se costuma dizer hoje em dia, uma obra de arte, por definição, *diz* alguma coisa.[38]

Em todos os eventos literários essas perguntas nos são feitas, inclusive por gente bastante qualificada.

Depois, Sontag passa a criar uma cascata de erros, todos mais ou menos gritantes, que surpreendem. Vou comentar alguns, tentando voltar-me para o ambiente escolar. Aqui estabeleço um esboço para uma hipótese do que me parece ser o ato de leitura. Começo com o seguinte trecho:

> O que o excesso de ênfase na ideia de conteúdo acarreta é o perpétuo e sempre inconcluso projeto de *interpretação*. E é o hábito de abordar as obras de arte a fim de *interpretá-las* que, reciprocamente, sustenta a fantasia de que de fato exista algo que seja o conteúdo de uma obra de arte.[39]

Não vejo como o início da afirmação da ensaísta chegue à sua conclusão. Uma interpretação não desemboca em uma essência da obra. É o contrário: a cada vez que alguém diz o que entendeu de um objeto artístico (o que aquela obra lhe disse), outro poderá entender algo bastante distinto. Professor, por favor, não vamos dirigir a leitura dos nossos alunos. Peça sempre, por outro lado, que eles as aprofundem. Não existe um sentido correto e outro errado para um trabalho artístico, apenas um mais e outro menos bem explicado.

---

38. SONTAG, Susan. "Contra a interpretação". In: ___. *Contra a interpretação e outros ensaios*. Trad. de Denise Bottmann. São Paulo: Companhia das Letras, 2020, p. 17. O itálico é de Sontag.
39. Ibid., p. 18. O itálico é mais uma vez de Sontag.

Aceitar portanto as múltiplas interpretações é além de tudo um ato democrático. Proponho então aos professores de literatura o seguinte exercício. Depois de ler o poema "Menino chorando na noite", de Carlos Drummond de Andrade, que reproduzo a seguir,, o aluno deve escrever, em prosa, o que pode estar acontecendo na cidade onde o bebê chora.

Menino chorando na noite

Na noite lenta e morna, morta noite sem ruído, um menino chora.
O choro atrás da parede, a luz atrás da vidraça
perdem-se na sombra dos passos abafados, das vozes extenuadas.
E no entanto se ouve até o rumor da gota de remédio caindo na colher.

Um menino chora na noite, atrás da parede, atrás da rua,
longe um menino chora, em outra cidade talvez,
talvez em outro mundo.

E vejo a mão que levanta a colher, enquanto a outra sustenta a cabeça
e vejo o fio oleoso que escorre pelo queixo do menino,
escorre pela rua, escorre pela cidade (um fio apenas).
E não há ninguém mais no mundo a não ser esse menino chorando.[40]

1º de março

Não estou de forma alguma afirmando que "Contra a interpretação" (o ensaio ou o livro) não merece leitura. Trata-se ao contrário de um trabalho intrigante. Sontag coloca-se contra a interpretação e, do seu lado, interpreta filmes o tempo todo. Aqui por exemplo ela condena uma leitura que Ingmar

---

40. Ver ANDRADE, Carlos Drummond de. *Poesia 1930-62*. São Paulo: CosacNaify, 2012, p. 219.

Bergman faz de um de seus próprios trabalhos: ele "até podia pretender que o tanque que ronda ruidoso à noite pela rua vazia em *O silêncio* significasse um símbolo fálico. Mas, se pretendia mesmo, foi bobagem. ('Nunca confie no narrador, confie na narrativa', dizia Lawrence)".[41] Em seguida ela diz qual é a interpretação correta: "Tomado como objeto bruto, como equivalente sensorial imediato dos acontecimentos abruptos e misteriosos se passando dentro do hotel, essa sequência com o tanque é o momento mais impressionante do filme."[42]

Como não poderia ser diferente, a ensaísta logo se entrega: "O caso é que *esse tipo* de interpretação sempre indica uma insatisfação (consciente ou inconsciente) com a obra, um desejo de substituí-la por outra coisa."[43] Aqui está claro que ela recusa *esse tipo* de interpretação, o que significa obviamente que aceita outro. Chega inclusive, mesmo sem notar, a recomendá-lo. Sontag fala com muita superficialidade dos protocolos de leitura adotados por Freud e Marx. Vou deixar isso de lado para chegar logo àquele que deve ser o trecho mais problemático do ensaio:

> Vivemos numa época, assim, em que o projeto de interpretação é em larga medida reacionário e sufocante. Como a emissão de fumaça dos automóveis e da indústria pesada que polui a atmosfera urbana, hoje a proliferação de interpretações da arte envenena nossas sensibilidades. Numa cultura cujo dilema já clássico é a hipertrofia do intelecto em detrimento da energia e da capacidade sensual, a interpretação é a vingança do intelecto contra a arte.[44]

Um dos grandes problemas do nosso tempo são as falsas simetrias. Nesse trecho há muitas. A interpretação, por exemplo, está oposta à sensibilidade. Evidentemente, não tem sentido. Não existe uma real diferença entre

---

41. SONTAG, Susan. *Op. cit.*, p. 23.
42. Idem, p. 24.
43. Ibid. O itálico em *esse tipo* é meu.
44. Ibid., p. 21.

as duas. O sentimento nos leva a pensar, a gente pensa sentindo, e quanto mais pensa, mais sente.

Pior ainda é a oposição final: "intelecto contra a arte", nas palavras dela mesma. Poderia ser apenas uma visão ultrapassadamente romântica do trabalho artístico. Temo que seja outra coisa: a tentativa de criar uma elite mais próxima da arte do que os mortais. Todos somos capazes de pensar. Coisas muito diferentes, por outro lado, nos emocionam. Nossos sentidos não funcionam do mesmo jeito. Deixo um exemplo singelo: alguém em sã consciência acredita que todo mundo tem o mesmo paladar? O uso da palavra "sensual" vicia tudo. O que atrai um pode afastar outro. Assim, existiria um grupo capaz de "sentir" a arte, já que, como eu disse, não existe sentimento igual para todos.

O professor de literatura cometerá um enorme erro se exigir que todos os seus alunos do ensino médio gostem de poesia. O mesmo vale para o atletismo e o responsável pela educação física. Fazer os alunos, através de dados científicos, compreenderem o mal do sedentarismo, por sua vez, é função dele e da escola.

P.S.: Ao que tudo indica o poder de espelhamento do tal coronavírus é maior do que estavam divulgando. Vi um jornalista em uma rede americana com a expressão mais assustada do que o texto calmo que tinham lhe preparado para ler.

P.S. ao P.S.: releio o P.S. acima exatamente um ano depois de tê-lo escrito e me impressiono muito...

3 de março

Ontem, de tão cansado dormi sobre a mesa com este caderno (um Jandaia 200 mm x 275 mm de capa dura) aberto. Estou terminando de ler a tradução de um romance incrível de Edouard Louis, *História da violência*, e acho que exagerei. Hoje, sento aqui um pouco mais cedo.

Sontag, no afã de resistir à interpretação, que ela nunca define exatamente o que seja, acaba em duas linhas resumindo muito bem o que é um trabalho artístico ruim: "Ao reduzir a obra de arte a seu conteúdo e então interpretá--lo, doma-se a obra de arte. A interpretação torna a arte dócil, submissa."[45] Ora, sentidos únicos, ou muito estáveis, só temos nos livros pobres.

Por fim Sontag aponta o que está preconizando: "O necessário é, antes de tudo, dar maior atenção à forma na arte. Se a ênfase excessiva no *conteúdo* gera a arrogância interpretativa, as descrições mais extensas e completas da *forma* se calam."[46] Essa definição de forma exclui a interpretação. É preciso ir um pouco além: é a forma que cria a eficácia estética, e é a partir dela que o leitor irá lidar com o trabalho artístico. Se não oferece sua leitura, ele torna a obra inexistente. A questão é que precisamos (professores, críticos, artistas, políticos, cidadãos, todos nós) deixar claro que a leitura (de uma obra artística, de um ato político, de um gesto de amizade, de um lugar no mundo) é responsabilidade de quem lê, a partir obviamente do que o autor propõe e provoca. Trata-se de um relacionamento em que a palavra decisiva, como em muitos outros, é "responsabilidade". Só adolescentes acham que o amor é desprovido de razão.

Enfim, o equívoco final de Sontag está na frase com que ela encerra o ensaio: "Em vez de uma hermenêutica, precisamos de uma erótica da arte."[47] De forma alguma. Precisamos de consciência e responsabilidade.

Proponho, por fim, outro exercício para os professores: coloquem diante dos alunos uma reprodução da *Monalisa* e outra de *Linhas de interseção* de Kandinsky. Apenas peçam para que os alunos escrevam em cinco linhas o que veem em cada quadro. Os textos podem ser compartilhados pela sala. Em uma variação posterior os alunos podem imaginar como o artista concebeu cada um desses quadros.

---

45. Ibid.
46. Ibid., p. 27. O itálico é dela.
47. Ibid., p. 29.

4 de março

Hoje cedo o presidente enviou para falar com os jornalistas um palhaço. Esclareço: não ele, claro. Um humorista saiu no lugar do presidente para atender a imprensa. Para comentar, vou aguardar a reação dos jornais amanhã.

Em 2014, Édouard Louis publicou na França *O fim de Eddy*. Agressivo e despudorado, o narrador descreve a infância no interior pobre do país. Aparecem, como Houellebecq também preconizou, todas as privações que poucos anos depois impulsionariam o movimento dos coletes amarelos. Louis narra um jovem em crescimento em meio à violência, o preconceito e a pobreza.

Não tenho nenhuma intenção de causar polêmica ou entrar em guerra contra uma palavra. Hoje precisamos perder energia com coisas bem mais urgentes do que conceitos literários mal formulados. Ainda assim devo dizer que a França produziu uma teoria pueril e tosca, que chamou de autoficção. Por outro lado, muitos romances que essa hipótese enfeixa são excelentes e fazem frente ao reacionarismo do nosso tempo. Além de *O fim de Eddy*, *História da violência*, também de Louis, que acaba de ser publicado no Brasil, está nesse grupo. O nome que estampa as capas dos livros na posição de "autor" faz parte da narrativa. É o caso desses dois.

História da violência narra o estupro vivido pelo narrador, que cedeu o nome como autor do livro, durante a noite de Natal de 2012. Louis deixa o leitor saber o que aconteceu a partir de um emaranhando de vozes: uma delas é a da irmã, que conta ao marido caminhoneiro o que ouvira do caçula, então um jovem escritor que teria conseguido deixar a vida de privações; outra voz é a dos grandes amigos, que se mistura à da autoridade policial; a voz médica reforça os medos mais intensos da vítima, enquanto dela própria jamais teremos certeza sobre o que sente, pensa e deseja transmitir.

O artifício tem uma série de funções, que pretendo analisar amanhã. Antes, cito um trecho intrigante do livro. Louis diz que quando somos vítimas de uma violência muito grande e no geral inesperada, não agimos com a força necessária para nos proteger. A propósito, a afirmação vem através de outra voz, a de um texto de William Faulkner:

E é então que Faulkner escreve:

"Temple saiu da sala. No saguão, virou-se e começou a correr. Saiu correndo do alpendre, passando pelo capim e continuando. Foi para a estrada e desceu durante cinquenta jardas, no escuro. Depois, sem uma pausa, virou-se e correu de novo para a casa, pulou para o alpendre e encolheu-se contra a porta, justamente no momento em que alguém entrava no saguão."

Naquela noite de Natal eu consegui me desfazer de Reda, mas só consegui tarde demais, depois de muito tempo e, assim como com Temple, a vontade real de fugir, que deveria ter se manifestado desde os exórdios da violência de Reda, foi minha reação mais tardia.[48]

5 de março

Os jornais reagiram à palhaçada de ontem de forma irregular. *O Estado de S. Paulo* e *O Globo* foram discretos. Citaram o tamanho da presepada em textos internos, sem grande destaque. A *Folha de S.Paulo*, o jornal mais atacado pelo governo terraplanista, publicou um bom texto de um repórter que testemunhou a tolice e deu com muito acerto a seguinte manchete: "Investimento afunda, PIB freia, [] faz piada."

No geral os três jornais não esconderam o fracasso retumbante da economia. Todas as manchetes destacam com mais ou menos força a catástrofe que é o PIB do ano passado. Alguns textos chegam a insinuar que a empolgação com o tímido avanço da economia no ano passado foi uma tolice. Sejamos claros: a notícia de que a economia estava melhorando era falsa. Foi uma mentira dita conscientemente com o objetivo de aprovar reformas que farão as classes mais baixas sofrer mais e que não trarão melhorias na economia. É um ato de puro sadismo, que serve para fortalecer o nazifascismo no Brasil.

---

48. Ver LOUIS, Édouard. *História da violência*.Trad. de Francesca Angiolillo. São Paulo: Tusquets, 2020, p. 112,

Antes de discutir a questão das várias vozes, enfatizo que o narrador de *História da violência* não é sádico. Enquanto estava sendo vítima de um estupro, não conseguiu reagir de fato. Foi uma violência inesperada, vinda da pessoa com quem ele havia passado a noite. Os dois rapazes transaram a madrugada inteira e, no final, o mais forte estuprou o mais fraco depois que uma tentativa de furto se revelou.

Nos longos momentos em que o espancamento dura, do mesmo jeito, ele consegue esboçar uma pequena reação, completamente insuficiente para contornar o que estava acontecendo. O enfrentamento não é físico, até por conta da diferença de forças. Não há também um debate. O narrador percebe uma brecha na linguagem, fala três ou quatro frases no momento certo e o agressor por fim vai embora sem realizar seu plano de matá-lo.

Com muita dificuldade, como é o caso com todas as vítimas de abuso, o narrador então reage, busca a polícia e o apoio médico. Não aceita como natural portanto a violência que sofreu. Em muitos momentos, afirma se sentir desconfortável na posição de vítima. Do mesmo jeito, vai e vem quanto à possibilidade de perdoar seu agressor, o que não acontece.

A reconstrução psíquica do narrador ocorre justamente por essa multiplicidade de vozes. Acabou o espaço para hoje. Ainda bem. Estou esgotado. Confesso que nunca trabalhei com tanto esforço em um projeto como tenho feito com o *Diário*.

6 de março

As várias vozes que aos poucos vão compondo a história da violência que o narrador sofreu têm a função de mostrar como qualquer narrativa é complexa e, desculpem a rima, relativa. Louis, o narrador, muitas vezes intervém na composição que a irmã faz ao marido, corrigindo-a: "'Ele não conseguia chorar. Quando não vem, não vem. Ele pensou na morte da nossa avó, foi quando ele era pequeno (*foi no Dimitri que pensei*)."[49] Ao mesmo tempo, sabemos que ele não está presente no momento da conversa entre o casal. A segunda função, assim, é deixar absolutamente claro que quem na verdade compõe essa outra voz é Louis, o autor. Ninguém portanto assume a voz do outro. A velha afirmativa que muitos escritores contemporâneos adoram conservar (são conservadores, portanto) de que a literatura representa o outro é uma falácia. O tal outro sempre aparece pelo filtro do autor, que nada mais faz do que manipular ferramentas narrativas há muito tempo conhecidas e decodificadas. Os melhores fizeram isso bem, e os excepcionais, muito bem. Hoje, sem tensão ou mediação não dá para criar uma obra importante adotando esse procedimento.

A confusão da irmã, os amigos fiéis que não alcançam a angústia do narrador recém-violentado, a medicina fria e a polícia tecnicista, tudo está ali para mostrar que o outro é inapreensível. A ideia de que um escritor pode sair de si mesmo é meramente populista e serve para agradar plateias sedentas por bons rapazes, que até livros publicam. Estou terrível hoje. Ninguém consegue se livrar de si mesmo. Talvez apenas a religião. A arte não é mágica, não é transcendente e muito menos mora em outra dimensão. Precisamos assumir nosso lugar político: não vamos representar o outro e sim conviver com ele. Assim, o ideal não me parece ser usurpar sua voz. Esse é o maior ganho que a chamada autoficção oferece à arte, e os franceses têm praticado muito bem o gênero. Não dá para dizer que eles votam tão bem assim. Ao menos, por outro lado, têm conseguido por enquanto fugir de seus candidatos nazifascistas.

7 de março

Outra obra de bastante consciência quanto ao lugar do autor é a assinada pelo nome David Hare. Dramaturgo prolífico, dele indico de cara *Stuff*

---

49. Ibid., p. 153.

Happens, sobre a Guerra do Golfo, encenada pela primeira vez em setembro de 2004. Entre as personagens estão George Bush, D. Rumsfeld e Tony Blair.

Recentemente saiu no Brasil *O poder do sim*, peça em nove cenas sobre a crise econômica de 2008. Só podia ter sido mesmo publicada por uma editora chamada Temporal. Aqui no caso Hare idealiza uma personagem de nome "Autor". Curta, a cena 1 é a seguinte:

> *Autor:* Isto não é uma peça. É uma história. Ou melhor, é uma peça, apenas em partes. É mais propriamente uma história. E que história! Sobre como o capitalismo deu uma freada violenta. Onde você estava no dia 15 de setembro de 2008? Você se lembra? Você percebeu? O capitalismo parou de funcionar por quatro dias.
> Naquele verão eu parei para tentar entender o que aconteceu.[50]

A peça então se desenvolve enquanto o autor tenta entender o que exatamente aconteceu com o sistema financeiro para que desmoronasse de uma hora para outra. Uma das personagens se chama George Soros, e outra, Alan Greenspan. Dispensam apresentações. Há ainda jovens operadores do mercado, jornalistas, advogados e banqueiros. A todo momento o lugar do autor é discutido, às vezes de forma eloquente e inspirada:

> *Jornalista do FT:* E então? Então? Qual é a diferença entre dramaturgos e banqueiros? Não estamos falando de autoconfiança? Uma certa autoconfiança? Será que ela não é necessária? Não é? Para um banqueiro? Para um dramaturgo?
> *Autor:* Claro. É claro que é. Mas até onde eu sei, os dramaturgos não ganham a vida fodendo a vida dos outros.[51]

---

50. Ver HARE, David. *O poder do sim*. Trad. de Clara Carvalho. São Paulo: Temporal, 2020, p. 27.
51. Ibid., p. 121.

A crise é observada por todos os ângulos, o que a multiplicidade de vozes oferece. O autor, por sua vez, não esconde o aspecto de denúncia evidenciado pela cena final do espetáculo:

> *Soros*: Você me perguntou se eu conheço Alan Greenspan.
> *Autor*: Você conhece o Greenspan?
> *Soros*: Ele e eu ficamos mais próximos. Almoçamos uma vez, só nós dois, em Zurique. Ele é louco por Ayn Rand — autora de *A revolta de Atlas*, *A nascente*, você sabe. Ele adora os livros dela, então acredita na destruição criativa. Nosso almoço em Zurique foi antes dessa crise, e ele me disse: "Os mercados são imperfeitos, mas eles trazem tantos benefícios que você tem que conviver com o fato de eles, de tempos em tempos, colapsarem, e aí você tem que recolher os cacos." Mas recentemente eu me encontrei com ele de novo — depois da crise. Devo contar o que ele me disse? Ele falou: "O que eu disse em junho não vale mais."
> *Autor*: É inacreditável.
> *Soros*: Pois é, mas mesmo no primeiro almoço, em Zurique, quando ele disse: "Os benefícios do mercado são tão grandes que você tem que conviver com o preço dele", mesmo naquela época... mesmo naquela época eu dei a ele uma resposta.
>
> *(Silêncio)*
>
> *Autor*: Qual foi a resposta?
> *Soros*: Minha resposta?
> *Autor*: A gente quer saber o que você disse.
> *Soros*: Eu disse: "É, mas, Alan, as pessoas que acabam pagando o preço nunca são as mesmas que desfrutam dos benefícios."[52]

Não conheço nenhuma forma mais eficaz de fazer arte hoje em dia.

---

52. Ibid., p. 138.

8 de março (Dia Internacional da Mulher)

Vou usar o dia de hoje para uma espécie de balanço do meu experimento. Ajuda o leitor a se localizar. (E, no momento de fechar o arquivo final, irá me causar enorme constrangimento…) Para mim é mais importante ainda. Consigo uma visão ampla do meu trabalho e descubro como me orientar nas próximas semanas.

Hoje o mundo viu algumas manifestações impressionantes pelo Dia Internacional da Mulher. A mais notável parece ter sido no Chile. Pelo que entendi, ela redundou em uma convocação de greve geral para amanhã. Agora de madrugada, antes de abrir o caderno, vi que algum tipo de confusão entre a Arábia Saudita e a Rússia (não me aprofundei) deixará o dia de amanhã caótico. Com isso faço o meu primeiro balanço: não quero ficar preso às intempéries diárias. Estamos viciados nessas merdas que o tempo todo os nazifascistas fazem e falam. Senão, perco o meu principal objetivo: colaborar com propostas para a resistência antinazifascista e ao mesmo tempo analisar, dentro das minhas possibilidades, o que nos trouxe até aqui.

No final do ano um plebiscito no Chile irá por fim aprovar a formação de uma nova assembleia constituinte para por fim deixar para trás a Carta Magna da época de Augusto Pinochet. Será uma das poucas boas notícias de 2020.

Meu plano é retornar à questão da escola, trabalhando os temas geradores que fui identificando nas últimas semanas. Também continuo meus estudos de literatura francesa. Não vou por outro lado abandonar o dia a dia. Aqui um trecho de entrevista da ministra Damares, que agora quer mudar a legislação sobre o estupro. Os objetivos dela são óbvios: fazer a lei se dobrar a suas convicções religiosas. Depois de transcrever a citação, vou dormir:

> Veja só, eu não fui [em 2013, quando a lei foi aprovada] contra o atendimento à mulher vítima de violência. Eu sou jurista e o projeto dizia o seguinte: "sexo não consentido". Era para garantir o aborto em

caso de sexo não consentido. O projeto de lei não era claro, porque o Código Penal fala que o aborto é permitido, não é penalizado, no caso de estupro e não "sexo não consentido".[53]

9 de março

Conforme anunciaram ontem, hoje foi de fato um dia bastante tenso. A bolsa teve uma queda enorme e chegou a fechar por algum tempo. O dólar subiu bastante e ficou a poucos centavos de chegar a cinco reais. Vai acontecer logo. Agora no final da noite o presidente terraplanista afirmou nos Estados Unidos que tem provas de que a eleição de 2018 foi fraudada.

Algumas pessoas acham que a sandice é outra cortina de fumaça para encobrir a crise e sobretudo a incapacidade de reagir a ela. Outros acreditam que ele está tramando um golpe e por isso precisa lidar com a própria base e insuflar as manifestações do próximo dia 15. As reações virão amanhã e serão bastante tímidas. Das autoridades oficiais, apenas a ministra Rosa Weber, presidente do Tribunal Superior Eleitoral, publicará uma nota afirmando a segurança das urnas eletrônicas.

No começo de novembro descobriremos que esse é um plano de toda a extrema direita: colocar em jogo o processo eleitoral, inclusive quando vencem, para depois tentar reverter uma possível derrota. Essa gente está interligada e age em rede.

O que me importa é continuar pensando: como a escola pode reagir a todo esse grau de ódio que foi e continua sendo inoculado na sociedade brasileira? Aposto na festa. Precisamos mostrar que a alegria vale a pena.

Como escrevi outro dia o Bozo destacou um palhaço para atender a imprensa justamente no dia em que tivemos o anúncio do PIB catastrófico. Sem citar a ocasião diretamente, tanto o professor de Geografia quanto o

---

53. Ver <www.poder360.com.br/poder-em-foco/para-damares-lei-e-ruim-ao-equiparar-sexo-nao-consentido-a-estupro>.

de Matemática podem tratar do assunto. Serve para atiçar a curiosidade dos alunos. O fascismo está entranhado na sociedade brasileira e precisa ser corroído.

O professor de Redação pode pedir para os alunos descreverem como seria para eles o palhaço ideal. Depois disso, não podemos esquecer o momento de comunhão: acharemos um critério para que alguns estudantes leiam sua redação. Depois, a turma pode escolher as duas que mais lhe chamam atenção. O próximo texto seria a narrativa do encontro dos dois palhaços escolhidos.

Fica claro que a atividade pode se desvelar em muitas outras. E se esses dois palhaços se encontrarem com mais dois? A correção pode obviamente suscitar questões ainda mais "alegres": alguém se lembrou do pum do palhaço? Pois foi a definição que a atriz Regina Duarte, outra que mal assumiu e já está sendo torturada (provando minha tese sobre o sadomasoquismo brasileiro), deu para cultura. O assunto pode render além de tudo umas boas gargalhadas. Rir é uma das melhores reações contra o nazifascismo, sobretudo se for rir deles.

10 de março

Voltei agora há pouco de um evento na Fundação Getulio Vargas, um debate para lançar a tradução brasileira da peça de David Hare sobre a crise financeira de 2008. Foi bastante interessante. Saí pensando na afirmação de um diretor de teatro: o Brasil pratica ainda muito pouco o teatro verbatim (que usa por exemplo depoimentos de não atores para construir a peça). Estou até agora tentando estimar as razões disso. Certamente algumas delas fazem parte da própria dinâmica do meio teatral, a que não tenho acesso. Por outro lado acho que, do mesmo jeito, a tendência a formas conservadoras ajuda muito.

Ontem mesmo foram me agredir em uma rede social e escreveram algo como "o @ricardolisias não tem criatividade tudo o que faz é glosar a própria vida". Logo depois disse que "a função da arte é nos levar a outro mundo"

Daí a gente conclui que uma nave espacial é a maior obra de todos os tempos. Por fim, apareceu a famosa "escritores devem contar uma boa história". Na peça *O poder do sim*, que discutimos hoje e que eu já citei aqui, Hare é personagem. "O autor" fica o tempo inteiro nos mostrando que suas dúvidas, seus anseios e inclusive lugar político fazem parte da narrativa. Não estou me sentindo bem, então vou concluir logo: o leitor conservador, esse da literatura do outro mundo, além de tudo é trouxa. Gosta de ser enganado. Aí está porque o Brasil insiste nessa arte passadista.

11 de março

O tal vírus começou a mexer com o mundo. Antes de sentar aqui, li a notícia de que Donald Trump acabou de fechar os aeroportos de todo o país para voos vindos da Europa continental. A Itália está com as fronteiras fechadas. Não quero fazer como Agamben e Jean-Luc Nancy, que travaram um debate sobre gripe e isolamento. Ambos não entendem nada do assunto e na verdade não sabem se a quarentena e o isolamento (a que Agamben é obviamente contrário) funcionam.

A China escondeu informações inclusive da classe médica. O Japão isolou um navio com poucos casos de contaminação. No final, obviamente muita gente se infectou. A Itália age de forma agressiva, justamente fechando o contato externo, como fez os EUA. Só que ambos, dizem os especialistas, demoraram para agir. Se for assim, estamos aqui no Brasil ferrados, pois até agora só tem briga entre políticos e mais nada. Vamos lembrar que americanos, italianos e brasileiros têm governos de natureza nazifascista, que sempre se pronunciam contra o "globalismo". Em resumo: o vírus está sendo usado para acelerar políticas que líderes autoritários já queriam instalar.

Li diversos especialistas afirmando que é preciso falar com clareza com as crianças sobre o assunto. Sugiro que o professor de Geografia seja incorporado à atividade. No momento em que lidar com o mapa da disseminação, é possível colocar lateralmente a questão dos refugiados.

(Durante a última revisão, o parágrafo acima é o que mais irá me envergonhar: as escolas vão fechar daqui uma semana...)

Eu estava na Alemanha por causa da Feira do Livro de Frankfurt no início da crise dos refugiados de 2015. A decisão, muito acertada, de Angela Merkel foi a de abrir as fronteiras. Lembro-me do caso de um afegão, que jornais e TVs discutiam muito, que havia chegado às fronteiras alemãs vindo de Cabul apenas de barco ou caminhando. O homem tinha passado meses andando. A propósito, um professor de educação física antifascista pode também tratar desse tipo de coisa.

No elevador, encontrei outro dia uma garotinha cansada e contei-lhe a história do afegão. A mãe me olhou feio. Fui falando até elas descerem. Talvez possamos andar com um mapa no bolso. É isso.

12 de março

Estive hoje em um colégio para conversar com os alunos do ensino médio (o nono ano apareceu também) que vão ler meu livro *O céu dos suicidas*. Um estudante me perguntou o que eu indicaria de leitura para o mundo contemporâneo. Não respondi um título específico. Ressaltei algo que venho destacando aqui: textos que privilegiam a alegria, o convívio e a festa.

Na saída, conversei com o professor, que me disse estar sem graça. Ele começa cada ano letivo no ensino médio com a leitura de *A metamorfose*, de Kafka, o que não lhe parecia algo exatamente alegre. Fiquei pensando nisso desde cedo até agora. São 23 horas e 52 minutos.

Na verdade, acho que *A metamorfose* vale a pena nessa ocasião. Podemos começar dizendo que esse livro já foi motivo de muita risada entre seus primeiros leitores. Até onde sei o público se reunia para ouvir o texto. Uma boa conversa começa então com a leitura em voz alta. O que no livro de Kafka pode parecer engraçado? Só para responder essa pergunta os alunos já têm uma oportunidade de resposta antifascista: quem varrerá quem, quem não é digno de viver, quem ri da condição de quem, vale a pena rir das pessoas vulneráveis?

Depois, sugiro que o professor, mesmo de passagem, tente trazer o livro para o mundo contemporâneo. Se não for um exercício de imaginação, vale ressaltar que muitos autores lançaram mão do velho inseto asqueroso. Há pouco tempo saiu no Brasil *A barata*, de Ian McEwan. Por que não contar a história para os alunos?

Não vou resumi-la aqui, pois acho que o livro vale a leitura. Não sou admirador da literatura de McEwan. Acho-o inclusive bastante conservador, o que sequer ele fez questão de esconder em *Sábado*. Como artista, acabou emitindo opiniões bastante reacionárias por aí, quando colocou em questão o aquecimento global, por exemplo, ou certas ações de política externa do Reino Unido.

A barata faz uma espécie de fantasia sobre o Brexit. O comportamento de McEwan colaborou, na verdade, para o sucesso do voto separatista. É a história do caminho que venho defendendo: se a estrada for aberta, tem gente que vai percorrê-la agora mesmo. Com *A barata* McEwan quer se redimir, deixar claro que está do outro lado. É tarde. Tenho chamado esse tipo de atitude de arte da redenção. Ainda assim é importante que o professor insinue como se parecem com grandes baratões as pessoas que promoveram o Brexit.

13 de março

Sentei aqui para escrever com um sentimento muito estranho, ao menos para mim: sinto bastante angústia, só que ela está misturada com alguma coisa que não sei bem o que é. Tive um dia de fato desagradável. Olhando agora, não sei se é essa a palavra. Talvez eu esteja com um misto de desesperança e perseverança. Um paradoxo.

Antes de tudo devo dizer que minha angústia se agravou logo cedo. Ou melhor, ela começou como uma reação inadequada. Talvez apenas parte dos meus leitores entenda: depois de praticamente três anos, a juíza do caso do livro *Diário da cadeia: com trechos da obra inédita Impeachment* que assinei como "Eduardo Cunha (pseudônimo)", publicou a sentença final. Ela contrariou todas as decisões liminares das instâncias superiores e nos condenou a indenizar o ex-deputado federal e a editora, além disso, a recolher o livro. Trinta mil reais por ter dado risada da cara do Eduardo Cunha!

A decisão não me preocupa. Ela é inepta, preguiçosa e no final das contas obtusa. Se a juíza tivesse razão, a arte voltaria a parâmetros do século XIX e teria mais amarras que a redação de biografias. Há trechos simplesmente nonsense, como esse: "Além disso, a própria capa do livro leva-nos a pensar que o mesmo foi escrito pelo autor da ação, uma vez que é ele quem se encontra recluso, não sendo crível que o 'pseudônimo' também se encontrasse recluso a justificar o título escolhido para o livro." Ressalto que isso aí foi escrito por uma pessoa que está no topo da pirâmide social. Além do salário, recebe uma ajuda para pagar aluguel, por exemplo. A sentença vai ser reformada e não vou indenizar ninguém, é lógico. Sinto, mesmo assim, um descontentamento estranho. Não consigo explicar e isso é parte grande da minha angústia.

Cheguei à metade do espaço reservado para a entrada de hoje. Estou com alguns problemas pessoais. Não são graves como o que tive no ano passado. Ainda assim me incomodam.

Talvez agora eu consiga nomear o meu sentimento: tempo perdido. Não é só ele, sinto uma certa tristeza diante da realidade. Começou com a sentença obtusa e ao longo do dia foi crescendo com as notícias sobre o novo coronavírus. Vou pular o ato patético do presidente e de seu filho, que tem um inglês acima de qualquer comentário. Abaixo de qualquer um, melhor dizendo.

O isolamento começou a ser implementado em grande parte do país. Escolas logo vão parar. Fiquei esses meses tentando criar algumas possibilidades de encontro, alegria e comunhão sobretudo no ambiente escolar. Só que ao menos agora ele se fecha por causa de uma doença. Pelo que já sabemos ela é pouco grave para alguns e bastante letal para idosos e imunodeprimidos, entre outros grupos. Daqui a algumas semanas descobriremos que a doença atinge de forma bem mais grave as parcelas mais pobres da população, justamente porque não terão acesso aos cuidados necessários. Não há como confinar oito pessoas em um cômodo só...

Pouca gente tem falado nisso, até por conta da emergência da situação. Esse vírus é extremamente propício ao nazifascismo: separação entre as pessoas, encontros impossibilitados, afetos desamparados, fronteiras fechadas, ambiente ruim, xenofobia e por aí vai. Como vocês já sabem, será um genocídio.

14 e 15 de março

A irritação pela condenação que recebi anteontem já se dissipou. Continuo achando tudo muito patético. Comecei a escrever um conto que está me divertindo muito. É o direito de resposta que o Eduardo Cunha conquistou na justiça. Eu mesmo vou redigi-lo. Até aqui continuo no tom satírico. Tenho dado muita risada com o trabalho. Para mim é suficiente.

É o que me tem feito suportar um pouco melhor o que estamos vendo nos últimos dias. O fim de semana que termina agora é o exemplo perfeito de que de fato o nazifascismo tomou conta do mundo contemporâneo e o Brasil está na vanguarda. O dado pior é que tudo isso está se consolidando por um agente biológico.

O sábado amanheceu com o mundo assumindo praticamente outra feição geopolítica. Na Europa os países estão fechados uns para os outros. Internamente, ninguém pode sair de casa. O domingo vai se acabando com a marca de quase quatrocentos mortos na Itália. (Daqui a três dias vão passar de seiscentos! E vai piorar.). Os países de novo se tornaram espaços fechados para determinados grupos, voltamos a nos dividir por identidades nacionais. Alguns lugares já se tornaram campos compulsórios de concentração: há poucas semanas um navio no Japão, hoje os aeroportos nos Estados Unidos. Tudo isso, repito, causado por um agente biológico.

O segundo ponto, ao mesmo tempo horripilante e esclarecedor, é que o vírus só pode ser contido, até onde se sabe hoje, através desse isolamento e por medidas de higiene. Segregar e higienizar!

Não estou obviamente falando contra as medidas preventivas. A medicina de fato deve determiná-las. Há por outro lado um exagero quanto a muitas delas por parte da população. Um exemplo é o estoque de papel higiênico e álcool em gel que muita gente está fazendo. Ficamos ansiosos pelo higienismo.

No Brasil os nazifascistas não agiram de forma distinta, apenas confirmaram sua disposição obediente e abnegada em negativo, saindo às ruas e gritando que o vírus não existe e, se existir, é inofensivo. Aí está a questão biológica, dessa vez institucionalizada por movimentos políticos. São os médicos que devem dar a direção da política sanitária; no nazifascismo, é o contrário e os políticos direcionam os médicos. Podemos pensar em Mengele na Alemanha nazifascista e no atual presidente, no caso brasileiro.

O mito, que está sob forte suspeita de contaminação, contrariou todas as instruções médicas e abraçou muitos de seus seguidores, tendo visível prazer com isso. Ele está de novo se excitando com a morte. O vírus lhe traz evidentes ereções. As consequências da disseminação do novo coronavírus só serão conhecidas nos próximos dias. A força que terá é mais um passo no fortalecimento do nazifascismo.

Com tudo isso, agora vou tentar dormir. Boa noite.

16 e 17 de março

Nosso presidente, o mau militar, desdenha da pandemia do coronavírus. Na verdade os líderes autoritários têm feito isso, enquanto a outra via está de fato alarmada. Macron e Merkel se comportam bem. O número de vítimas nos próximos dias na França colocará minha última afirmação sob suspeita. Talvez eu tenha falado isso por conta do contraste com o Brasil. O presidente argentino age de forma exemplar. O Equador, por outro lado, começará em quinze dias a ter problemas para enterrar os corpos das vítimas, que ficarão empilhados nas ruas.

Por que líderes nazifascistas se incomodam com um vírus que acelerou uma situação que todos eles queriam? Ora, não é Steve Bannon que gostaria de fechar todas as fronteiras? Em primeiro lugar esses líderes estão irritados porque perderam a capacidade de protagonizar mortes em série, como gostam de fazer. Um vírus desempenha o trabalho deles com muito mais competência. É uma perda de protagonismo. Como se sabe, o mau militar não admite nenhum protagonismo além do dele e de quem divide seu sobrenome.

Ele está com ciúmes do vírus. Depois, se as medidas de contenção acarretam uma nazificação quase obrigatória da sociedade, as medidas de apoio econômico são, ainda que efêmeras, de natureza socialista. Aliás, um dos filhos do mito (nunca lembro exatamente qual é qual) dirá isso daqui a algum tempo. Na França estão suspensas as contas de luz, água e aluguel.[54] Em diversos lugares do mundo, a subsistência das pessoas será garantida pelo Estado.

Conversei com uma amiga italiana que está em Parma, no centro do furacão. Li que vários italianos estão abandonando o tratamento dos pacientes acima de 80 anos e quis saber exatamente do que se trata. Aparentemente as internações estão sendo feitas por grau de complexidade, o que de fato já é uma triagem, ainda que moderada e comum em épocas de conflito, entre a vida dos saudáveis e a dos mais frágeis. Outro fato: estão sendo adotadas táticas de guerra, o que é, como sabemos, uma prerrogativa dos nazifascistas. Para eles, a vida tem que ser um conflito.

De resto o vírus de novo fez a diferença de classes saltar aos olhos. Hoje morreu a primeira vítima brasileira: um porteiro aposentado, que aliás nem sequer constou na lista de infectados. Morava com os pais idosos (ele tinha 62 anos, os pais, mais de 80), que até agora não fizeram o teste. Daqui a algumas horas saberemos da morte de uma faxineira com idade parecida que foi obrigada a trabalhar durante a quarentena dos patrões infectados, que não a dispensaram. Como se pode ver, ela foi na verdade assas-

---

54. Durou pouco: o capital se reorganiza.

sinada. O hospital que conta com o maior número de mortos (até a última revisão desse texto) atende um convênio médico voltado para as camadas mais baixas da população.

Na primeira oportunidade, e para se defender, o mundo adotou práticas nazifascistas. É preciso se fechar, fechar as fronteiras e separar quem vai receber ajuda de quem não vai. Isso tudo foi feito com bastante facilidade (pelos países com líderes políticos não maníacos). As condições estavam preparadas. De novo, repito a dúvida que Paul Virilio levanta no excelente livro *Velocidade e política*: será que o nazifascismo, tendo perdido a guerra, venceu na paz?

18 de março

Na Índia o governo está marcando os suspeitos de infecção por coronavírus com uma tinta que parece ser bastante difícil de ser retirada depois. Sabemos de qual evento histórico tiraram essa ideia. Esses governos poderiam ter outro tipo de atitude, disfarçando o nazifascismo com símbolos menos marcados historicamente. O presidente brasileiro faz isso. Outros não temem deixar bem claro o próprio nazifascismo, fazendo questão de expô-lo sem nenhuma ambiguidade.

Aqui no Brasil o dia foi bastante complicado. Houve uma manifestação nas janelas contra o presidente terraplanista. Foi gigante. Tenho muito receio de sentir qualquer empolgação. Elas vão aumentar nos próximos dias, enquanto o terraplanista dará a impressão de estar isolado. Ele, na verdade, não diminuirá o festival de estupidez que o caracteriza, variando o tom conforme o último recado de WhatsApp que tiver recebido dos filhos ou do Olavo do Carvalho.

Ainda pela manhã o ministro Marco Aurélio Mello recusou uma liminar para mandar para casa presos em situação de risco. No Irã, soltaram. Suas razões serão de formalismo jurídico. Ele se limitou a pedir dos juízes a análise de casos especiais. Nas próximas semanas veremos a crueldade da justiça penal agir com bastante intensidade. O ator e ex-juiz Sergio Moro fará mais das suas, ao citar o caso de um homem que teria sido libertado por causa da pandemia e voltado a cometer crimes. Era mentira...

Do meu lado, estou em dívida com este diário. Acho que de novo ele não alcançou seus objetivos do jeito que eu queria. Sinto sempre isso com a minha obra, aqui com bem mais intensidade. Talvez eu tenha colocado esperança demais no trabalho. Ou de novo o nazifascismo está me desanimando.

Vamos começar um período de quarentena mais pesada. As aulas já estão todas suspensas. Escolas particulares organizaram ambientes virtuais e o prejuízo no conteúdo será menor. Para as escolas públicas, como sempre, a situação é outra.

Os canais de televisão deveriam começar a transmitir aulas para os alunos, em vez de ficarem se repetindo ou colocando idiotas para fingir algum debate. Pioram tudo.

20 de março

Chegou o momento de admitir ao leitor: nunca tive uma dificuldade tão grande com qualquer texto como a que venho enfrentando com este volume do *Diário*. Comecei animado com a possibilidade de dialogar com professores e oferecer-lhes ideias para aulas antinazifascistas. Dois meses depois, as escolas estão fechadas em todo o Brasil...

Eu teria muitas saídas. Posso por exemplo mudar o foco do texto. A mediocridade do nosso tempo tem tornado esse tipo de político, de direita moderada — peço desculpas pela expressão —, quase um alívio. Em outra medida, Dória e Bruno Covas estão crescendo na crise. Isso só acontece porque o presidente brasileiro é de fato menor que um vírus. Aí qualquer coisa fica grande.

De novo repito, é por esse motivo que pouca gente quer derrubá-lo. Sou a favor do impeachment imediatamente.

Os problemas continuam sendo dois: o que fez com que tanta gente tivesse coragem de votar numa pessoa com essa pequenez? Quem fez isso nas urnas é capaz de qualquer coisa fora delas. Como desnazificar uma sociedade tão impregnada de ódio? Sou a favor do impeachment hoje mesmo (dia 21 de março, uma hora da manhã), só não sei se ele faria o ódio voltar a adormecer.

No final de semana vai circular um artigo de José Miguel Wisnik afirmando que o coronavírus é o antagonista à altura do estado de alucinação de []. É esse o título. Não tenho nada a objetar. Ressalto que o vírus nos legou a ações ainda mais nazifascistas que os governos com quem ele agora antagoniza. Não estamos discutindo esse detalhe com clareza porque as medidas de isolamento, separação dos grupos biologicamente vulneráveis e instalação de um cotidiano voltado para a higiene é fundamental. O presidente brasileiro notou que lutar contra o vírus vai torná-los a ambos (ele e o vírus) mais letais. O nazifascismo se tornou incontornável.

Começou o genocídio.

22 de março

Hoje ficou ainda mais claro que o presidente sente ciúmes do novo coronavírus. Ele foi pego de surpresa ao descobrir que é possível ser mais eficazmente nazifascista do que sua atuação política. No auge do despeito, chegou a afirmar que se trata de uma gripezinha, como quem diz: é só um nazifascistinha. O nazifascistão continua sendo eu!

Enquanto isso seu governo tenta a todo momento barrar as ações contra o vírus nazifascistinha que os governadores dos estados estão tomando. O recado também é claro: vocês não vão se nazificar mais do que eu.

Hoje inclusive vazou um áudio em que o empresário Roberto Justus afirma que a pandemia só vai matar velhinho. Há muita gente de fato pensando na economia que a alta quantidade de óbitos desse grupo pode gerar por exemplo na previdência social. Nas próximas semanas muitos empresários brasileiros vão colocar na vitrine e expor muito bem sua mediocridade, crueldade, burrice e atração pela violência. Nazifascistas.

Aqui encontro uma possível contradição: o mito nega a gravidade do novo coronavírus enquanto procura ao mesmo tempo ampliar a capacidade de devastação dele. O que ele quer é trazer para si as responsabilidades pelas mortes que o vírus vai causar. Com isso retoma o poder sobre seu projeto de devastação, ganha a responsabilidade pelas mortes (e o lucro político que dela virá, já que boa parte da população vai às urnas apoiar políticos que cultivam assassinatos) e consequentemente consegue se excitar com elas. Evitando qualquer tipo de contenção, o mito se torna o dono da tragédia.

Do mesmo jeito, o presidente terraplanista com isso evita a identificação imediata com o nazifascismo que, como vimos no caso de Roberto Alvim, ele não suporta. O presidente brasileiro sabe que para que seu projeto dê certo ele não pode ser representado com facilidade e obviedade. Nos momentos em que faz isso, perde apoio.

Hoje começou a circular a notícia de que é preciso que os homens raspem a barba para evitar o contágio. Exatamente como na época nazifascista dos anos 1930. O presidente terraplanista não pode aceitar isso, até porque certo passado lhe daria substância. Não podemos esquecer que ele é o Nada revestido de ainda mais Nada: a Morte, portanto. Se ele aceita o nazifascismo com os símbolos que historicamente se solidificaram, depois dará a impressão de que a morte não venceu. O presidente brasileiro quer ser soberano diante da morte, seu único causador e responsável exclusivo por todas elas. Como tenho enfatizado, ele e a morte são a mesma coisa. Por isso, não aceita a gravidade da Covid-19.

28 de março

O leitor notou que fiquei uma semana sem escrever. Na verdade, joguei tudo fora. Não posso dizer que estou vivendo uma crise. Estou dentro da crise que o mundo vive.

Criei um curso on-line de literatura francesa contemporânea. Divulguei pelas redes sociais e até o momento apareceram 2 mil interessados. Não consegui obviamente administrar. Muita gente perdeu as duas primeiras aulas. Estou agora transmitindo em dois canais, já que o inicial, do Google, colocou apenas 250 pessoas para dentro, apesar de ter me possibilitado enviar 1.100 convites.

É uma crise evidente e fora do controle. Do grande descontrole em que o mundo entrou, acabamos trazendo seus efeitos para nossas atividades corriqueiras. Por sua vez, são muitas transformações e experiências acontecendo o tempo todo e em todo lugar. São eventos terminais.

A crise da Covid-19 tornou o mundo muito veloz. Segundo Marina Garcés, já vivíamos a era mórbida: "Na condição póstuma, a relação com a morte atravessa o tempo em suas três dimensões vividas e o submete, assim, à experiência da catástrofe. Somos póstumos porque de alguma maneira a irreversibilidade de nossa morte civilizatória pertence a uma experiência do ido."[55] Ela agora chega velozmente e é aceita como um fato corriqueiro. Os enterros das pessoas contaminadas pelo novo coronavírus duram, quando ocorrem, dez minutos. Há relatos de que em vários países (inclusive França e Espanha) corpos estão sendo deixados na rua, já que o serviço funerário não está dando conta do trabalho. No dia 5 de abril o número oficial de mortes causadas pela Covid-19 no Brasil será de 432 pessoas. O real deve ser no mínimo três vezes maior. Desses, tive algum contato, assisti a uma aula, vi uma apresentação ou estive próximo de quatro. É muita gente.

Aqui no Brasil, ainda, aguardamos para logo a lotação dos hospitais. Estamos sendo avisados de que ela chegará a galope, na semana que vem ou, no máximo, na seguinte. O presidente brasileiro continua rindo e no final do ano dirá que o comportamento apreensivo diante da pandemia é coisa de "maricas". Donald Trump terá o mesmo comportamento. Ambos vão contrair a doença e Trump acabará brevemente internado. Para ele a consequência pior virá das urnas. De uma forma ou de outra, os dois vão conseguir cumprir seus propósitos com a ajuda do vírus.

---

55. Ver GARCÉS, Marina. *Novo esclarecimento radical*. Trad. de Vinicius Nicastro Honesko. Belo Horizonte: Âyiné, 2019, p. 43.

29 de março

Preciso encerrar este primeiro trimestre do *Diário*. Como disse, nunca um trabalho artístico me angustiou tanto. Tudo parece muito obscuro, a não ser a percepção de que um genocídio começa. "SP tem seis vezes mais mortes por coronavírus que a China por dia" é a manchete do UOL, que li exatamente antes de sentar aqui, escrever o diário e tentar dormir sem beber.

A melhor saída é me organizar. Vou terminar este trimestre com algo que já fiz muito: análise de análises. Se tudo der certo, ficarei dessa vez com os filósofos.

Gosto de trabalhar com dificuldades autoimpostas. Uma, a que não me impus, tem me incomodado muito: a falta de impressora. Como uso bastante, não tenho nenhuma em casa. No geral imprimo em uma papelaria aqui perto, o que nesse caso sai mais barato. Com a quarentena não estou podendo fazer isso, o que tem prejudicado muito meu trabalho. É o tipo de dificuldade que não me instiga a nada.

(Um detalhe: estou engordando demais agora no confinamento. Também tenho bebido como nunca. Se eu fosse emocionalmente menos controlado, talvez não precisasse tanto de calorias nesse tipo de situação. Alguns se desesperam, eu fico frio, racional e bebendo. O mais estranho é que não fico bêbado. Não vejo sentido nessa passagem. Vou manter esse parêntese mesmo assim.)

Há um mês, ainda no começo da crise, que em uma semana terá matado mais de 60 mil pessoas no mundo (em número oficial, pois o real é bem maior), o filósofo Giorgio Agamben escreveu o seguinte:

> A desproporção em relação ao que, segundo o CNR, é uma gripe normal, não muito diferente daquelas de todos os anos, salta aos olhos. Parece quase que, esgotado o terrorismo como causa de medidas de exceção, a invenção de uma epidemia possa oferecer o pretexto ideal para ampliá-las além de todo limite. O outro fator, não menos preocupante, é o *estado de medo* que nos últimos anos foi evidentemente

> se difundindo nas consciências dos indivíduos e que se traduz em uma verdadeira necessidade de estados de pânico coletivo, para o qual a epidemia mais uma vez oferece o pretexto ideal. Assim, em um perverso círculo vicioso, a limitação da liberdade imposta pelos governos é aceita em nome de um desejo de segurança que foi induzido pelos próprios governos que agora intervêm para satisfazê-lo.[56]

Como se vê, Agamben tentou enquadrar a situação da pandemia em suas teses sobre o estado de exceção. O texto não tem o cuidado de seus livros, obviamente. Ainda assim usa o mesmo vocabulário.

Em um artigo bem mais recente, ainda sem admitir o nível da asneira que falou, ele realiza outra tentativa de enquadrar a situação nas suas questões.

> A hipótese que gostaria de sugerir é que de alguma forma, ainda que inconscientemente, a peste já existia, e que, evidentemente, as condições de vida das pessoas tinham-se tornado tais que foi suficiente um sinal repentino para que estas surgissem pelo que eram — isto é, intoleráveis, como uma peste. E este, de certa maneira, é o único facto positivo que pode ser extraído da atual situação: é possível que, mais tarde, as pessoas se comecem a perguntar se o modo como viviam era o certo.[57]

Agamben acha positivo que um "sinal repentino" tenha feito com que as pessoas percebessem que a situação era intolerável. Um pouco antes deixa um imperativo: "trata-se, isto é, de refletir sobre a facilidade com que uma sociedade inteira aceitou sentir-se contaminada, isolar-se em casa e suspen-

---

56. O texto está online, em tradução de Luisa Rabolini, aqui: <www.ihu.unisinos.br/78-noticias/596584-o-estado-de-excecao-provocado-por-uma-emergencia-imotivada>. O itálico é do filósofo.
57. Neste caso, a tradução é de Pedro Levi Bismarck e Luhuna Carvalho e está disponível em <www.revistapunkto.com/2020/03/reflexoes-sobre-peste-giorgio-agamben.html>. Mantive a grafia de Portugal.

der suas convicções normais de vida".[58] O trecho é tão absurdo que custa crer que tenha sido redigido por Giorgio Agamben. A sociedade não aceitou se sentir contaminada. Ela se fechou em casa para não se contaminar. O que isso prova é que as condições nazifascistas estavam dadas, como afirmou Virilio, precisando de um gatilho. O nazifascismo se tornou tão normal que agora serve como mecanismo de defesa de um agressor biológico.

Daqui a uma semana, o mundo verá outra situação trágica denunciar o estado de guerra: aviões levando compras de insumos médicos (máscaras, respiradores etc.) de um país para outro acabarão confiscados nos aeroportos, às vezes quando estiverem partindo, outras, em escala. No início, vai parecer que se trata de uma política americana: denúncias mostram que estadunidenses estavam pagando três ou quatro vezes mais por produtos chineses já comprados e que estavam indo para a entrega. Aconteceu inclusive com o Brasil. Depois, vai ficar claro que o confisco tem sido feito por muitas nações, e até por autoridades diferentes de um mesmo território.

De fato, estamos em guerra, e, mais de fato ainda, a estrutura dela é bastante nova. Já descrevi uma vez, e vou repetir pois temo não estar sendo claro: um vírus exigiu que, para a sociedade não se contaminar totalmente e com isso causar a falência absoluta do sistema médico e uma escala de mortes ainda maior, todos tomássemos medidas de natureza nazifascista. Fomos obrigados a isso.

Amanhã, com o último parágrafo do estranhíssimo texto de Agamben, encerro esse trimestre do diário.

30 de março

Com uma impressionante clarividência, é assim que Michael Oakeshott resume a personalidade conservadora. Se o leitor achar que estou me repetindo, acertou:

---

58. Ibid.

A predisposição em ser conservador é, então, aberta e positiva para a diversão, e correspondentemente fria e crítica quanto à mudança e inovação: essas duas proposições suportam e iluminam uma à outra. O homem de temperamento conservador crê que um bem conhecido não se rende facilmente a uma melhora desconhecida. Ele não é apaixonado pelo perigo e pela dificuldade, não tem nada de aventureiro; não o atrai a ideia de velejar por mares desconhecidos; para ele não existe mágica em estar perdido, confuso ou naufragado.[59]

Giorgio Agamben termina o último texto que publicou sobre a crise da Covid-19 (até aqui, pois ele vai lançar muitos outros) da seguinte forma:

Por isto — quando a emergência, a peste, for declarada terminada, se isso alguma vez acontecer —, não penso que, pelo menos para aqueles que mantiveram o mínimo de lucidez, seja possível voltar a viver como antes. E esta é talvez hoje a coisa mais desesperante — mesmo que, como já foi dito, "só a quem já não tem esperança, foi alguma vez dada a esperança."[60]

Agamben se encaixa no grupo daqueles que estão morrendo de medo do futuro. A palavra dele é clara: desespero. O filósofo não analisa como os conservadores estão pensando, ele se coloca como um deles.

No conjunto não pequeno de textos que estão sendo produzidos, a questão de como será o futuro é central. O embate meio cafona e um tanto masculino demais entre Slavoj Žižek e Byung-Chul Han tem esse tema como central. Homens adoram prever o futuro, talvez porque com isso solidifiquem seu desejo de controle.

Žižek faz a sua futurologia com graça, bastante imaginação, e como há já algum tempo, bem pouca verossimilhança:

---

59. Não dou indicação bibliográfica de porcaria.
60. Ver AGAMBEN, Giorgio, op. cit.

> Como um tipo de "Técnica dos Cinco Pontos para a Explosão do Coração" social no regime comunista do país, as autoridades podem sentar-se, observar e pôr em prática ações de quarentena, mas qualquer real alteração na ordem social (tal como confiar nas pessoas) irá resultar na sua queda. A minha modesta opinião é muito mais radical: a epidemia do coronavírus é um tipo de "Técnica dos Cinco Pontos para a Explosão do Coração" no sistema capitalista global — um sinal de que não podemos seguir o caminho em que estávamos até agora, e de que uma mudança radical é necessária.[61]

Byung-Chul Han, por sua vez, acha que o esloveno está esperançoso demais:

> Žižek afirma que o vírus deu um golpe mortal no capitalismo, e evoca um comunismo obscuro. Acredita inclusive que o vírus poderia derrubar o regime chinês. Žižek engana-se. Nada disso acontecerá. A China poderá agora vender o seu Estado policial digital como um modelo de sucesso contra a pandemia. A China exibirá a superioridade de seu sistema ainda mais orgulhosamente. E após a pandemia, o capitalismo continuará com ainda mais pujança. E os turistas continuarão a calcorrear o planeta. O vírus não pode substituir a razão. É possível que chegue até o Ocidente o Estado policial digital ao estilo chinês.[62]

Entre tantos, Agamben foi até aqui o que mais errou, subestimando o alcance da Covid-19 e depois se aliando ao conservadorismo. Se os outros se arriscam ao prever o futuro,[63] Agamben se diminui lendo o presente com

---

61. Vi que o artigo foi publicado em vários lugares diferentes. Eu o li no site Punkto, que coloca uma indicação bibliográfica meio confusa. Ver <www.revistapunkto.com/2020/03/o-coronavirus-e-um-golpe-kill-billesco.html>.
62. Retirei a tradução daqui: <brasil.elpais.com/ideas/2020-03-22/o-coronavirus-de-hoje-e-o-mundo-de-amanha-segundo-o-filosofo-byung-chul-han.html>.
63. Não me sinto constrangido a afirmar que ambos vão errar e que não é razoável neste momento fazer qualquer previsão.

um vocabulário próprio e agora bastante ineficaz. Uma das razões pode ser a ânsia por acertar sempre. Ele foi o melhor analista do *Patriot Act* que curvou o mundo por fim ao estado de exceção depois do 11 de setembro de 2001. Daí em diante, tornou-se um filósofo bastante celebrado. Virou establishment, em resumo. Diante disso é natural que esteja cheio de medo do desconhecido. Enquadrou-se.

Agora, é crucial não ser conservador. Vamos em frente.

P.S.: Ao leitor ansioso ofereço algum conforto: quem mais perto chegará do que de fato vai acontecer agora em 2020 é Han. Pioraremos muito. Nosso futuro será brutal.

SEGUNDO TRIMESTRE

Agamben está se tornando mais tolo[1]

---
1. O título, por cujo exagero me desculpo, é inspirado em um trecho, entre os tantos brilhantes, do ensaio "Hegel e Haiti" publicado por Susan Buck-Morss no número 90 da revista *Novos Estudos Cebrap*, que faço questão de reproduzir: "O que está claro é que, num esforço para se tornar mais erudito nos estudos africanos durante a década de 1820, Hegel estava na verdade se tornando mais tolo." A tradução é de Sebastião Nascimento.

7 de abril

Para localizar o leitor no tempo: hoje, o Brasil contabiliza o total de 667 mortos por causa da Covid-19, 114 nas últimas 24 horas.

Como tenho feito desde o primeiro livro, há quase um ano e meio evito qualquer previsão. A forma como concebi este *Diário* me protege: basta que eu apague posteriormente qualquer equívoco. O que me deixa cheio de receio é o grau de desconhecimento que a medicina transpira quanto à pandemia do novo coronavírus. Daqui a alguns meses algo inevitável me deixará estarrecido: médicos irão anunciar que os óbitos começarão a diminuir porque eles aprenderam a lidar com a doença. Depois, a posição do Brasil é ainda mais particular, pois o presidente concorre com o vírus.

Quem também escolheu o formato do diário, que será publicado no Brasil no final do ano, foi o italiano Franco Berardi. Como seu conterrâneo Agamben, Bifo começou menosprezando a pandemia. Em 28 de fevereiro, quando a situação da Itália já não era fácil, escreveu o seguinte: "a doença se manifesta neste momento, discretamente letal".[2] Não resisto a dizer que, como Agamben, achei aqui certo desdém com a vida dos idosos. No mesmo dia, a propósito, ele escreveu que "para os mais jovens, é apenas uma gripe incômoda".[3]

As pessoas dizem que o presidente brasileiro não lê nada. Enfim, ele falou alto e bom som exatamente o mesmo que Giorgio Agamben e Bifo Berardi...

---

2. Ver BERARDI, Franco. *Extremo*: crônicas da psicodeflação. Trad. de Regina Silva. São Paulo: Ubu, 2020, p. 19.
3. Ibid.

8 de abril

Segundo os dados oficiais, desatualizados e malfeitos, 133 pessoas morreram vítimas da Covid-19 nas últimas 24 horas, o que totaliza oitocentas mortes.
É interessante ver o andamento do diário do Bifo. Logo no início da segunda parte, ele continua esperançoso e acha que o vírus pode significar o fim do capitalismo. Como mostrei rapidamente no final do capítulo passado, Žižek tem o mesmo sentimento. Vão errar feio.
No dia 7 de março, com a Itália já adotando políticas agressivas de confinamento, Bifo continua arranjando culpados pela proliferação do vírus, que estão sobretudo entre seus antigos objetos de estudo. Nesse caso, é a mídia:

> Os pulmões são o ponto mais vulnerável, ao que parece. As doenças respiratórias vêm se espalhando há anos na mesma proporção da disseminação de substâncias irrespiráveis na atmosfera. Mas o colapso ocorre quando, encontrando o sistema midiático, entrelaçando-se com a rede semiótica, o biovírus direciona seu poder debilitante ao sistema nervoso, ao cérebro coletivo, forçado a desacelerar seu ritmo.[4]

Bifo vai dormir e quando amanhece o diário sofre uma mudança notável no estilo. O texto inflamado, sentencioso e cheio de afirmativas seguras e reivindicatórias dá lugar a uma constatação caseira: o jantar entre ele e os irmãos que acontece há anos não vai poder ser marcado. No dia 9, parece que outra pessoa escreve. Por fim, ele se dá conta de que um dos grandes problemas da Covid-19 é a falência do sistema de saúde:

> O problema mais sério é a sobrecarga à qual o sistema de saúde está sujeito. As unidades de terapia intensiva estão à beira do colapso. Existe o risco de não se conseguir cuidar de todas as pessoas que precisam de tratamento urgente. Fala-se da possibilidade de ter que escolher entre pacientes que podem ou não podem ser tratados.[5]

---

4. Ibid., p. 26
5. Ibid., p. 28.

As autoridades médicas davam essa informação há semanas. Os pensadores custaram a aceitá-la, quando se dispuseram a ouvi-los. Bifo demorou um mês. A propósito, ele é asmático...

O final dessa segunda parte de seus diários, mesmo que em tom bem menos grandiloquente, ainda traz a esperança: "O vírus é a condição de um salto mental que nenhuma política tinha podido produzir. A igualdade voltou ao centro da cena. Vamos imaginá-la como o ponto de partida para o tempo que virá." Não sei de onde ele pode ter concluído isso. Em Nova York, por exemplo, o número de vítimas da Covid-19 é muito maior entre a população latina. Bifo e Žižek acham que um vírus pode fazer o que o seu longo trabalho de militância não conseguiu. Vale lembrar que tudo o que o novo coronavírus causou foi a adoção, obrigatória para preservar a vida de grande parte da população, por parte de quase o mundo inteiro, de políticas nazifascistas. Do meu lado, sinto nesses filósofos um grande movimento de capitulação. Perderam para um micro-organismo.

9 de abril

Hoje pela manhã o presidente da República foi até uma padaria e, sem nenhum aparato de segurança contra o novo coronavírus, fez um lanchinho. Como se não fosse suficiente, divulgou a escapada para o Brasil inteiro. Ele sabe que está rompendo todos os protocolos indicados pela Organização Mundial da Saúde. Faz isso porque precisa deixar claro que não será um vírus que arrefecerá seu instinto de morte. O responsável por tantos óbitos tem que ser eu, diz simbolicamente com esses atos, e não qualquer outro micro-organismo. À noite, soubemos que um novo recorde foi batido: foram 141 mortos em 24 horas, o que totaliza 941 na contagem oficial,[6] que está bastante defasada.

Bifo encerra seus diários no mesmo tom comedido que assumiu a partir da metade. Eu diria quase que assustadiço. Ainda assim, enxerga uma

---

6. Os dados são do Ministério da Saúde.

possibilidade de revolução no momento em que levantarmos o isolamento (ele parece ansioso por isso) e a máquina capitalista for de novo colocada para girar, e então impelida e implodida.

Depois, sem muito argumentar, afirma que os americanos vão se tornar os inimigos do mundo: "Não sei o que acontecerá depois que o flagelo terminar, mas uma coisa eu consigo ver claramente. Toda a humanidade desenvolverá pelo povo norte-americano o mesmo sentimento que se espalhou depois de 1945 em relação ao povo alemão — inimigos da humanidade."[7] Como se pode ver, Bifo não leva em conta o enorme potencial que a extrema direita tem. Há muita gente celebrando a morte de latinos e negros em Nova York, inclusive dizendo que nem lá deveriam estar.

O final é melancólico e realista. O pensador italiano quer saber quem decidirá o que será feito no momento da retomada. Não estou arriscando previsões. Temo, sem nenhum medo de errar, que não será ele.

O diário de Bifo é a narrativa de um constrangimento. Ele não admite a bobagem que falou no início, diminuindo o alcance da pandemia (e com isso subestimando tudo o que diziam os médicos e cientistas). Por outro lado, a mudança de tom deixou claro que ele percebeu.

Algumas falas do presidente terraplanista (gripezinha, por exemplo) parecem retiradas de textos de Agamben ou de Bifo. Evidentemente isso não lhes dá nenhum motivo de orgulho. Pode, por outro lado, oferecer algumas pistas do funcionamento da extrema direita. Amanhã desenvolvo. Hoje estou bastante cansado. Antes de sentar aqui dei uma aula on-line no curso que inventei para suportar melhor a quarentena sobre Virginie Despentes, o que me consumiu bastante.

10 de abril

Hoje morreram 115 pessoas, o que soma um total de 1.056 óbitos, na conta oficial do Ministério da Saúde. O estado do Amazonas já admitiu que seu

---

7. Ibid., p. 42.

sistema de saúde entrou em colapso. Amanhã, irá declarar o mesmo dos serviços funerários.

Eu tinha pensado em comentar sobre como a extrema direita aproveita a precipitação de muitos discursos que a princípio poderiam combatê-la. Bifo, por exemplo, não admite o próprio erro. Só que o percebe e, obviamente, tenta corrigi-lo. Antes disso vou me debruçar um pouco mais nas intervenções de Giorgio Agamben, que foram ainda mais desastrosas.

Agora durante o confinamento Bruno Latour também lançou sua proposta. Ela parte de uma constatação que Bifo já fizera: é preciso abandonar algumas práticas anteriores à pandemia. Latour, como é normal em seu trabalho, cita diretamente questões ecológicas:

> É como se a intervenção do vírus pudesse servir como um ensaio geral para a próxima crise, aquela em que a reorientação das condições de vida será posta como um desafio para todos nós, assim como todos os detalhes da existência cotidiana, que teremos que aprender a resolver cuidadosamente. Estou avançando a hipótese, como muitas outras, de que a crise da saúde prepara, induz, nos incita a nos preparar para as mudanças climáticas. Essa hipótese ainda precisa ser testada. O que permite que as duas crises ocorram sucessivamente é a súbita e dolorosa percepção de que a definição clássica de sociedade — humanos entre si — não faz sentido. O estado da sociedade depende a cada momento das associações entre muitos atores, a maioria dos quais não possui formas humanas.[8]

No final, inclusive, propõe um exercício. Achei surpreendente e muito adequado. Evocou as ações pedagógicas que, lembro agora com certa vergonha, propus no trimestre passado. Em resumo, ele pede para que as pessoas listem atitudes que podem deixar de lado e o que fazer para substituí-las.[9]

---
8. Com tradução de João Pedro Garcez, o texto está em <www.antropologicas-epidemicas.com.br/post/isto-%C3%A9-um-ensaio-geral>.
9. Estou quase me animando a voltar a fazer minhas propostas pedagógicas. Que tal o professor de biologia pensar em algo parecido, ainda que, na mesma medida que antes, não tão óbvio. Que hábitos os estudantes podem mudar para diminuir o entupimento nos esgotos públicos?

Senti em Latour um pouco mais de realismo. Ele não fala em fuzilar empresários, massacrar o capitalismo e coisas do gênero. Ao contrário, propõe uma reorganização possível. Dizendo melhor: parte atrás de algo que pode de fato ser feito. Se vai acontecer, não acredito. Ainda não sei dizer exatamente por quê. Só que quanto mais exaltado o filósofo, maior a possibilidade de estar caindo no ridículo.

De ridículo, a filosofia contemporânea não tem se poupado. Uma publicação argentina intitulou uma reunião de artigos, muitos aliás os mesmos que estou analisando aqui, de *Sopa de Wuhan*, referindo-se a uma informação que circula há tempos, não exatamente razoável: a de que a pandemia começou nas sopas de morcego que chineses consomem em Wuhan. Logo grupos antirracismo acusaram a presepada. A editora colocou o protesto em seu blog. Até o presente momento, não mudou o título da antologia...

11 de abril

Está muito tarde. É domingo de Páscoa. Segundo os números oficiais, morreram 68 pessoas Na realidade, deve dar para multiplicar por quatro ou cinco. Estou escrevendo quase no escuro, com o caderno no colo. Não quis sair da cama e, por sorte, ele tinha ficado ao meu alcance. Meu filho fez alguns desenhos nele. Vi agora.

Não consigo ler as páginas anteriores. O lápis é muito fraco. Estou usando a luz da rua: abri uma brecha na janela. Pelo que me lembro, eu pretendia analisar os textos do Agamben. Não posso fazer isso, pois o computador ficou na sala. O celular está aqui em algum lugar. Corri o lençol com os pés e não encontrei nada.

O século XXI já conta com quase vinte anos. Andei pensando outro dia. Até aqui, produzimos talvez duas obras de arte de fato notáveis. Ambas apareceram nas últimas semanas. A fotografia do papa Francisco sozinho, com a praça São Pedro vazia, cheia de sinuosidades e degraus, a luz muito suave e ao mesmo tempo opressora (por causa da suavidade), tendo ao fundo quase que o universo, já que aquelas luzes parecem estrelas e Ele é uma santidade, forma uma imagem de imensidão, força e ao mesmo tempo solidão e medo. O medo aparece por um motivo simples: não sabemos quando a praça vai se encher de novo e muito menos com quem.

O papa decretou a indulgência plenária. Ou seja: todos estamos perdoados. Como se pode ver, nada é pouco nessa imagem. A arte do século XXI surge sob o signo do grandioso, amedrontado e vago. Não acho que essa vaguidão se dê apenas pela incerteza. Ela é uma componente, claro. Outra é a própria impressão de lentidão que o papa transparece. Ele e todos os outros que o rodeiam são, a propósito, idosos, o que os torna lentos e carregados. E não é só isso: na data em que rezou para a praça vazia, Francisco já se enquadrava no grupo de risco.

Essa expressão mudou para mim. No começo da minha adolescência, grupo de risco eram por exemplo os gays. Trinta anos depois, o papa está nessa categoria. Há um deslocamento importante.

Acho que daqui a pouco amanhece. Vou tentar dormir algumas horas. Boa noite.

12 de abril (domingo de Páscoa)

Hoje circulou um número, vindo de um dos canais oficiais, que talvez seja um pouco mais realista: ainda falta investigar 2.176 mortes, o que nos levaria a um total de mais de 3 mil. Deve estar menos longe da verdade. Calcula-se que amanhã (são 23h30 agora) a boiada sairá à rua, o que vai tornar a situação ainda mais caótica nas próximas semanas.

Durante a minha adolescência, a expressão "grupo de risco" dizia respeito quase que exclusivamente a determinadas orientações sexuais, sobretudo as não conformistas, e portadores de algumas anomalias sanguíneas, como a hemofilia. Tudo era relacionado à aids e, portanto, à busca pelo prazer. Com as drogas, era meio parecido. Havia muito barulho. De jeito nenhum, a doença era próxima de alguém como eu. Ouvíamos algumas histórias na escola. Sempre era alguém que tinha um tio ou o vizinho da avó. No ensino médio, uma transexual que sempre passava cantando na rua desapareceu, de repente. Logo descobriríamos o motivo.

Sobre isso, minha principal lembrança é a morte transmitida ao vivo do cantor Cazuza. Ela aterrorizou alguns. No geral deixou uma sensação de bem feito na parcela conservadora da sociedade. Depois, mais por gosto literário do que por conta da dimensão pública, bem inferior à de Cazuza, acompanhei a luta e a morte de Caio Fernando Abreu.

Vou usar o ano de 1995 como marco. Foi quando entrei na Unicamp, no curso de Letras. Agora, 25 anos depois, todo o alto escalão da igreja católica é grupo de risco. Para além deles, na verdade todos os idosos do mundo estão classificados assim.

Sabemos muito pouco ainda sobre o novo coronavírus. Não parece haver muita dúvida de que ele é consequência de uma exploração desenfreada da natureza. Uma das visões mais otimistas dessa quarentena são as imagens de animais silvestres aparecendo onde antes o ser humano tinha tomado conta. Fiquei comovido ao ver um grupo de leões selvagens em um clube burguês na África do Sul. Eles estão sob risco de extinção.

Antes, um preservativo nas relações sexuais resolvia tudo. O grupo de risco se livrava, com a camisinha, de qualquer perigo. Agora, o mero ato de respirar ficou alterado — e vamos notar que até os extremamente tarados respiram mais do que ejaculam — é perigoso. Se antes o problema era a penetração sem proteção, agora um abraço pode ser fatal.

Como se pode ver, o mundo piorou muito.

P.S.: Antes que eu me esqueça, morreram hoje, segundo o Ministério da Saúde, 99 pessoas.

13 de abril

Segundo os números oficiais, morreram hoje vítimas da Covid-19 105 pessoas. Devem ser umas quatrocentas, portanto.

Vou passar os próximos dias discutindo a reação de Giorgio Agamben. Salvo engano, ele redigiu até aqui quatro artigos sobre a pandemia do novo coronavírus. É preciso lembrar que o filósofo está na Itália, país que, antes da tragédia matar quase 23 mil pessoas (até hoje) nos Estados Unidos, era o mais agredido pelo vírus, mais ainda que a China. Na terra de Pasolini, morreram até agora 20.465 pessoas. Daqui a algum tempo o Brasil assumirá a segunda posição em números absolutos. Em 2021, como meu leitor sabe, viveremos uma hecatombe.

Agamben publica o primeiro texto em 26 de fevereiro, quando a Itália contava com sete mortos. Indignado e bastante precipitado, escreve o seguinte: "Diante das frenéticas, irracionais e totalmente imotivadas medidas de emergência para uma suposta epidemia devida ao coronavírus, é necessário começar pela declaração oficial do Consiglio Nazionale delle Ricerche — CNR segundo a qual 'não há epidemia de Sars-CoV2 na Itália'".[10] Logo depois, o filósofo coloca os meios de comunicação no mesmo plano que as autoridades e aproveita para aplicar a própria tese de estado de exceção:

> Se essa é a situação real, porque a mídia e as autoridades estão se empenhando em espalhar um clima de pânico, provocando um verdadeiro e próprio estado de exceção, com sérias limitações das movimentações e suspensão do funcionamento normal das condições de vida e de trabalho em regiões inteiras? Dois fatores podem contribuir para explicar um comportamento tão desproporcional. Primeiro, manifesta-se mais uma vez a crescente tendência de usar o estado de exceção como paradigma normal de governo. [...] O outro fator, não menos preocupante, é o *estado de medo* que nos últimos anos foi evidentemente se difundindo

---

10. Com tradução de Luisa Rabolini, o texto está em <www.ihu.unisinos.br/78-noticias/596584-o-estado-de-excecao-provocado-por-uma-emergencia-imotivada>.

nas consciências dos indivíduos e que se traduz em uma verdadeira necessidade de estados de pânico coletivo, para o qual a epidemia mais uma vez oferece o pretexto ideal. Assim, em um perverso círculo vicioso, a limitação da liberdade imposta pelos governos é aceita em nome de um desejo de segurança que foi induzido pelos próprios governos que agora intervêm para satisfazê-lo.[11]

Vou evitar comentar detalhes de cada trecho. Faço questão de destacar que medidas de isolamento me parecem o contrário de um pânico: é preciso na verdade muita frieza para trancar-se dentro de casa.

No dia 11 de março, portanto apenas duas semanas depois do primeiro texto de Agamben, a Itália já contava com 827 óbitos. É quando Agamben publica um segundo texto, curto e exaltado. Naquele momento o filósofo, que parece não entender coisa alguma de biologia e resistir bastante a ouvir quem entenda, já podia ter tomado um pouco mais de noção da gravidade do que estava acontecendo. Ao contrário, depois de repisar a questão do pânico, escreve uma banalidade como a seguinte:

> Ainda mais triste do que as limitações das liberdades implícitas nas disposições é, na minha opinião, a degeneração das relações entre os homens que elas podem produzir. O outro homem, quem quer que seja, mesmo um ente querido, não deve se aproximar ou tocar um ao outro e devemos colocar entre ele e ele uma distância que, segundo alguns, é de um metro, mas, de acordo com as sugestões mais recentes dos chamados especialistas, deve ser de 4,5 metros (esses cinquenta centímetros são interessantes!). Nosso próximo foi abolido.[12]

O terceiro texto aparece em 27 de março, depois de mais duas semanas. Parece ser esse o ritmo do filósofo. As mortes estavam quase chegando a

---

11. Ibid.
12. Ver <bazardotempo.com.br/giorgio-agamben-e-a-pandemia-subsidios-para-um-debate>.

10 mil. Talvez por isso eu tenha sentido asco de Agamben ao terminar a leitura. Lembro-me de ler o texto quase no mesmo dia de sua publicação. Sinto muito cansaço e ultrapassei o espaço para as entradas diárias. Vou dormir com receio de estar, outra vez, com problemas de pele.

14 de abril

A coceira que eu sentia na palma da mão esquerda ontem desapareceu depois que dormi. Hoje, não voltou. Tive problemas de acne acentuada durante o ensino médio, acho que por dois anos. Não usei nenhum tipo de remédio ou fiz qualquer tratamento. Elas desapareceram sozinhas. Até hoje tenho as cicatrizes no rosto. Antes, por volta dos meus 10 anos, por algum motivo alguns ferimentos simples (como quando eu caía da bicicleta) demoravam para cicatrizar e muitas vezes ficavam cheios de pus.

Passei então uns quinze anos sem nenhum problema de pele, justamente enquanto fazia graduação, mestrado e doutorado e nos anos imediatamente seguintes. Nesse caso, os únicos problemas de saúde que tive, muito comedidos, foram decorrentes do abuso de drogas, sobretudo cocaína. Além disso, por duas vezes um olho de peixe inchou tanto no meu pé que precisei de pequenas intervenções cirúrgicas.

Depois, acho que em 2009, tive um negócio estranhíssimo. Minhas duas mãos se encheram de bolhas de água. Coçavam muito e chegaram a me causar um pico de febre durante um torneio de xadrez. Lembro-me do enorme incômodo, ainda que algo me causasse bastante prazer: se eu colocasse as mãos sobre uma panela com água esquentando, o contato das bolhas com o vapor quente me deixava com uma sensação excitante. As bolhas desapareceram em mais ou menos dez dias. Dois anos depois, tive o mesmo problema em Paris, por um pouco menos de tempo. Eu estava passando uma temporada na cidade, em um quarto que alugava de uma senhora. Obviamente, no caso eu não podia esquentar água, já que ela acharia no mínimo estranha minha expressão de prazer com as mãos sobre a panela fervendo. A partir de então, algumas bolhas aparecem normalmente entre os dedos ou na palma das mãos. Uma crise enorme, que praticamente cobria de bolhas a região da ponta dos dedos ao pulso, nunca mais aconteceu.

No ano passado descobri um melanoma *in situ*: um tumor maligno encapsulado em uma mancha nas minhas costas. Fiz duas operações, uma para retirá-lo e outra para abrir uma camada de segurança na região onde o câncer apareceu. Esse é o resumo dos meus problemas de pele.

O outro resumo: hoje o Brasil bateu o recorde: foram 204 mortes por conta da Covid-19 em apenas um dia. Aguardem o que será nosso futuro.

15 de abril

Terminei há meia hora uma aula on-line sobre Scholastique Mukasonga e sobretudo o genocídio de Ruanda. Depois, vi que o número oficial de mortes hoje no Brasil repetiu o de ontem: 204.

Em 27 de março, Giorgio Agamben publicou outro texto, bastante curto também, em que basicamente repete seus argumentos, piorando um pouco mais tudo, ao encerrar dizendo que a ciência se tornou no nosso tempo uma religião. "É como se a necessidade religiosa, que a Igreja já não está em condições de satisfazer, procurasse às escuras um outro lugar de consistência e o encontrasse naquilo que é, de facto, a religião do nosso tempo: a ciência."[13]

Religião é uma questão de fé. Quem acredita não espera que necessariamente haja uma prova racional de todas as crenças. Do mesmo jeito, trata-se de um dogma. O próprio Agamben lida com a religião o tempo todo em sua ampla obra.

Ciência evidentemente não tem nada a ver com isso. Trata-se de um conhecimento com uma série de protocolos, com muitas utilizações e consequências. Como ele está falando da pandemia, obviamente se refere

---

13. Ver <bazardotempo.com.br/giorgio-agamben-e-a-pandemia-subsidios-para-um-debate>.

sobretudo à medicina. Torná-la nesse momento algo relativo e, por fim, uma mera questão de crença é sem nenhum exagero fazer exatamente o mesmo que o presidente terraplanista, com a diferença que nas barbas de Agamben a quantidade de cadáveres é tão grande que chegaram a ser transportados em caminhões do exército. Daqui a um ano, vai parecer que o filósofo italiano estava oferecendo vocabulário para o presidente brasileiro.

É realmente espantoso ver um filósofo do nível de Giorgio Agamben agir com essa insensibilidade diante de tantos mortos. São duas horas da madrugada do dia 16. Lembrei-me hoje de um hotel em que me hospedei em Nova York uma vez. Fica em Chinatown e tem por andar por volta de cem cubículos um pouco maiores que a cama. A mala fica embaixo do estrado. Não dá para ficar em pé ao lado do colchão junto com ela. Cada cubículo se divide do outro por uma chapa de madeira, e a parte de cima é uma grade de metal. Eu saía logo cedo, por volta de 6 da manhã. Voltava às 11 horas, quando a faxineira acabava de lavar o banheiro (era um só para todos) e então tomava banho. Daí só retornava lá pela meia-noite, para cair de sono. De manhã as pessoas tossiam, espirravam ou meramente gritavam, o que despertava a todos. Fiquei por volta de trinta dias ali. Quando estava indo embora, descobri que algumas pessoas moravam naqueles cubículos. Tento imaginar o que elas estão passando durante a pandemia. A cidade já somou, até hoje, mais de 10 mil mortes.

Não, Giorgio Agamben, não é uma questão de fé.

16 de abril

Há uns dez dias a escritora francesa Annie Ernaux escreveu essa carta ao presidente francês Emmanuel Macron. Traduzi rapidamente o texto e o deixo aqui:

> Sr. Presidente,
> Escrevo uma carta para que o senhor leia se tiver tempo. Para o senhor que gosta de literatura, essa introdução provavelmente diz

alguma coisa. É o começo da canção de Boris Vian, "Le Déserteur", escrita em 1954, entre a Guerra da Indochina e a da Argélia. Atualmente, diga o senhor o que quiser, não estamos em guerra, o inimigo aqui não é humano, não é nosso próximo, ele não pensa nem deseja nos prejudicar, ignora fronteiras e diferenças sociais, e se reproduz às cegas, saltando de um indivíduo para outro. As armas, já que o senhor gosta do vocabulário bélico, são os leitos hospitalares, os respiradores, as máscaras e os testes, são o número de médicos, cientistas e cuidadores. No entanto, desde que o senhor administra a França, mostrou-se impassível aos apelos do pessoal da saúde e a mensagem que vimos em uma faixa de uma manifestação em novembro do ano passado — "O Estado conta o seu dinheiro, nós contaremos os mortos" — tornou-se tragicamente atual.

Mas o senhor preferiu ouvir aqueles que defendem o Estado mínimo, a otimização de recursos, a regulação dos fluxos, todo esse jargão tecnocrático desprovido de carne que afoga os peixes da realidade. Mas veja, estes são os serviços públicos que, em grande parte, garantem o funcionamento do país: os hospitais, a Educação Nacional e seus milhares de professores, professores com salários muito baixos, os correios, o metrô. E aqueles que, certa vez, o senhor disse que não eram nada, e que agora são tudo, os que continuam a esvaziar o lixo, a digitar os produtos nas caixas, a entregar pizzas, a garantir essa vida tão essencial quanto a vida intelectual, e a material.

Cuidado com a estranha palavra "resiliência", que significa reconstrução após o trauma. Ainda não estamos lá. Cuide-se, sr. Presidente, dos efeitos desse período de confinamento, de agitação no decorrer dos acontecimentos. Este é um bom momento para questionar. Um tempo para desejar um novo mundo. Não pode ser o seu! Não aquele em que tomadores de decisão e financistas adotam descaradamente a velha ideia de "trabalhar mais", até sessenta horas por semana. Muitos de nós não queremos mais um mundo cuja epidemia revela desigualdades gritantes. Muitos, pelo contrário, queremos um mundo em que necessidades básicas, alimentação saudável, assistência médica, moradia, educação, cultura sejam atendidas. Um mundo em que a atual solidariedade mostra, na verdade, as possibilidades de vida.

Saiba, sr. Presidente, que não vamos mais deixar nossa vida ser roubada, temos apenas ela e "nada é maior que a vida" — canção, novamente, de Alain Souchon. E o senhor também não vai amordaçar por muito tempo as nossas liberdades democráticas, hoje restritas, liberdades que permitem que minha carta — diferente da de Boris Vian, censurada no rádio — seja lida hoje de manhã nas ondas de uma rádio nacional.

Annie Ernaux

17 de abril

Terminei a tradução que colei acima por volta de 22h30 de ontem. Eu estava bastante curioso (e apreensivo) por uma discussão que o professor João Cezar de Castro Rocha iria fazer dali a meia hora. Já estamos agora na madrugada do dia 17, por volta de 2 horas da manhã. Estou espantado. Amanhã o número oficial de mortos será de 206. Um estudo afirmará que o número real pode ser bem maior.

Ontem às 19 horas João Cezar deu uma aula através do Instagram sobre a novela *O alienista*, de Machado de Assis. Assisti a tudo: foi uma exposição excelente, aliando cuidado na leitura com clareza para o público que não era necessariamente acostumado àquele tipo de análise. Ele leu cuidadosamente os cinco primeiros parágrafos, apresentando no final uma hipótese interessante. Não usou nenhum texto crítico de apoio, o que tornou a transmissão mais ligeira. Por outro lado, estavam ali tanto o vigor quanto a completa indisposição por concessões fáceis que tornam o trabalho dele notável. Acho excelente que alguém com o nível de João Cezar ocupe esse tipo de espaço, que não pode ficar vazio para ser tomado pela extrema direita — o que vinha acontecendo há anos e só foi notado depois da eleição da Morte.

No final, João Cezar anunciou que dali a algumas horas faria uma espécie de debate com um dos integrantes do Movimento Brasil Livre. Sinto asco só de escrever o nome dessa associação. Veio-me um frio na barriga. Esse agrupamento de radicais toscos é um dos principais responsáveis pelo nível estratosférico de ódio que tomou conta do Brasil, e que portanto impulsionou decisivamente a eleição do mito. São rapazes estridentes, no geral bastante violentos e sem nenhum tipo de refinamento intelectual. Usaram a agressividade para mascarar as próprias fraquezas, que são inúmeras e de várias naturezas. A principal delas deve ser a enorme indisposição para a vida civilizada. Ao contrário, passaram anos distribuindo pelas redes sociais imagens agressivas, acusações de toda natureza e tentativas de revisionismo histórico. Esses garotos apoiaram com muita força o movimento Escola sem Partido (aqui meu asco vira náusea), que se tornou o terror dos professores no Brasil, reforçaram a censura a livros em sala de aula (inclusive os meus) e por fim consolidaram o neofascismo por aqui. Um de seus membros, por exemplo, ao ser eleito vereador, invadiu uma escola pública e intimidou professores e a direção, o que causou por fim a saída do secretário de Educação de São Paulo, Alexandre Schneider, já que o governador João Dória acabou apoiando o ato persecutório. Hoje, Schneider é professor da Universidade Columbia. Tudo isso nos últimos anos.

O movimento se apresentava como apartidário e distante da política tradicional. Obviamente, na primeira eleição apresentou candidatos, que hoje são vereadores, deputados estaduais e federais. Como se pode ver, são exclusivamente a renovação para as novas gerações do establishment da política brasileira, agora incrementado pela habilidade de usar as redes sociais para atacar e destruir a vida das pessoas. Por tudo isso, espantei-me com o anúncio do diálogo e me preparei para assistir.

Não estou me sentindo bem e o espaço da entrada estourou. Continuo amanhã. Tomara que eu consiga dormir.

18 de abril

Está muito tarde. Talvez inclusive falte pouco para amanhecer o quinto domingo do confinamento. Passei as últimas horas bebendo e lendo um livro estranhíssimo (e muito bom) do Roberto Calasso que acabou de sair: *O inominável atual*. Mesmo assim, quero escrever hoje, para não me distanciar demais do que testemunhei e com isso deixar minhas impressões de primeira hora se desvanecerem e virarem outra coisa. Ainda assim, revelo que estou com receio de errar o tom.

O João Cezar que apareceu para dialogar com o rapaz do Movimento Brasil Livre parecia outra pessoa. Não era o mesmo professor que, quatro horas antes apenas, havia dado uma aula brilhante sobre *O alienista*. Ali, ele fazia concessões sem parar, elogiava gente do nível de Rogério Gentile (outro responsável pela alta quantidade de ódio que respiramos) e fez algumas afirmações inaceitáveis. Disse, por exemplo, que a esquerda tem uma dívida histórica com a democracia. Ora, isso é verdade, só que essa dívida não é menor do que a da direita, o que quer dizer que é o próprio ser humano, seja lá a qual ideologia pertença, que não consegue se entregar à luta contínua que é a vida democrática.

Entre outras declarações que me deixaram pasmo, o professor afirmou que os memes podem ser comparados ao humor da esquerda nos anos 1960 e 1970. É um absurdo. O Movimento Brasil Livre promoveu linchamentos virtuais, com consequências concretas para a vida das pessoas, como aliás vou discutir amanhã. O máximo que a esquerda fez e faz de longinquamente próximo é patrulhamento. Eu já fui vítima de diversos por parte de gente que se diz de esquerda e nunca nenhum deles me causou qualquer dano.

O rapaz que lhe deveria fazer o contraponto estava visivelmente deslumbrado e, do mesmo jeito, percebeu a oportunidade que o professor lhe dava: basicamente se legitimou como alguém digno de ser levado em consideração. Daí em diante, todo o passado desse movimento que aterroriza professores acaba do mesmo jeito sendo legitimado. Conforme a noite avançava eu via um intelectual hiperpotente fazer cada vez mais concessões, reduzindo o próprio nível para obter o que ele chamava de "ética do diálogo".

Não me resta dúvida de que qualquer pessoa possa ser reabilitada e, do mesmo jeito, ter voz ativa no debate político. Ainda assim, obviamente é preciso trabalhar com a própria história e reconhecer a intensidade do estrago que determinadas posturas possam ter causado. No final do ano vou discutir como a filosofia contemporânea tem lidado com o perdão.

O Movimento Brasil Livre fez um mea-culpa bastante tímido e sem qualquer repercussão nos espaços de ódio que ajudou a criar. Na verdade, se seus integrantes estivessem realmente interessados em corrigir a destruição civilizatória que empreenderam, o primeiro passo seria dissolver o próprio movimento, pois seu nome é ligado a censura, ataques virtuais, perseguição a professores, histrionismo político e, enfim, violência. Depois, seus membros deveriam passar o mesmo tempo e gastar a mesma energia com a reconstrução dos espaços que destruíram. O vereador que entrou em uma escola para intimidar professores deveria obviamente retornar lá, pedir desculpas, divulgar a ação e voltar-se para coibir qualquer ameaça à liberdade de trabalho docente. Depois disso, de fato se tornariam dignos de diálogo, mesmo defendendo posições de direita.

Não entendo como legitimar esse tipo de gente possa envolver qualquer ética. Parece-me, por outro lado, ser o erro para o qual todos os movimentos antinazifascistas chamam atenção há décadas: não se pode em nenhuma hipótese debater com nazifascistas, é preciso combater os nazifascistas. Mark Bray, professor universitário e um dos líderes do movimento Occupy é claro sobre isso: "A racionalidade não foi capaz de impedir os fascistas ou os nazistas. Apesar de necessária, da perspectiva antifascista, infelizmente a razão é insuficiente por si só."[14] Bray é ainda mais enfático ao dizer que na verdade é preciso calar todos aqueles que jamais tenham claramente abandonado sua postura opressora (o que aqui, repito, significa dissolver o Movimento Brasil Livre): "o objetivo do antifascismo cotidiano é aumentar o custo social do comportamento opressor a tal ponto que aqueles que o

---

14. Ver BRAY, Mark. *Antifa*: o manual antifascista. Trad. de Guilherme Ziggy. São Paulo: Autonomia Literária, 2019, p. 250.

promovem não vejam outra opção para seus pontos de vista que não seja a de recuar e se esconder".[15]

19 de abril

Reli o que escrevi ontem, com receio de ter feito algum tipo de desabafo mal-humorado demais. Não achei. Nem mesmo listei completamente os prejuízos que esse Movimento Brasil Livre nos causou, sem que um timidíssimo mea-culpa tenha sequer tocado neles. Esses rapazes por exemplo deram todo apoio, inclusive circulando material de ataque, à censura que a exposição *Queermuseu* sofreu em Porto Alegre, o que acabou dando início a uma série de ataques à prática artística que não se aliviou até hoje. A propósito, salvo lapso meu, o assunto não foi tratado no tal diálogo. E, se tiver sido, foi muito tangencialmente, já que não me lembro…

No livro que li ontem durante a madrugada, Roberto Calasso faz um diagnóstico preciso do nosso tempo:

> [O poeta W. H.] Auden deu o nome de "A era da ansiedade" a um poema em várias vozes, ambientado num bar de Nova York por volta do final da guerra. Hoje essas vozes soam remotas, como se vindas de outro mundo. A ansiedade persiste, mas não predomina. O que predomina é a inconsistência, uma inconsistência assassina. É a era da inconsistência.[16]

Concordo inteiramente com o ensaísta italiano. O ataque à cultura e à arte está no centro da campanha vitoriosa do presidente terraplanista. Ele atinge todas as classes sociais. Já devo ter contado aqui o diálogo que ouvi entre um médico e o diretor de uma construtora, dizendo que a arte contemporânea

---

15. Ibid., p. 357.
16. CALASSO, Roberto. *O inominável atual.* Trad. de Federico Carotti. São Paulo: Companhia das Letras, 2020, p. 12.

tenta perverter seus filhos e torná-los homossexuais. A agressão física a pessoas de sexualidade não conformista aumentou muito com o acirramento da campanha de extrema direita, e, como eu disse, o movimento dos rapazinhos inconsequentes e inconsistentes deu muita força a isso. Em resumo e sendo muito claro: colaboraram com a morte de pessoas.

Estou até agora tentando entender por que João Cezar de Castro Rocha aceitou ser tão inconsistente para se nivelar a um grupo sem a menor condição de existir em uma sociedade civilizada. A ética do diálogo não pode justificar tudo, até porque não está acima da vida dos outros, no sentido realmente da outridade: pode não ter sido a minha vida que esse Movimento Brasil Livre ameaçou; só que foram vidas humanas, o que me torna imediatamente solidário aos ameaçados e jamais aos ameaçadores. Algum tipo de aproximação política também não é, já que está claro que essa gente trabalha dentro dos paradigmas da pior política possível. João Cezar diz que está tentando ultrapassar a retórica de ódio do olavismo, referindo-se a Olavo do Carvalho. Não entendo como isso pode ser feito se aproximando de pessoas que apoiaram ataques a exposições de artes plásticas. São iguais ao charlatão da Virgínia, apenas talvez saibam falar obrigado. No final das contas, estão do mesmo lado.

20 de abril

Tenho receio de ter dado a impressão, com as três entradas anteriores, de que não estou atento ao alto nível de ódio que predomina em todas as instâncias da vida social brasileira. É de fato louvável a preocupação de João Cezar com a necessidade de diminuirmos, desde já, toda a incitação à violência e qualquer tipo de trava ao diálogo. Repito, por outro lado, que não acho que isso vai acontecer com a legitimação de vozes que são diretamente responsáveis por esse ódio. Um exemplo já clássico é a forma com que países que viveram ditaduras lidaram com seu legado. Quanto maior tiver sido o julgamento dos crimes cometidos por agentes do Estado (portanto os responsáveis pelo regime de exceção), mais elevada é a chance de que a violência não seja cometida. Quando torturadores de um regime militar são levados à justiça, a tortura não é disseminada na democracia e a chance de delegacias montarem um aparato para violentar suspeitos é menor.

Minha comparação não é exagerada ou fora de contexto. O Brasil, como Estado, sequer aceitou contar o número de mortos causados pela ditadura inaugurada em 1964. De jeito nenhum, portanto, vê-se agora na obrigação de nos dizer qual o número de contaminados pela Covid-19 e o dos que, em decorrência dela, acabaram morrendo. Do mesmo jeito, não me resta dúvida de que nunca saímos totalmente do estado de exceção que em 1985 apenas transferiu algumas de suas funções de uma mão autoritária para outra. Um exemplo pode ser a aberrante manutenção da Polícia Militar por parte da Constituição de 1988, resultado de forte lobby dos antigos aparatos repressivos.

A censura que o Movimento Brasil Livre procurou, e muitas vezes conseguiu alcançar através de intimidação eletrônica e mesmo física, é também continuidade da ditadura de 1964. Portanto, vou ainda mais longe do que escrevi nos últimos dias: para haver reabilitação dessa gente, antes é preciso uma espécie de Comissão da Verdade que liste tudo o que fizeram para inocular ódio na população.

Por fim, resumo um pouco do que apresentei no volume anterior do *Diário*: o ódio pode ser tratado mesmo hoje com a ocupação dos espaços públicos e com a demonstração, para possíveis apoiadores (desde que não tenham eles próprios cometido violência), do enorme erro que foi o apoio a gente tão pequena. Do mesmo jeito, como preconizam os movimentos antinazifascistas do mundo todo, devemos ridicularizar essa gente a tal ponto que elas desapareçam de vergonha.

Hoje o número oficial de mortos em decorrência da Covid-19 no Brasil é de 383. Mais tarde o governo irá divulgar que cometeu um erro e que na verdade morreram 113 pessoas, o que obviamente não pode ser levado a sério. A Morte, eleita em grande parte por gente repugnante como os integrantes do Movimento Brasil Livre, está causando sua bilionésima agressão às instituições brasileiras.

21 de abril

Não adiantei a análise dos textos de Agamben porque imaginei que ele escreveria outros. No dia 13 de abril, quando a Itália ultrapassou o número oficial de 20 mil mortos, o filósofo publicou um novo artigo, seguindo a tendência de sempre piorar o anterior. Farei citações um pouco mais longas, pois elas são necessárias para transmitir a obtusidade que o outrora grande filósofo resolveu agora assumir. É desse jeito que ele trata a única forma com que, até agora, contamos para reduzir o número de mortes pela Covid-19, sobretudo a dos idosos e imunovulneráveis:

> Gostaria de compartilhar, com quem quiser, uma pergunta sobre a qual, há mais de um mês, não cesso de refletir. Como foi possível que um país inteiro tenha entrado em colapso ético e político diante de uma doença? As palavras que usei para formular essa pergunta foram, uma por uma, atentamente pensadas. A medida da abdicação aos próprios princípios éticos e políticos é, de fato, muito simples: trata-se de se perguntar *qual é o limite além do qual não estamos dispostos a renunciar*. Acredito que o leitor que se dará o trabalho de considerar os seguintes pontos poderá apenas concordar que — sem se dar conta ou fingindo não se dar conta — a soleira que separa a humanidade da barbárie foi ultrapassada.[17]

Como se pode ver, Agamben acha que a única forma conhecida de salvar vidas atualmente é um ato de barbárie. O vírus de fato nos obrigou a todos a tomar atitudes tipicamente nazifascistas, ainda que haja um paradoxo: são elas que vão salvar a parte vulnerável da humanidade da morte. Um pouco depois, o filósofo faz uma outra afirmação que, nesse momento, já podemos considerar cruel:

---

17. Ver <www.ihu.unisinos.br/598071-uma-pergunta-artigo-de-giorgio-agamben>.

> Não posso, a esta altura, uma vez que acusei as *responsabilidades de todos nós*, não mencionar as responsabilidades, ainda mais graves, daqueles que teriam a tarefa de zelar pela dignidade do homem. Antes de mais nada, a Igreja, que, fazendo-se de serva da ciência, que já se tornou a verdadeira religião do nosso tempo, renegou radicalmente os seus princípios mais essenciais. A Igreja, sob um papa que se chama *Francisco*, esqueceu que Francisco abraçava os leprosos. Esqueceu que uma das obras da misericórdia é a de visitar os enfermos. Esqueceu que os mártires ensinam que é necessário estar disposto a sacrificar a vida em vez da fé, e que renunciar ao próximo significa renunciar à fé.[18]

Agamben não pode ser tolo o suficiente para comparar a atitude de um papa do século XXI à de um homem da Idade Média. O papa Francisco agiu como um cristão sincero ao, propondo o confinamento e oferecendo ao mundo a poderosa imagem da praça São Pedro vazia, aderir à única forma de proteger os mais fracos. Se está dando certo ou não (no Brasil, não), a responsabilidade ultrapassa de longe as possibilidades de Francisco I. Se o papa resolver sair abraçando os infectados pela Covid-19, vai se tornar um assassino. Ele não é o presidente brasileiro.

22 de abril

Tenho ainda pensado bastante nas críticas que fiz à atuação do professor João Cezar de Castro Rocha nas redes sociais. Sem querer, achei uma conversa dele com uma espécie de dublê de filósofo político, um rapaz cheio de preconceitos e aversão à modernidade, que chegou a publicar um livro propondo que analisemos a arte a partir dos parâmetros do belo, do bom e do justo... Com isso, diminuiu todo tipo de escritor, de Machado de Assis a

---

18. Ibid.

Carlos Drummond de Andrade. É uma tolice que não merece muito crédito e menos ainda um rodapé na cara. Sem dizer que o sujeito quer fazer suas crenças religiosas valer em análises políticas. É do tipo doutoral e, até onde sei, nunca participou do Movimento Brasil Livre, ainda que aqui e ali distribua ódio a artistas, ativistas, professores universitários e por aí vai. Está mais próximo do tipo salta-pocinhas, como o Luiz Felipe Pondé.

João Cezar em cada análise demonstra de um jeito meio constrangedor as impropriedades doutorais do fulano. A certa altura, a figura comparou Olavo do Carvalho a Paulo Arantes, o que mostra apenas ressentimento desprovido de pé e cabeça. A princípio parece outra perda de tempo a que João Cezar resolveu se dedicar. Há um detalhe que torna a coisa um pouco mais interessante que o diálogo com o lamentável rapaz do grupo político destrutivo. Aqui, João Cezar usa a sequência no Twitter, criando um conteúdo ligeiro e ao mesmo tempo coordenado com o que vai descendo na timeline. Com isso, consegue alguma interação e ao mesmo tempo divulga uma hipótese. Ontem, se eu estiver lembrando bem, ele falou de René Girard e vi uma pessoa dizendo que iria procurar o livro; outra já o conhecia e fez uma pergunta sobre as edições brasileiras. No final das contas, o conhecimento que ele produz acaba mais ou menos independente das presepadas do rapaz reacionário.

Acho que nesse caso há uma diferença fundamental: ele consegue se descolar do conservador, usando-o aqui como mero suporte para substituir a asneira retrógrada por um pensamento construtivo, agora de maneira criativa. Esse de fato é um uso consequente das redes sociais, que pode substituir o pensamento conservador. No caso do diálogo com o integrante do grupo anticivilizatório, os dois ficavam na tela ao mesmo tempo, em um jogo impossível de descolar um do outro. Ali a sustentação que o intelectual oferece ao rapaz ultrarreacionário é evidente: leva-o nas costas.

P.S.: Durante todo o ano, João Cezar anunciará o lançamento de um livro em que observa a situação brasileira. O volume, por fim, será publicado apenas em 2021. *Guerra cultural e retórica do ódio* será fácil de ler, engraçado em muitos momentos e trará alguns capítulos bastante profundos. Das tantas que eu li, João Cezar nos oferecerá a melhor análise das bravatas de Olavo do Carvalho, em páginas além de tudo muito profundas. Ele também mergulhará em uma excelente análise da linguagem extremista, observando o fenômeno por diversos lados diferentes. Em uma exposição um pouco mais frágil, João Cezar colocará o *Orvil* como centro da ideologia nazifascista brasileira. Trata-se de uma espécie de versão em negativo do relatório *Tortura nunca mais*, que se tornou um enorme sucesso imediatamente após o lançamento em 1985. Ainda que João Cezar argumente bem e pareça bastante verossímil, haverá um pouco de supervalorização das capacidades intelectuais da nossa elite militar. *Guerra cultural e retórica do ódio* terá no mínimo dois pontos bastante equivocados: Castro Rocha protegerá os jovens reacionários que, a despeito de suas capacidades intelectuais hiperlimitadas, obtiveram algum espaço justamente por se aventarem como os excluídos do "domínio da esquerda na universidade", que jamais existiu. O crítico aproveitará apenas os textos de "arrependimento" desses rapazes, que são bastante tênues, diga-se logo. O grau de barbaridade do que escreveram, muito maior do que o falso mea-culpa, ficará oculto. Depois, haverá ainda uma constrangedora ausência: o lugar do consórcio entre a mídia do mainstream e grupos reacionários do Poder Judiciário e do Ministério Público, que criou a assim chamada Operação Lava Jato. Ele estará no livro, de fato, e em inúmeras páginas. João Cezar não conseguirá esconder a simpatia, que o fará aliás absolutamente acrítico da imprensa mainstream, como se ela não tivesse nada a ver com a nossa catástrofe. Quando encerro essa nota, no final de março de 2021, toda a operação já estará desmascarada: ela serviu para alavancar a carreira política do juiz responsável e os delírios de grandiosidade de uma equipe do Ministério Público, que cometeram enormes barbaridades durante o processo e as deixaram gravadas no Telegram! Nos momentos em que tomar esse ar conciliatório e condescendente, a análise cairá muito. Por fim o livro apresentará uma tese engenhosa, que cito literalmente: "*a guerra cultural é a origem e a forma do bolsonarismo, mas, por isso mesmo, será (ou já é?) a razão do fracasso rotundo do governo []*". Ainda que admita toda a lógica da proposta, discordo dela: o atual governo foi eleito para causar mortes, o que ele está fazendo. Quando acabar, terá cumprido toda a sua proposta. De resto, o livro merecerá muito a leitura e de novo manifesto meu espanto por um intelectual tão potente muitas vezes escorregar para a conciliação, o que só faz perdurar o nazifascismo entre nós.[19]

23 de abril

Não sei como fiz. Achei umas das sequências que o João Cezar fez com o católico salta-pocinhas. Consigo ler apenas o que o professor escreveu, sem as intromissões constrangedoras do rapaz. Apenas um ou outro momento fica confuso. No geral, acaba de fato aparecendo um raciocínio. No caso, o que li foi uma reflexão sobre o debate entre Sartre e Camus. João Cezar diz que na juventude foi bastante sartriano, o que combina com aquele momento histórico, e que hoje pende um pouco mais para Camus. Há outros intelectuais agora falando com mais cuidado sobre o autor de *A peste*.

Não se pode dizer que está havendo uma reabilitação de Camus, pois ele nunca esteve fora do jogo. É válido notar, por outro lado, que o escritor tomou de repente ainda maior força. Boa parte disso vem do romance *A peste* e do que estamos vivendo. Por outro lado, suas reflexões políticas também cabem. Ele notou bem como em nome de "intenções virtuosas" muitos crimes foram cometidos. Tudo isso parece muito claro hoje. Eu estenderia o argumento: em nome de um conceito qualquer de liberdade, quase idealizado, Agamben propõe que sejamos todos cúmplices da morte de idosos, imunovulneráveis e mais uma proporção de pessoas sem comorbidades que serão vítimas da Covid-19.

Estou com o livro do Žižek sobre a pandemia. Quero lê-lo nos próximos dias. Por enquanto, vou continuar lendo o lado do João Cezar da discussão

---

19. Ver CASTRO ROCHA, João Cezar. *Guerra cultural e retórica do ódio*. Goiânia: Caminhos, 2021.

com o salta-pocinhas jovem (o idoso é o Luiz Filipe Pondé) e admitir que ele me deu uma boa ideia: daqui a alguns dias vou reabilitar o Delegado Tobias. Ele vai ter um perfil no Twitter para investigar crimes relacionados a vultos que estão aparecendo no Masp. Para quem chegou agora, o Delegado Tobias foi o início da saga dessa família, que comecei como um e-book sequencial (folhetinesco) em 2014 e que foi parar na Polícia Federal depois de algumas voltas bizarras e sintomáticas das nossas "instituições".

O novo folhetim não deve servir para muita coisa além de me distrair um pouco. No final, posso reproduzi-lo aqui, o que me dará tempo para preparar as novas reflexões. Vou começar a escrever agora.

P.S.: Redigi esta entrada na verdade na manhã do dia 25. Desde ontem sinto uma leve dor de garganta e uma falta de ar moderada. Algumas pessoas descrevem esses como os primeiros sintomas da Covid-19...

27 de abril

A dor de garganta que eu sentia na semana passada passou ao longo dos últimos três dias e a falta de ar, que foi bastante suave, também sumiu.

Na sexta-feira o ex-juiz e ator Sergio Moro saiu de vez do governo do mito, sem deixar de antes, obviamente, realizar uma espécie de performance. Há de início dois detalhes aqui que merecem consideração. O primeiro, curto e enfadonho, ainda que sintomático: amanhã será publicada uma pesquisa que mostrará quase nenhum abalo na base de sustentação do mito. Até aí, sem espanto. Quem o apoia é nazifascista e não iria cessar seu culto à morte só porque seu líder torturou alguém. Na verdade é o contrário. Eles gostam. Quanto mais poderosa a figura, ainda melhor: nosso presidente é um herói, pensam eles, olha só quem ele enfrenta: Sergio Moro!

O que espanta é o espanto de um grupo de intelectuais eternamente espantados. Vi vários manifestando estranhamento com a pesquisa. Isso acontece simplesmente porque não aceitam que convivemos no Brasil contemporâneo com milhões de nazifascistas. E é na negação que o governo do mito senta e ri. Enquanto essa catástrofe não for aceita, a resistência será de fato muito difícil. Eu sequer tenho ânimo para desenvolver demais um assunto tão óbvio.

Sergio Moro saiu do governo com uma performance: ele parece ter induzido algumas pessoas (até aqui sabemos que o presidente e uma deputada federal caíram) a produzir provas do que ele pretendia denunciar. Convocou então uma entrevista coletiva e, choroso e lamuriento, falou o que todo mundo já sabia: o presidente da República pretende controlar a polícia para blindar a si mesmo e sua família. O conteúdo da entrevista é outra obviedade.

O ex-juiz esperou a pandemia chegar a um ponto dramático para então sair do cargo. Com isso, trouxe toda atenção para si mesmo, mostrando-se assim extremamente forte. As manchetes pararam de falar da pilha de corpos sendo enterradas em vala comum no Amazonas e deram enorme espaço para o chorume bem calculado do ex-juiz e ator.

Moro está segurando muito material de denúncia, até porque terá que oferecê-los ao Supremo Tribunal Federal, o que lhe garantirá ainda palco para inúmeras outras performances. É nisso que ele aposta. Só que o público está literalmente morrendo. Se não fosse outro nazifascista, Moro deveria ter realizado sua performance antes ou depois da pandemia, o que por outro lado diminuiria a eficácia eleitoral, já que ele não se sobressairia diante da Morte. Quem se sente bem se sobrepondo à Morte acredita que tem mais poder que ela, e é essa construção a que a mídia do establishment se dedica.

28 de abril

Hoje, os números oficiais apontaram quase quinhentos mortos em decorrência da Covid-19. É a pior marca no Brasil e, com isso, ultrapassamos o número da China. Um jornalista perguntou ao presidente da República o que ele achava desse número e a resposta foi a seguinte: "E daí, lamento, quer que eu faça o quê? Sou Messias, mas não faço milagre." Não estou reproduzindo a declaração por qualquer tipo de espanto, e sim apenas para localizar o leitor no tempo. A propósito, o livro impresso com todo o ano passado consolidado já deveria ter sido publicado. Com as medidas de contenção por causa da pandemia, o lançamento está suspenso, sem nenhuma previsão. Senti no final da tarde novamente falta de ar, que foi superada agora há pouco. Acho que ela se deve na verdade à ansiedade, que não consigo administrar da maneira mais comum. Não perco a capacidade de trabalho e muito menos o controle. Por outro lado, aparecem aquelas bolhas na pele ou esses episódios de uma pequena dificuldade para respirar. Quando recorro ao álcool melhora bastante.

Algumas horas depois da performance de demissão do ex-ministro e ator Sergio Moro, o presidente da República fez um pronunciamento. Eu assisti ao vivo e confesso que foi um tanto mais nonsense do que esperava. Ele reuniu todos os ministros, em uma aglomeração imprudente (Paulo Guedes era o único de máscara), e passou um bom tempo falando frases desconexas. Ao se defender das acusações de seu ex-torturado, criticou o Inmetro, chegou a afirmar que a Polícia Federal não investigou direito a facada que levou, lembrou o aquecimento da piscina do Planalto e elogiou o ministro Abraham Weintraub. Em resumo: sua fala não teve nenhuma ligação com as acusações de que havia sido vítima mais cedo, o que de novo mostra que o mito investe em seu maior trunfo: o Nada.

Já discuti longamente essa questão no ano passado. Não é o caso de repeti-lo. Quero sublinhar como a atitude dele, ao contrário do que pensam os intelectuais assombrados que não entendem a popularidade do mito, é eficaz. Ao privilegiar coisa alguma, fazendo um teatro nonsense, ele reduz qualquer dano que poderia sofrer. O recado final é: isso não tem nenhum sentido, então respondo com outro nonsense ainda mais radical. Em novembro a Morte vai declarar guerra aos Estados Unidos. Como ele conduz um grupo de fanáticos, o Nada toma grande intensidade. É o que eles melhor compreendem, já que não precisam refletir. Trata-se de uma questão de fé, e isso o presidente manipula como ninguém.

É possível que uma guerra de performances se inicie. Se acontecer, os dois lados estão bem definidos: Sergio Moro e a imprensa hegemônica enfrentando o presidente e a trupe on-line. São dois nazifascistas. Com isso a oposição estará então por fim completamente fora da disputa política. É um quadro desolador e bastante possível.

Boa noite.

29 de abril

A madrugada entrou faz tempo. Terminei o dia com o penúltimo dos encontros que estou promovendo no Instagram. Depois do sucesso do curso sobre literatura francesa contemporânea, resolvi estender um pouco por causa dos inúmeros pedidos. Estou falando sobre as relações entre Arte e Direito. Tem interessado a um número menor de pessoas. Está bacana, ainda assim. Depois, li um pouco e abri um arquivo aqui no computador mesmo. Se eu disser o que estou fazendo, muita gente vai se surpreender. Vou guardar um pouco para mim, pois ainda está no começo.

Por algum motivo, descumpri minha própria ideia inicial e olhei as notícias. Não entendi muito bem e resolvi não aprofundar: parece que começa agora no Brasil a pior fase de contágio da primeira onda, ao mesmo tempo que os leitos de UTI estão praticamente lotados. Em resumo, a desgraça que não era pequena toma agora proporções gigantescas. No ano que vem, o caos estará multiplicado por dez e nos tornaremos o pior país do mundo no que diz respeito à pandemia. No que diz respeito a tudo, na verdade.

A taxa de confinamento diminuiu muito. Percebo inclusive entre as pessoas do nosso convívio. Nenhuma dela é terraplanista e apoiou o mito. Vi uma professora de educação infantil, por exemplo, que está dando aulas particulares na casa das pessoas. Ela diz que adota todas as medidas de segurança: não usa transporte público (vai de moto) e está de máscara o tempo inteiro. Muita gente esclarecida a chama, possivelmente porque se sente esgotada no cuidado com os filhos. Inúmeros outros não aguentaram o sofrimento e estão levando crianças para visitar os avós que, antes, estavam em confinamento. Não são nazifascistas, só que duas coisas precisam ficar claras nesse comportamento: são fracos, e essa fraqueza alimenta o tesão pela morte dos nazifascistas que estão no poder e dos milhões que os suportam.

O presidente brasileiro nunca se sentiu tão forte. Nas últimas semanas aprimorou o comportamento nazifascista e tem tido bastante sucesso em colaborar para o aumento enorme do número de mortos em decorrência da Covid-19. Em outras palavras, está mais competente. Seu ânimo vem diretamente das notícias que recebe: cada vez mais pessoas morrem, presidente. Ótimo, vamos continuar assim, ele provavelmente responde já com o pau duro. Depois, quando recebe as imagens das valas comuns em Manaus, ejacula. Pleno e satisfeito diante de tanta gente morrendo, chama a turma e agride ainda mais a imprensa, o Supremo Tribunal Federal e as famílias dos mortos.

Daqui a pouco amanhece. Vou ver se durmo agora umas três horas. Esse é outro efeito estranho que estou vivendo no confinamento. Antes, se eu dormisse em condições perfeitas (sem ser interrompido por qualquer tipo de ruído e em um ambiente completamente escuro), seis horas eram suficientes. Agora, na mesma situação, eu me revigoro em apenas três. Não deve ser nada bom. Hoje os episódios de falta de ar foram bastante moderados.

30 de abril

Quando a pandemia deixou de ser um problema só da China, ou seja, no início de fevereiro (há três meses, portanto), Slavoj Žižek também desdenhou da gravidade da doença. Deve ter sido uma constante entre os filósofos do establishment. Logo depois, ele percebe que a situação é muito mais grave e então começa a produzir um conjunto notável de ensaios. Sua questão principal é a forma como a prática do confinamento e as medidas governamentais que estão enfrentando o surto podem construir uma espécie de versão nova do comunismo. Volto a isso, inclusive porque ele ensejou um texto patético do chanceler Ernesto Araújo, certamente o pior que o Brasil já teve (texto e diplomata). Antes, destaco que ŽIŽEK se refere diretamente à forma como Giorgio Agamben está tratando a pandemia e a quarentena a que somos obrigados a nos submeter para salvar a vida dos idosos e, quem sabe, até mesmo a nossa.

Em diversos pontos do livro, ele insinua que Agamben na verdade está usando o confinamento para confirmar suas próprias hipóteses. Entre tantos, um trecho é esse:

> E aqui estamos nós hoje. Veja, o ponto não é se aproveitar sadicamente do sofrimento generalizado *desde que ele contribua para nossa causa*. Pelo contrário. Trata-se de refletir sobre o triste fato de que precisamos de uma catástrofe dessa magnitude para nos fazer repensar as características básicas da sociedade em que vivemos.[20]

Em um ensaio, Žižek responde diretamente a Agamben. Depois de reproduzir os trechos que citei aqui há algumas semanas, ele se pergunta com muita razoabilidade:

> Por que afinal o poder estatal teria interesse em promover um pânico desse nível, visto que ele produz desconfiança diante do próprio Estado ("eles não sabem o que fazer", "não estão fazendo o suficiente" etc.). E pior: essa conjuntura estorva a reprodução do capital. Será mesmo de interesse do capital e do poder estatal provocar uma crise econômica global a fim de retomar seu domínio? E o que dizer dos sinais claros de que o próprio poder estatal, e não apenas as pessoas comuns, está em pânico, ciente de não ser capaz de controlar a situação — será mesmo que esses sinais não passariam de estratagemas?[21]

---

20. Ver ŽIŽEK, Slavoj. *Pandemia*: Covid-19 e a reinvenção do comunismo. Trad. de Artur Renzo. São Paulo: Boitempo, 2020, p. 43.
21. Ibid., p. 79.

Žižek mostra que Agamben segue certo pensamento de esquerda, que em primeiro lugar diz que o "pânico" atual é na verdade um ato de racismo contra a China e afirma, depois, que se trata de uma oportunidade para a ampliação do controle social. A pergunta decisiva aparece logo depois: "No entanto, essa interpretação social não faz com que a realidade da ameaça desapareça". Aqui, acho que ele resolve, com bastante felicidade, o estranhamento do texto de Agamben, para quem podemos perguntar: certo, só que qualquer outra coisa que não o confinamento vai matar milhões de pessoas, sobretudo as mais vulneráveis. Amanhã vou me dedicar ao comunismo de Žižek.

1º de maio

Não sinto mais nenhum tipo de falta de ar. O fato de estar dormindo muito pouco continua sem me deixar cansado.

Žižek desabafa mais ou menos na metade do livro, diante do fato de ter sido ridicularizado por inúmeros filósofos por conta de sua proposta de um novo comunismo pós-pandemia. Pretendo voltar com um pouco mais de cuidado à discussão com Byung-Chul Han, que aliás sempre me pareceu supervalorizado. É um filósofo-pílula...

Rende uma polêmica interminável: não sei se é bom usar, para um sistema político-econômico novo, a palavra comunismo, cheia de significados muito gastos. Talvez o ideal seja encontrar outro termo descontaminado, para usar uma expressão muito frequente hoje em dia. De qualquer forma, a proposta de Žižek é muito clara. Peço desculpas pela longa citação. Ela é necessária para que o pensamento do filósofo fique claro:

> Se milhares de pessoas tiverem que ser hospitalizadas por conta de problemas respiratórios, será necessário um número incrivelmente maior de aparelhos respiradores. Para obtê-los, o Estado deve intervir diretamente, da mesma forma que faz em condições de guerra, quando são necessários milhares de armamentos, e deve poder contar inclusive

com a cooperação de outros Estados. Como uma operação militar, as informações devem ser compartilhadas e os planos totalmente coordenados — é apenas o que quero dizer quando falo no "comunismo" exigido hoje. [...] A epidemia do coronavírus não assinala apenas o limite da globalização de mercado; ela assinala também o limite ainda mais fatal do populismo nacionalista que insiste na soberania plena de Estado. Não custa repetir: acabou o "América (ou quem quer que seja) em primeiro lugar!", visto que a América só pode ser salva por meio de coordenação e colaboração globais. Não estou sendo utópico, não recorro a uma solidariedade idealizada entre os povos. Pelo contrário: a atual crise demonstra claramente como solidariedade e cooperação globais interessam à sobrevivência de cada um de nós, como essa é a única coisa egoísta racional a se fazer.[22]

Como se pode ver, ele diz o que deve ser feito, não o que será feito. Alguém discorda?

2 de maio

Daqui a dois dias, o ator Flavio Migliaccio irá se suicidar. Ele vai deixar uma carta. Não sei como (e muito menos vou pesquisar), só que pouco tempo depois, alguns sites jornalísticos e muita gente divulgará a carta nas redes sociais. É amplamente sabido que há um protocolo internacional para a divulgação de suicídios e, mais ainda, sobre a circulação desse tipo de texto. Ele pode agravar situações psíquicas fragilizadas. O aumento do número de suicídios logo após a divulgação de que uma pessoa famosa tirou a própria vida, e da possível circulação de uma carta de despedida, tem até um nome: Efeito Werther. Os leitores deste diário não precisam de maiores explicações sobre esse título.

---

22. Ibid., p. 57.

Muita gente está defendendo a divulgação da carta por ela ter um conteúdo político. Não a li, nem farei isso. Só que algo me parece logo no início evidente: não podemos seguir a Organização Mundial da Saúde apenas naquilo com que concordamos. Quem faz isso é o presidente do nosso triste Brasil. Depois, há ainda outro detalhe: a oposição ao mito (a carta critica as pessoas que estão no poder, segundo estão argumentando) também tira partido da morte. Esse é outro sinal de que o nazifascismo foi bastante vitorioso no Brasil. Não adianta fazer oposição ao nazifascismo utilizando métodos nazifascistas ou, pior ainda, internalizando sentimentos nazifascistas. A gente não pode em nenhuma hipótese tentar qualquer ganho político com a Morte. Somos radicalmente a favor da vida.

Aliás, na mesma próxima segunda-feira o ex-juiz e ator irá pedir para o Supremo Tribunal Federal divulgar a íntegra de seu depoimento realizado hoje na sede da Polícia Federal de Curitiba. As notícias que acabaram de sair descrevem que ele ficou no interior do prédio por quase dez horas. Amanhã saberemos que o motivo alegado é simplório: problemas técnicos. Moro quer que seu depoimento seja público porque sabe que só consegue sobreviver se continuar o tempo inteiro em um palanque. De novo, portanto, adota procedimentos análogos à performance. O presidente, por outro lado, vai conseguir trocar o responsável pela Polícia Federal no Rio de Janeiro, que era seu objetivo ao demitir o paladino da luta anticorrupção no Brasil. A curto prazo, o vencedor é o mito. Não temos longo prazo no que diz respeito ao Brasil.

3 de maio

No dia seguinte à morte de Flavio Migliaccio, haverá um movimento revelador: muita gente chamará de pueris os protocolos da Organização Mundial da Saúde. Do mesmo jeito, irão dizer que quem recomendou que "se deve falar com cuidado sobre o suicídio" na verdade está propondo que não se fale sobre o assunto. Vi pessoas progressistas fazendo isso. Trata-se da mesma operação realizada pela extrema direita. No caso, com uma pequena diferença: quando a resistência ao nazifascismo faz o mesmo que o nazifascismo, está naturalmente fadada ao fracasso, já que apenas reforça o que pretende combater. A burrice funciona exatamente dessa forma.

Todo esse horror acontecerá amanhã. Algo, ainda, vai me chamar bastante atenção: muita gente irá justificar o desrespeito aos protocolos da Organização Mundial da Saúde por causa do tom político da carta. Ela é um manifesto contra o fascismo, repetirão sem nenhum pudor. Aqui dá para lembrar bastante o início de *O homem revoltado*, de Albert Camus:

> Há crimes de paixão e crimes de lógica. O código penal distingue um do outro, bastante comodamente, pela premeditação. Estamos na época da premeditação e do crime perfeito. Nossos criminosos não são mais aquelas crianças desarmadas que invocavam a desculpa do amor. São, ao contrário, adultos, e seu álibi é irrefutável: a filosofia pode servir para tudo, até mesmo para transformar assassinos em juízes.[23]

As pessoas realmente parecem acreditar que qualquer coisa é válida caso combata o governo do mito. Camus fala que agora os criminosos são adultos que agem com consciência. Não é à toa que quem propôs o desrespeito à OMS alegou que estava agindo com "maturidade" diante da morte. Crescer hoje em dia, para um bom número de gente que se acha na oposição ao nazifascismo, é achar que tudo vale a pena contra o nazifascismo. Talvez seja por isso que nosso fracasso eleitoral seja tão contundente. Diante de um vacilo quase desapercebido, obviamente os eleitores em dúvida irão pender para os

---

23. CAMUS, Albert. *O homem revoltado*. Trad. de Valerie Rumjanek. Rio de Janeiro: Record, 2017.

nazifascistas decididos e não para os eventuais. Em resumo: se é para ouvir a OMS só quando interessa, é mais fácil boa parte dos eleitores aceitar de uma vez que ela não importa.

De resto, daqui a dois dias teremos um pico de seiscentas mortes oficialmente divulgadas pelo Ministério da Saúde, o que deve significar no mínimo 3 mil óbitos na realidade. Um dos diretores da XP Investimentos irá declarar que para os ricos a pandemia já está em declínio por aqui. É impressionante como muitas vezes gente da pior natureza consegue em uma ou duas frases definir o que é o Brasil.

6 de maio

Hoje eu soube que a versão impressa do *Ano I* do *Diário da catástrofe brasileira* deve ser publicada, ao menos a princípio, no início de julho. É um atraso grande, que talvez prejudique um pouco a circulação. Ainda assim a notícia me animou.

É estranho, parece que meu trabalho resolveu "circular" com o confinamento, não entendi bem as razões. Tive uma proposta para fazer um audiolivro do romance *Divórcio*. Há uma questão de direito autoral que espero ser resolvida. A tradução para o espanhol está andando. Também fui convidado para escrever um ensaio a partir das aulas on-line que fiz falando de literatura francesa contemporânea. Comecei hoje. Além disso, daqui a alguns dias um crítico literário irá me pedir para desenvolver uma pequena reflexão que coloquei nas redes sociais. É o que passo a fazer a partir de agora, com o perdão pela inversão temporal. A quarentena se iniciou para mim com o desânimo de não ter achado trabalho (sou professor de literatura) em nenhum lugar e agora ficou bastante movimentada.

O projeto do presidente da República está dando certo: hoje, morreram oficialmente 615 pessoas devido à Covid-19. Devemos ter perdido portanto no mínimo 3 mil vidas em 24 horas, já que a subnotificação é enorme.

As mortes estão aumentando muito, enquanto ele continua promovendo aglomerações e não toma nenhuma atitude mais concreta.

O falecimento do ator Flavio Migliaccio repercutiu bastante. Continuo perplexo de ver muita gente defendendo a divulgação maciça de sua carta de despedida, apesar de os protocolos recomendarem o contrário. A justificativa é exclusivamente o fato de ela ser um ato político. Vi uma jornalista, por sinal bastante grosseira, defender isso em um site de esquerda. Há algumas semanas ela teve uma discussão com o ator José de Abreu pois julgou que ele havia sido machista com a forma que escolhera para criticar Regina Duarte por sua adesão ao governo terraplanista. Ou seja: desrespeitar uma mulher não pode; já a Organização Mundial da Saúde, tudo bem. Vale notar que a tal jornalista (apenas uma entre as tantas pessoas que defenderam o ato político acima de tudo) não tem nenhum tipo de formação na área da psicologia.

O ator Lima Duarte gravou um belo depoimento, dirigindo-se a Migliaccio. Ele afirma compreender a atitude do amigo e que não faz o mesmo apenas por não ter coragem. Depois diz que chegar aos 90 anos sentindo o ar putrefato da ditadura de 1964 é de fato um desalento. Duarte termina com uma imagem pesada: a bacia com que essa gente lava as mãos está cheia de sangue, ecoando um trecho de Bertolt Brecht. Comovido, Duarte lembra a resistência que ele, Migliaccio e muitos outros realizaram durante a ditadura. Fala do Teatro de Arena e relembra Augusto Boal. A minha geração tem uma dívida com a deles: não aprendemos a resistir. Sequer percebemos que era necessário. Agora, estamos pagando o preço e somos em parte responsáveis pela morte dos nossos idosos.

7 de maio

Participei de muitos eventos com autores da minha geração no Brasil e, até alguns anos, li boa parte do que escreviam. Hoje, já não me interessam tanto. Acho que podemos localizá-la como a Geração Frankfurt, a primeira que recebe os afagos do establishment no século XXI.[24] É o grupo de autores brancos, vindos todos das classes média e alta e, no caso, com contato próximo às vezes desde o ensino médio nas escolas caras. Em certo momento, dava para demarcar essa literatura geograficamente: ela era feita sobretudo entre os rios Guaíba e Pinheiros. Os editores e a imprensa os protegiam, o que indica um aspecto bastante notável: a total indisposição por correr riscos.

Cansei de ouvir frases que indicam uma forte tendência de grupo. "A literatura é para um conjunto pequeno de pessoas, por mais triste que isso seja", era uma afirmação normal para a Geração Frankfurt. Não tenho segurança para espraiar essa análise para os outros gêneros artísticos. Não sei se a mesma descrição cabe para o cinema, por exemplo, que exige bem mais dinheiro e portanto trabalha em outra sintonia. Conheço um pouco melhor o teatro. Nesse caso alguns paralelos são possíveis. Basta ver como Roberto Alvim foi protegido por anos, até se revelar.

A geração de Flavio Migliaccio e Lima Duarte teve outra dinâmica. Continuo o assunto amanhã. Faz um frio lascado aqui na cidade de São Paulo. Passaram um tal de alerta laranja que indica uma queda de mais de dez graus na temperatura. Já começou a cair. Hoje morreram oficialmente seiscentas pessoas. Quatro ou cinco são parentes de gente próxima a mim.

---

24. Luís Augusto Fischer, em ensaio notável publicado logo após o lançamento do número especial da revista *Granta* com uma seleção que um júri considerou *Os melhores jovens escritores brasileiros* (em que fui selecionado), comparou esse grupo com outro que havia sido publicado em antologias anteriores e se intitulava Geração 90, pois reunia autores que estrearam durante os anos 1990. As observações de Fischer impressionam: o grupo da revista *Granta* era ainda mais elitizado (referindo-se à origem dos autores) do que a Geração 90, que já tinha muitos privilégios. No caso, resolvi unir os dois grupos em uma seleção posterior, à da Feira de Frankfurt (em que não estive), pois ela escancarou o absoluto elitismo do establishment literário então. A seleção de Frankfurt foi feita em 2013 por um jornalista sem formação especializada, Manuel da Costa Pinto, com bastante circulação no establishment, ao menos naquela época. Uma atualização interessante para o texto de Fischer seria comparar essas antologias agora com, por exemplo, a parte em prosa de *A resistência dos vaga-lumes*: antologia brasileira escrita por LGBTQs, lançada no ano passado. O ensaio dele está em <m.folha.uol.com.br/ilustrissima/2012/09/1146600-granta-revela-literatura-brasileira-mais-urbana-e-autorreferente.shtml>.

8 de maio

Pela primeira vez desde que comecei a escrever este *Diário*, peguei o caderno bastante cedo. São 19 horas e o número oficial de mortes decorrentes da Covid-19 acabou de ser divulgado: 751. O número real deve estar perto, portanto, de 4 mil. Hoje algo me aborreceu muito: minha mãe, que em 1969 tinha 22 anos, disse que está sentindo mais medo agora do que na ditadura.

A geração que produziu literatura durante os anos 1960 e 1970 tinha um alvo bastante claro e não havia nenhuma possibilidade, evidentemente, de qualquer discurso a favor do establishment ou minimamente acomodado. O motivo era de base: as artes em geral se colocavam como inimigas da classe dominante, que dava sustentação ao regime. Portanto, produzi-la impunha por si mesmo um risco. Não se tratava de uma questão de escolher um assunto para investir o ímpeto criativo. Acionar esse ímpeto para produzir algo era colocar-se imediatamente em um lugar de dificuldade.[25] E a maioria fazia.

Essa reflexão começou há alguns dias por conta do choque que senti ao assistir ao vídeo de Lima Duarte homenageando Flavio Migliaccio. Os anos 1980 foram de fato tomados por um projeto de renascimento. Em 1983, por exemplo, é publicado *Viva o povo brasileiro*, que tem um certo aspecto de retomada da reflexão sobre algum tipo de brasilidade possível. O mérito do debate (se essa brasilidade é algo além de maneirismo artificial) não é o meu foco aqui, e sim a existência de um ímpeto criativo que procurava, por um lado, compreender-se naquele mundo novo — o de um povo que vota de novo para governador —, e, por outro, talvez advertir de que toda aquela animação pode estar escondendo as falhas na reconstrução das instituições. Nesse segundo caso se encaixam as obras de Sérgio Sant'Anna, Ana Cristina

---

25. Redigi um longo ensaio sobre a literatura brasileira praticada a partir dos anos 1980 e que se refere à ditadura que então deixava o poder político formal para o *Pernambuco*. O texto pode ser lido no seguinte link: <www.suplementopernambuco.com.br/edi%C3%A7%C3%B5es-anteriores/77-capa/2166-literatura-brasileira-e-os-tempos-da-ditadura.html>.

Cesar, João Gilberto Noll e Caio Fernando Abreu.[26] Basta lembrar que a Constituição de 1988, que merece elogio por conta de alguns avanços, não apenas manteve a existência de polícias militares.[27] Ela as fortaleceu. De um jeito ou de outro, toda essa reordenação envolve bastante tensão: qualquer novidade traz o nervosismo quanto à recepção.

Antes de tudo é importante esclarecer: gerações literárias não são demarcadas a cada década. Algumas chegam a durar um século. Aqui estou apenas esboçando tendências estruturais para compreender alguns movimentos e sobretudo não deixar de exercitar a tensão. Acabou o espaço para a entrada de hoje. Amanhã continuo com os anos 1990 e a minha geração, a da Feira de Frankfurt.

9 de maio

Vou interromper a observação direta sobre a constituição dos grupos artísticos para registrar algo que me deixou bastante chateado hoje. Na verdade, uma coisa tem ligação com a outra. Minha mãe está confinada sozinha há um pouco mais de tempo que a recomendação oficial. Minha irmã, que é médica, percebeu bem antes o problema e a isolou acho que desde o finalzinho de fevereiro. (Falo com ela, para checar as condições, duas vezes por dia ao telefone.) Ela tem 73 anos. Em 1969, no auge da ditadura, portanto, estava com 22. Estou me repetindo. Hoje minha mãe falou de novo que sente mais medo agora do que naquela época. Ela contou, mais uma vez, que era comum chegar na faculdade e um amigo ter desaparecido. Do mes-

---

26. Publiquei alguns ensaios acadêmicos (o que não os diminui em nada, pelo contrário) sobre o assunto. Deixarei aqui o link de dois, que me parecem bem resolvidos: <www.scielo.br/scielo.php?pid=S2316-40182016000200229&script=sci_abstract&tlng=pt> e <artememoria.org/article/voice-weak-characters-narrators-redemocratization>.
27. Sobre a manutenção das polícias militares após a ditadura e sua ligação com a obra de Rubem Fonseca, publiquei também dois ensaios acadêmicos, aos quais remeto aqui: <www.seer.ufu.br/index.php/artcultura/article/view/41251> e <www.e-publicacoes.uerj.br/index.php/intellectus/article/view/40644/30144>.

mo jeito, alguns rostos novos surgiam ninguém sabia bem de onde e logo todos desconfiavam estar sendo observados. Pela casa do meu avô passaram duas ou três pessoas se escondendo da repressão, o que deixava a família sempre muito tensa. Jamais, por outro lado, recusaram-se a oferecer ajuda. Um primo da minha mãe foi muito torturado e passou uma parte de sua recuperação na casa dela.

Ela me disse que já não sabe quais amigas encontrará no grupo de ginástica para idosos que frequenta nem na turma da costura. No cineclube, muito menos. Há uma notícia aqui e outra ali. No geral ela não tem ideia de quais amigas continuam vivas. Várias têm mais de 90 anos. Noto eu, agora, que se trata da mesma geração: as pessoas que resistiram à ditadura e sofreram com ela agora são as que mais o descaso do governo, a cuja notável ascensão não resistimos, mata. E o discurso do homem que estimula comportamentos que disseminam a doença do mesmo jeito protege a ditadura e a minimiza.

Minha geração não lutou contra quem agora mata seus idosos. Estou bastante chateado para continuar. Volto amanhã, acho que daqui a pouco amanhece.

10 de maio

Ao contrário de tanta gente que trabalha com literatura, não tenho repulsa absoluta por clichês. De vez em quando eles podem expressar muito bem um sentimento. É o caso aqui: ontem à noite parece que eu estava adivinhando. Durante a madrugada, possivelmente enquanto eu redigia este diário ou lia um pouco antes de dormir, faleceu vítima da Covid-19 o escritor Sérgio Sant'Anna. Ele tinha 79 anos e apenas este mês publicou dois contos. Nos últimos anos, foram inúmeros livros. Já escrevi muitas vezes sobre ele, então não vou me estender aqui em nenhum tipo de crítica e sim continuar o raciocínio que venho desenvolvendo nos últimos dias.

Sant'Anna publicou seu primeiro livro, a coletânea de contos *Os sobreviventes*, em 1969, um ano depois de ter participado dos protestos de maio na França. Ele também tinha estado na Primavera de Praga, o que de imediato demonstra interesse pelos momentos transformadores da história. Toda a sua obra se baseia justamente em uma tensão evidente: a tentativa de expressar em uma forma artística muito precisa e eficaz a imperfeição da sociedade brasileira, sobretudo a que se desenvolve com muita fratura a partir da redemocratização. Suas personagens são frágeis, indecididas e bastante emparedadas por fraquezas as mais diversas, como era o "novo Brasil". Certamente o conto "O concerto de João Gilberto no Rio de Janeiro", publicado no livro de mesmo nome em 1983, se associa aos melhores de Caio Fernando Abreu, João Gilberto Noll e Lygia Fagundes Telles daquele momento, para desde o início desfazer o ufanismo com que o Brasil parecia estar se despedindo dos militares. Sequer eles sairiam da cena política, como estamos vendo agora.

A obra de Sérgio Sant'Anna é obviamente tensa em todos os seus aspectos. Não existe nenhum tipo de respeito a poder algum, nem mesmo às formas literárias, que ele refaz e desloca a cada livro. Do mesmo jeito, ele jamais se coloca em um lugar amigável com o leitor, como se pode ver com clareza nas novelas de *O monstro*. Sua obra, portanto, não está conformada com nada, exatamente como era o espírito de 1968. Em resumo: os livros de Sérgio Sant'Anna são inteiramente não conformistas, portanto não têm nenhum traço de conservadorismo.

No que diz respeito à arte e à cultura, a ditadura instalada no Brasil em 1964 e recrudescida em 1969 fez tudo o que pôde para afastar o espírito de maio de 1968. Em um país cuja população em boa parte tem tendências conservadoras, deu bastante certo. Agora, os representantes dessa mesma ditadura que chegaram ao poder através do voto de quase 58 milhões de pessoas estão se esforçando para terminar o trabalho, já que o novo coronavírus ataca sobretudo a geração de maio de 1968 e a parte mais pobre da população. Estamos ficando ainda mais caretas...

11 de maio

Quanto aos autores que aparecem nos anos 1990, deles já tenho um pouco mais de dificuldade de falar. É o primeiro grupo que leio sem nenhum distanciamento ou perspectiva histórica. Essa última não há mesmo, já que a história deles é a do tempo presente. Já o distanciamento é impossível: acho que apertei a mão da maioria. Em 1995 entrei no curso de Letras da Unicamp. Dez anos depois, saía da USP com um título de doutor em literatura brasileira, dois romances e uma novela publicados. Ler Bernardo Carvalho para mim, portanto, não é como me debruçar sobre a obra de Caio Fernando Abreu. Ainda que tenha também cumprimentado ambos, do mesmo jeito é diferente de analisar João Gilberto Noll e Sérgio Sant'Anna. Em 1985, quando eu tinha 10 anos, eles já haviam publicado grandes obras.

Lancei meu primeiro livro em 1999. Portanto, falo de um lugar bastante definido: nunca consegui exatamente me enturmar, apesar de ter feito esforços mais ou menos flácidos aqui e ali; ainda assim é nesse grupo que me integro. É um conjunto de autores que encontrou tudo pronto: um meio editorial maduro e profissionalizado, prêmios tão volumosos que, no caso de alguém porventura ganhar a maioria, já dá para se aposentar, eventos a quase toda semana e uma crítica literária interessada. A partir de 2003, mais ou menos, houve uma época em que eu de fato recebia um convite por semana e muitas vezes conseguia arrecadar 20 mil reais por mês. Juntei isso com as aulas de português para estrangeiros muito bem pagas que eu dava e era possível viajar para o exterior quatro vezes por ano. Tudo isso obviamente ruiu a partir mais ou menos de 2013. Então o marco é óbvio: corresponde aos anos dos dois governos Lula e do primeiro governo Dilma.

Cheguei a ouvir da plateia várias vezes um mesmo incômodo, sobretudo em eventos no exterior: por que vocês da delegação brasileira sempre são brancos, na maioria absoluta homens e no geral da mesma classe social? Havia todo tipo de resposta. Uma delas, de Cristovão Tezza, se não me engano na Sorbonne, resume um pouco o cinismo daqueles anos: não podemos analisar a literatura por outros parâmetros que não o texto. Ele ainda complementou falando de acesso à escola, a bens culturais etc. Se eu estivesse lá, perguntaria então se é coincidência que os autores do establishment eram todos parecidos, já que só o texto importa... Também lembraria que escolaridade nenhuma faz diferença para a produção artística, do contrário todo grande escritor seria formado em Letras. O fato é que, todos sabemos e no geral escamoteava-se muito isso, o establishment era formado por escritores que se conheciam desde o ensino médio (como a equipe de promotores da Lava Jato...) e que se beneficiavam do fato de que uma estrutura editorial já organizada facilitava não apenas a circulação de um grupo preferido por alguns proprietários de espaços de poder como ainda deixava a vida muito tranquila para todos. O resultado é a ausência de disposição para qualquer conflito, seja lá com o que for. Os meninos fofos da cultura estavam mesmo felizes naquele tempo. Para que protestar contra o poder econômico?

12 de maio

Hoje o Brasil registrou o maior número oficial de mortos pela Covid-19: 881. Portanto, devem ter perdido a vida umas 5 mil pessoas na verdade. Eu tossi muito levemente pela manhã e passei algumas horas tenso com isso. De resto, continuo calmo, com muita necessidade de inventar coisas e também de ler. Minha mãe está um pouco mais tranquila.

O grupo de autores que publica seus livros a partir de 1990 é o primeiro que encontra o meio literário profissionalizado. Por sua vez, é o único que se formou exclusivamente por pessoas vindas da mesma classe social: a classe média e alta branca. Preciso afirmar algo aqui com bastante destaque: há vários livros bons produzidos por esses autores e um ou outro talvez até seja muito bom. O fato é que fica bastante difícil encontrar por exemplo um inimigo comum: esses autores pretendiam exatamente o que com seus livros? A resposta também precisa ser clara: pretendiam entrar para o establishment da literatura. Em resumo, são livros publicados para que seus autores possam dizer que publicam livros.

Como o gênero diário permite alguma lembrança e certa confissão, posso dizer que um dia em que saí verdadeiramente irritado de um debate foi quando um dos meninos fofos da literatura criticou a minha posição, que mantenho até hoje, de nunca recusar um convite ou um pedido de universidades públicas (no caso das privadas também não exijo nada), apenas se não tiver agenda, e em hipótese alguma solicitar pagamento. Na verdade, já arquei com muitas despesas. Uma vez estive em uma universidade estadual pública no Centro-Oeste e, na hora de fazer o check-out do hotel, descobri que teria que pagar a diária, pois o cartão que a universidade havia deixado não tinha mais limite. Enfim, para encerrar: segundo o menino fofo, minha atitude faz com que eles que cobram (e para a cabeça dele com isso profissionalizam o trabalho do escritor) acabem desvalorizados. Algum tempo depois, um professor me contou que o digníssimo pedia 3 mil reais das universidades. Não sei se ainda faz isso...

Amanhã concluo com a ruína desse grupo e a entrada em cena de escritores que de fato escrevem por uma razão que lhes dá força. São 2 horas da manhã do dia 13. Escuto o sono pesado e satisfeito da minha esposa daqui. Ela me pediu para acordá-la às 7 horas. Acho que consigo dormir quatro ótimas horas já que a rua está muito silenciosa. Portanto, tenho ainda uma hora de leitura. Estou relendo os poemas do T. S. Eliot.

13 de maio

Hoje, depois de tergiversar por semanas e providenciar recursos que foram da primeira instância ao Supremo Tribunal Federal, o presidente terraplanista divulgou os dois exames que teria feito para a Covid-19 depois da fatídica viagem para os Estados Unidos em que quase vinte membros do governo voltaram infectados. O ex-ministro Mandetta afirmou hoje para a CNN que foi uma "corona trip". Os exames deram negativo. Parece haver uma controvérsia sobre um possível terceiro exame, sem falar que os laudos aparecem com pseudônimos, o que é no mínimo bastante suspeito. Por outro lado, o presidente produziu uma narrativa brilhante: protegeu a tal da liberdade individual até onde pôde, armou um enorme suspense e fez todo mundo acreditar em uma coisa quando era outra. Como sempre nesse governo, tudo pode mudar a qualquer momento. Até aqui, o mito saiu por cima. É burrice achar que ele é burro.

Lembrei-me de algo que poderia ter citado ontem: ouvi em muitos eventos frases que eu resumiria no seguinte: "não vamos misturar literatura com política". Há muita coisa nisso, por exemplo, uma espécie de sacralização da literatura, que deveria estar acima de coisas mundanas. Minhas reações variavam muito.[28] No geral eu fazia cara de deboche. Algumas vezes discutia e acho que chamei dois ou três de ignorantes na frente de todo mundo. No Brasil, o público não costumava gostar e eu saía com fama de grosseiro.

Quero apenas deixar algo muito claro: não me sinto excluído. Sempre fui preterido exclusivamente por eventos do grande establishment, como a Flip, que jamais me convidou para a programação oficial. Quanto à paralela, sou convidado há anos seguidamente. Em 2020, se houver o evento, vou recusar os convites por causa da presepada de homenagearem a excelente poeta Elizabeth Bishop numa hora dessas. O pessoal do Acampamento dos 300 e o general Heleno vão adorar os argumentos que os debates pretendem levantar.[29]

Enfim, para entrar no assunto: alguém com o comportamento por regra tenso como o meu (jamais grosseiro ou mal-educado, nunca mandei leitor nenhum tomar no cu...) só continua sendo tão convidado para os eventos literários porque é branco. Sou branco. Aí eu viro uma espécie de tipo folclórico (que é processado pelo ex-deputado federal Eduardo Cunha) ou um cara talentoso, que o pessoal aguenta apesar de ele dizer que a literatura brasileira contemporânea é reacionária.

Pois bem, não é o que eu acho... Nos últimos anos movimentos muito interessantes começaram a emergir, e é provável que uma literatura contra

---

28. Estou escrevendo no passado pois os eventos em que dois escritores dividem uma discussão parecem, ao menos por enquanto, terem acabado.
29. No final das contas a Flip resolveu não homenagear ninguém...

o poder opressor do homem branco esteja surgindo. Não sou generoso: são poucos os livros notáveis, ainda que muitas as iniciativas. Autores que fazem da própria assinatura ou do lugar que ocupam parte da obra estão se tornando comuns entre os grupos vulneráveis. Falo por exemplo da comunidade LGBTQ+, que não apenas declara a própria identidade como vai para cima do establishment para de fato agredi-lo com a própria literatura. A transexual Amara Moira tem publicado aqui e ali excertos de um trabalho notável. Ricardo Aleixo faz uma literatura influenciada pelas outras artes. É possível citar ainda Marcelo D'Salete e também o trabalho com a pedagogia do Allan da Rosa. A agressividade sorrateira e muitas vezes bem-humorada das crônicas de Cidinha da Silva é assim, bem como a indefinição formal de Marcelo Ariel. A literatura volta a ser algo bem diferente de uma fofura. Esse grupo está aparecendo com objetos bastante vigorosos.

Eu, da minha parte, repito: sou branco, homem, heterossexual, cisgênero, classe alta, muito escolarizado (com um estágio de pós-doutorado de cinco anos...) e pai de família. Com tudo isso de banal, não posso aceitar nenhum ambiente artístico tranquilo e muito menos escrever romances com começo, meio e fim, e nessa ordem!

Para o leitor do diário, revelo: está amanhecendo um sol tristíssimo. Não pretendo dormir. Vou ver como negocio isso com a minha família. Tudo tem sido muito amigável por aqui durante o isolamento. Hoje, soube do primeiro parente contaminado: um primo distante de um grupo da família que não estava levando a quarentena muito a sério. Até churrasco teve. Quanto ao diário, amanhã começo a analisar a repercussão de um tuíte que fiz sobre militância contemporânea. O texto diz o seguinte:

MILITANTES

Uma coisa que acho estranhíssima: uma pessoa muda de lado e se torna ativa defensora antifascista. Aí os militantes aparecem e falam: você não, pois você falou não sei o que no ano retrasado. Mas para que serve militância se não for para fazer os outros mudar de lado?

(A repercussão foi enorme: foram 3.700 compartilhamentos.)

Depois, continuarei a observação da postura política do ex-juiz e ator Sergio Moro que comecei no *Ano I* do *Diário*. Vale observar: ele sempre quer antagonizar com gente poderosa: antes o Lula, agora o presidente terraplanista.

Acabou de amanhecer. Bom dia!

14 de maio

O tuíte que redigi comentando o comportamento de certa militância teve até o momento quase 4 mil compartilhamentos. É um dos de maior repercussão nessa rede social nas últimas semanas. Foram 374 comentários diretos. Se contarmos os que comentaram em cada compartilhamento, devem ser uns 10 mil. Li por volta de 2 mil e vou agora sistematizar o que disse quem discordou. Antes, devo revelar que a vasta maioria das pessoas achou que eu estava falando do youtuber Felipe Neto, e alguns outros, da cantora Anitta.

Em primeiro lugar, uma quantidade muito grande afirmou que não existe militância em rede social ou, dizendo de outro jeito, que trabalho político só pode ser feito na rua e no corpo a corpo com a população. Depois, bastante gente afirmou que qualquer pessoa pode entrar na luta contra o atual governo neonazifascista. Só que se foi alguém que no passado teve algum tipo de comportamento que não se enquadre no que ela define como esquerda (por exemplo apoiou o golpe contra Dilma ou era antipetista) não pode agora querer os holofotes e aparecer demais. Tem que ficar comportado. Outro grupo diz que todos os que não estavam na esquerda devem de alguma forma ser punidos pelo que houve e também merecem ódio para sempre.

Olhei o perfil de muitos deles. Alguns de fato mostram ser militantes voltados para o trabalho prático nas ruas. Outros tinham foto levando ajuda para moradores de rua ou em reuniões de coletivos. Os perfis que pregam ódio a todos que apoiaram o golpe de 2016 circulam muitos memes contra o presidente e no geral têm o tom exaltado. De toda forma, é difícil achar algum que mantenha debates ou ao menos analise contradições.

15 de maio

O que mais se pode perceber nas reações à minha declaração no Twitter é que uma grande quantidade de gente acostumada ao trabalho político e ligada à esquerda não aceita que haja qualquer tipo de militância política realizada na internet. Há muitas nuances nisso, claro, como, por exemplo, o fato de elas não acharem que a conquista de votos seria, por si mesma, um tipo de militância. Algumas pessoas que responderam chegaram a ressaltar que não se pode separar a palavra "militância" do trabalho de base com grupos vulneráveis.

É evidente que a maioria absoluta das pessoas que faz trabalho de base se encontra no espectro da esquerda. Isso apenas não é verdade para certos grupos de origem religiosa, que no geral distribuem comida embaixo de alguns viadutos. No caso, trata-se de proselitismo. (Aqui não estou considerando doações como trabalho de base.)

O trabalho de base, considerando esse corpo a corpo, não é mais suficiente para mudar o resultado das eleições. Em muitos grandes centros, a esquerda não ganha faz tempo. É possível simplesmente que o número de militância na rua não seja assim tão grande. Por outro lado, salta aos olhos a recusa dessas pessoas em aceitar os novos meios de interação como um espaço político. Não me parece surpreendente: o meio literário também continua com dificuldade (embora a quarentena tenha diminuído isso) com os livros virtuais.

É nesse espaço virtual que a extrema direita trabalha e, como se pode ver, com bastante sucesso. O presidente terraplanista foi eleito com uma campanha maciça nesses locais. Mesmo plataformas de videogames foram adotadas para a campanha. Se eu disser que a esquerda não sabe usar esse espaço, estarei deixando a discussão de lado: os próprios movimentos antinazifascistas têm dificuldade de compreender o que aconteceu e como reagir a isso. Parece que os antigos movimentos de rua terão que ter alguma paciência com tutoriais...

16 de maio

Hoje o Partido dos Trabalhadores anunciou que seu candidato à prefeitura de São Paulo será Jilmar Tatto. Foi uma decisão tomada via prévias com delegados e, até onde vi, com resultado apertado. É uma insanidade. Tatto não tem a mais remota chance sequer de chegar ao segundo turno, muito menos fazer uma campanha competitiva. No Rio de Janeiro, em uma longa e lúcida entrevista ao jornal *O Globo*, Marcelo Freixo também desistiu de concorrer à prefeitura. Segundo ele, só haveria viabilidade se toda a esquerda se reunisse em uma frente contra a extrema direita. Ao contrário, estão todos em uma luta interna para ver, na minha opinião, quem vai apanhar mais dos nazifascistas. Não vou me alongar porque já falei muito nisso no volume anterior. Esse tipo de coisa só reforça o fato de que nos tornamos um país de sadomasoquistas. Não falo apenas do grupo da oposição. O cerne do apoio aos candidatos nazifascistas é justamente o gosto por apanhar. Basta ver como o presidente tortura seus ministros, exige fidelidade canina e jamais lhes permite qualquer espaço de destaque.

A esquerda planeja as próprias derrotas meticulosamente para se colocar no papel de herói vitimado. De fato, Lula foi vítima de um complô de natureza jurídico-midiática. Nada justifica, por outro lado, o gosto por continuar apanhando que não seja o fato de que houve o salto da dor para o ardor: é quando as pessoas passam a gozar com as chicotadas.

Não sinto ânimo sequer para continuar a análise de ontem com o segundo ponto. Mantenho-me no primeiro: assim como muita gente acha que não existe atividade política viável (no sentido de transformadora) na internet, o Partido dos Trabalhadores acredita que as eleições irão continuar com a dicotomia elementar entre direita e esquerda, sem falar que se supõe hegemônico no campo da esquerda. Como se pode ver, é uma vida de ilusões. A extrema direita ganha muito com isso, pois, como sabemos, ainda que também tenha suas cisões, como se fortalece no conflito, acaba crescendo com elas. Por enquanto não há a menor chance de vencermos o nazifascismo contemporâneo. Hoje, o número oficial de mortos pela Covid-19 passou de oitocentos, o que deve significar na verdade umas 4 mil pessoas. A literatura perdeu a poeta e tradutora Olga Savary, que trouxe para o português, por exemplo, Pablo Neruda. Outra representante das revoltas de maio de 1968 que nos deixa.

17 de maio

Estou indo dormir bastante chateado. Vi por volta de vinte pessoas no Facebook, onde tenho muitos contatos, dizendo que se sentem deprimidas, choraram bastante e a ansiedade disparou. Eu não tenho acesso a esse tipo de sentimento. No meu caso, quando sinto algum tipo de vulnerabilidade, basicamente faço um plano: um livro, uma partida de xadrez, uma agressão a um político, a minha vida no ano que vem e sei lá mais o quê. Álcool também me distrai muito. Mesmo assim me aborrece ver as pessoas desse jeito.

Aqui no Brasil fizemos tudo errado e fomos combater a pior tragédia em décadas com uma escalada de paliativos: primeiro fechamos o comércio não essencial, depois vamos obrigar o uso de máscaras, então fazemos um rodízio, agora amanhã o prefeito e o governador de São Paulo vão propor um feriadão de seis dias. Sei lá eu para que, já que só os chamados serviços essenciais estão funcionando e para eles não existe feriado... Duas coisas precisavam ter sido feitas: a primeira obviamente é um plano político para isolar o presidente terraplanista e, depois, decretar o lockdown no país inteiro. Todos os países que decretaram rapidamente o trancamento estão saindo agora, uns em melhores condições, outros menos, ainda assim contornando a situação. Uruguai e Paraguai são exemplos de excelente gestão de crise. O Brasil é o vexame mundial.

Vai piorar muito...

Eu estava discutindo questões de militância política. Como vimos, há um grupo de pessoas que aceita os "arrependidos", desde que eles não apareçam. Em resumo: se você não foi o tempo inteiro de esquerda, não queira aparecer agora sendo de esquerda. Aqui está uma radiografia da ilusão de imagem que nosso tempo criou. A esquerda está em notável desvantagem no mundo inteiro. Ser de esquerda, portanto, não oferece visibilidade para ninguém, ao contrário, apenas faz o nome circular em uma bolha que, de resto, no Brasil, por exemplo, é hoje sinônimo de má organização e vexame eleitoral. Com isso não estou afastando o lawfare que por exemplo o Partido dos Trabalhadores sofre há anos. É claro, por outro lado, que a oposição ao governo terraplanista não existe de forma concreta.

Há um outro motivo para tanta gente achar que ser de esquerda pode trazer "cartaz" para alguém. É que esse espectro político tradicionalmente se considera superior, inclusive eticamente falando. Não se trata de uma opção política e sim de estar ao lado de pessoas boas, justas e que se sacrificam pelos outros. É naturalmente uma bobagem que tem um preço caro, ainda mais no cenário contemporâneo. Quem é naturalmente bom não precisa convencer ninguém de suas virtudes: elas só devem ser vistas...

18 de maio

O terceiro grupo, aqueles que acham que está mais do que justificado todo tipo de ódio a pessoas e instituições (por exemplo, partidos políticos, jornais etc.) que de alguma maneira colaboraram para a situação chegar aonde chegou já foi cooptado pelo neonazifascismo e lhe presta ótimos serviços. Em primeiro lugar, se a resistência jamais aceitar os arrependidos (não gosto da palavra, prefiro pensar que as pessoas podem oscilar em suas decisões políticas), a disputa eleitoral já está perdida. Para a minha conclusão, basta uma conta simples...

Depois, a base elementar das ideologias de extrema direita contemporânea (não existe nenhuma possibilidade de a extrema esquerda ter poder político, o que nos dispensa de analisá-la) é justamente o ódio. Dessa forma, sempre que alguém dá ao ódio algum tipo de espaço político, mesmo para negar a legitimidade dessa ou daquela posição, faz o jogo que os extremistas esperam. Qualquer conflito é bom para o governo terraplanista, em resumo.

Acontecimentos recentes mostram como a oposição ao extremismo político está ainda não só desorganizada: ela basicamente não existe. Vou listar alguns poucos. Quando o leitor tiver este texto em mãos, minha lista deve estar velha. Talvez eu a atualize mais adiante. Aqui vai:

a) Marcelo Freixo abandonou a candidatura à prefeitura do Rio de Janeiro porque não conseguiu a unidade do grupo antifascista;

b) o Partido dos Trabalhadores vai lançar à prefeitura de São Paulo um candidato sem a menor chance de eleição;

c) o youtuber Felipe Neto, possivelmente o nome de maior influência para os pré-adolescentes brasileiros, agora há pouco posicionou-se claramente em uma entrevista em rede nacional como um antifascista convicto. Parte da oposição o rechaça e, mais espantoso ainda, declara apoio a Jilmar Tatto, o tal candidato do PT.

Para encerrar esse tópico aqui no *Diário*, parece que parte razoável da oposição se coloca no lugar de julgadores do juízo final. Não vai dar certo, senhores.

20 de maio

Hoje o governo de Viktor Orbán na Hungria decidiu revogar todos os direitos da comunidade transexual que haviam sido, com os anos, garantidos. As pessoas transexuais não poderão mais ter o nome social nos documentos. A lei é clara ao dizer que apenas a formação cromossômica garante o sexo das pessoas. A aprovação no parlamento foi maciça, até porque Orbán manobrou para ter maioria. Esse é um ótimo exemplo para mostrar que a extrema direita é mantida no poder justamente para retirar todas as conquistas da assim chamada geração de 68: direitos para minorias, liberdade sexual e autogestão do corpo e de suas necessidades.

Aqui no Brasil, por pior que a situação esteja, o presidente terraplanista mantém um apoio de mais ou menos 30%. Eu acho essa cifra enorme: coloca a Morte em qualquer segundo turno, com grande chance de eleição. Para nosso espanto ela vai subir ainda mais.

Há muito tempo acredita-se que as condições econômicas decidem a situação política de um país. Eu não acho que seja mais assim, ao menos no Brasil. A economia brasileira vai de mal a pior desde o governo Temer. O presidente terraplanista não consegue resultado satisfatório nenhum e administra a pandemia de mal a pior — digo em termos econômicos, já que no geral sabemos que ele quer a morte das pessoas. O que estou afirmando é que ele produz essas mortes causando bastante prejuízo para a economia. Além disso caiu a máscara do tal homem honesto, preocupado com a corrupção: a desavergonhada intromissão na Polícia Federal é o exemplo máximo. Outros menores aparecem todo dia.

O que mantém o presidente brasileiro no poder é justamente o moralismo: são as pessoas que acham que a homossexualidade é uma sem-vergonhice, que os ateus querem mandá-las para a panela de pressão e que o comunismo está na esquina. Talvez alguém estranhe: o que tem a ver anticomunismo com moralismo? Tudo! Aqui, o comunismo é visto como uma ameaça à liberdade individual, que seria uma espécie de salvaguarda do cidadão diante do Estado. É como se tudo se resumisse ao direito de não realizar acordos necessários para a vida em sociedade porque o sujeito não aceita uma forma diferente de vida. O que os extremistas entendem por comunismo hoje é isso: uma forma alternativa de viver, de extrair prazer do próprio corpo e por aí vai. Trata-se de um moralismo: uma régua em que o sujeito quer medir o mundo. Essa merda tem vencido eleições sem parar...

21 de maio

Batemos hoje um novo recorde. O Brasil chegou a 1.188 óbitos oficiais causados pela Covid-19. O ministro interino da Saúde e todos os seus principais assessores não têm nenhuma formação específica na área. São militares.

No dia 24 de abril, com uma entrevista coletiva cheia de afirmativas fortes, gestos retóricos e atos miudamente heroicos, o ex-juiz e ator Sergio Moro deixou o governo terraplanista fazendo inúmeras acusações. A principal delas é o desejo do mito, que viria desde o início do mandato, de controlar a Polícia Federal, ao que tudo indica para proteger a família.

Evidentemente a indignação do ex-juiz e ator é outra de suas encenações. Todo mundo sempre soube que o presidente utiliza tudo o que está ao alcance para favorecer os parentes. Aliás, é clara a forma como ele organiza seus interesses a partir do cargo que ocupa:

a) o que pode favorecer a si mesmo e aos filhos;

b) o que pode eliminar fisicamente os grupos vulneráveis e as parcelas da população que pedem igualdade de direitos;

c) o que interessa aos Estados Unidos;

d) o que interessa à classe alta.

Obviamente esses tópicos são intercambiantes. Acho, por outro lado, que a ordem obedece de fato às prioridades do mito. Assim, podemos analisar cada um dos itens. Quanto aos Estados Unidos, o ex-juiz e ator Sergio Moro jamais escondeu sua subserviência. Muita gente acha que a Operação Lava Jato foi comandada pelos americanos — alguns sugerindo que uma pessoa com visível lentidão de raciocínio, por assim dizer, como Sergio Moro, jamais conseguiria intervir sozinho na eleição de 2018. Se houver exagero nisso (não na lentidão de raciocínio, digo, e sim na intervenção americana), é fato que lentamente os interesses americanos acabaram contemplados com a destruição que, aos poucos e organizadamente, a operação causou em setores da indústria nacional. Como o ex-juiz e ator não apenas estudou nos EUA como faz viagens constantes (sem que muitas vezes ninguém saiba os lugares que frequenta, já que a imprensa não o expõe como faz com alguns outros políticos, sobretudo Lula), não se trata de coincidência.

Muita gente pode dizer: ele destruiu boa parte da indústria nacional, só que ficou evidente que elas abusaram da corrupção. Como já está mais do que claro que o ex-juiz e ator não adotou os procedimentos elementares do ordenamento jurídico, nada nos processos que sentenciou é válido. Portanto, todas as empresas são inocentes e o que ele fez no final das contas foi de fato destruir parques industriais inteiros, o que favorece os norte-americanos, e corresponde exatamente aos interesses do presidente terraplanista.

22, 23 e 24 de maio

Eu pretendia continuar analisando a sintomática personalidade do ex-juiz Sergio Moro. Algo muito mais importante (e intelectualmente rentável) aconteceu hoje: o ministro Celso de Mello divulgou a reunião ministerial do dia 22 de abril, diante do pedido dos advogados do ex-juiz e ator Sergio Moro. Segundo eles a reunião prova a tentativa de ingerência do presidente sobre a Polícia Federal. Não é preciso tanta prova, pois a intenção é óbvia. Sequer esse é o momento mais revelador da reunião, toda ela uma essencial prova de que o governo que controla o Brasil desde o ano passado é de fato nazifascista. Pretendo analisar a reunião de duas formas diferentes. Li a transcrição inteira e de fato fiquei bastante perplexo diante da participação da única mulher na sala, a ministra Damares Alves. Estou cada dia mais convicto de que ela é o elemento decisivo para a realização do ideário nazifascista do presidente da República. Vou transcrever aqui toda a fala da ministra para depois utilizá-la como base de análise da reunião:

É, ministro, parabéns pela ideia, mas eu preciso lembrar, é... e... e eu preciso fazer sempre isso pra que a gente não perca o foco. A questão de valores, ministro... Esse governo tem o pilar dos valores. Não se pode construir nada neste governo sem a gente trazer valores.

Nós estamos sabendo, e a gente tá falando o tempo todo, que nós não seremos mais os mesmos depois dessa pandemia. O mundo não será mais o mesmo. Nós não seremos mais o mesmo e nós vamos ter que fazer uma revisão de políticas públicas, no mundo todo e no Brasil. Nós vamos ter que nos reinventar, com certeza.

Neste momento, o que nós estamos vendo aqui no nosso comitê? Nós estamos buscando dados e não estamos encontrando dados. Nós recebemos um governo que não tinha dados, os dados que nós tínhamos eram falsos, mentirosos. Um Brasil de achismo, um Brasil de talvez, "eu acho que é", "talvez sim, talvez não". Políticas públicas construídas até agora nessa nação em cima de talvez e de achismo. Nós vamos ter que rever muita coisa. É um país plural. Quando a gente foi buscar os povos tradicionais agora pra gente construir o enfrentamento ao coronavírus, nós descobrimos, ministros, que nós temos 1,3 milhão de ucranianos no Brasil e ninguém nunca falou de ucranianos pra nós no Brasil. Com a sua cultura totalmente preservada no Brasil. Nós estamos com 1,5 milhão de ciganos e eu falava de 1,3 milhão, e são 1,5 milhão de ciganos.

Nós estamos... Então, presidente, nós vamos ter que rever muita coisa na aplicação das nossas políticas públicas no Brasil. Os nossos seringueiros são em números maiores do que a gente imagina no Brasil. Então, tudo que nós formos construir, nós vamos ter que ver, ministro, a questão dos valores também. A questão, os nossos quilombos estão crescendo e os meninos estão nascendo nos quilombos e seus valores estão lá. Então, tudo vai ter que ver a questão dos valores.

É, e quando eu falo valores, ministro, eu quero dizer pro senhor, nós estamos com quase 80 mil idosos em abrigos no Brasil. Eu me surpreendi com números. Nós estamos com quase 60 mil crianças em abrigos no Brasil. Os números estão me surpreendendo e eu estou com um número absurdo de mulheres também em busca de abrigos por causa de violência.

Então, tudo isso tem que vir pra este pacote. Nós vamos ter que fazer algumas revisões de políticas públicas no Brasil, então, por favor, ministro, coloque aí a questão de valores. E quando eu falo valores aí eu quero olhar pro nosso novo ministro aqui da Saúde e dizer: ministro, valores estão lá no seu ministério também. Neste momento de pandemia a gente tá vendo aí a palhaçada do STF trazer o aborto de novo para a pauta, e lá estava a questão de as mulheres que são vítimas do zika vírus vão abortar, e agora vem do coronavírus? Será que vão querer liberar que todos que tiveram coronavírus poderão abortar no Brasil? Vão liberar geral? O seu ministério, ministro, está lotado de feminista que tem uma pauta única, que é a liberação do aborto.

Quero te lembrar, ministro, que tá chegando agora, este governo é um governo pró-vida, um governo pró-família. Então, por favor. E aí quando a gente fala de valores, ministro, eu quero dizer que nós estávamos sim no caminho certo. A gente não precisa reinventar muita coisa não. E eu quero citar aqui o exemplo da política indigenista, como este governo estava construindo. Todo mundo começou a dizer, a esquerda começou a falar que o coronavírus iria dizimar os povos indígenas no Brasil. O primeiro óbito, dia 12 de abril, sabe o que que é isso? A forma como nós estávamos conduzindo a política indígena no Brasil. Primeiro óbito: dia 12 de abril. E eu fui lá pra Amazônia, em Roraima, junto com o presidente da Funai e o secretário nacional de saúde indígena pra acompanhar o primeiro óbito. A forma como a gente conduziu deu muito certo. Vamos ter que melhorar? Vamos ter que melhorar.

E por que que nós fomos lá, presidente? Porque nós recebemos a notícia de que haveria contaminação criminosa em Roraima e Amazônia, de propósito, em índios, pra dizimar aldeias e povos inteiros pra colocar nas costas do presidente []. Eu tive que ir pra lá com o presidente da Funai e me reuni com generais da região e o superintendente da Polícia Federal, pra gente fazer uma ação ali meio que sigilosa, porque eles precisavam matar mais índio pra dizer que a nossa política não estava dando certo. Então, o que a gente estava fazendo estava dando certo. O que nós estamos fazendo está dando certo.

Então, aqui, general, todo o nosso trabalho que envolve políticas de valores precisa estar aqui no pró-Brasil. E aí, presidente, só pra encerrar. É, eu quero dizer pro senhor que a sua angústia tem razão de ser. Nunca houve tanta violação de direitos no Brasil como neste período. Direitos fundamentais foram violados. No nosso Disque 100 tem mais de 5 mil registros, ministros, de violação de direitos humanos. Mas o senhor tem uma ministra de Direitos Humanos e uma equipe muito corajosa. São mais de 5 mil procedimentos e ações que estão sendo construídas. Governadores e prefeitos responderão processos. Idosos estão sendo algemados e jogados dentro de camburões no Brasil. Mulheres sendo jogadas no chão e sendo algemadas por não terem feito nada... feito nada. Nós estamos vendo padres sendo multados em 90 mil reais porque estavam dentro da igreja com dois fiéis. A maior violação de direitos humanos da história do Brasil nos últimos trinta anos está acontecendo neste momento, mas nós estamos tomando providências.

A pandemia vai passar, mas governadores e prefeitos responderão processos e nós vamos pedir inclusive a prisão de governadores e prefeitos. E nós estamos subindo o tom e discursos estão chegando. Nosso ministério vai começar a pegar pesado com governadores e prefeitos. Nunca vimos o que está acontecendo hoje. Se eles falavam que nós éramos violadores de direitos, eles estão, inclusive, o governador Wellington, agora, ontem, determinou que a polícia poderá entrar nas casas. Vocês não imaginam o que ele vai fazer! Poderá entrar na ca... Assinou! A polícia poderá entrar na casa sem mandado. Então, assim, as maiores violações estão acontecendo nesses dias. Então, nós estamos fazendo um enfrentamento, mais de 5 mil procedimentos o nosso ministério já tomou iniciativa e nós estamos pedindo inclusive a prisão de alguns governadores.

P.S.: A paragrafação da fala é minha. De resto, apenas acertei alguma pontuação, sobretudo quando havia transliteração entre as páginas do documento do Supremo Tribunal Federal.

25 de maio

A princípio a fala dá a impressão de ser exótica e tresloucada. A primeira parte, que trata dos grupos étnicos que ela se espantou de encontrar, parece meramente bisonha. Só que esconde algo que o lapso revela: "A questão, os nossos quilombos estão crescendo e os meninos estão nascendo nos quilombos e seus valores estão lá." Se ela parecia simpática à cultura ucraniana e aos ciganos, aqui acaba revelando que é o contrário. Fica evidente que na verdade Damares repudia essas culturas, sobretudo quando fala da questão dos quilombolas, de cujos valores pretende "cuidar". Como se sabe, a ministra tem um histórico no mínimo bastante complicado de intervenção em grupos indígenas.

O que Damares entende por valores será revelado um pouco depois, ao se dirigir ao ministro da Saúde, que pareceu a reunião inteira uma mistura de conde Drácula com barata tonta, advertindo-o de que o governo em que ele acaba de se meter é "pró-vida". Logo segue a velha cantilena moralista sobre o aborto e então a questão decisiva: o Ministério da Saúde está cheio de "feminista". Aqui está então o valor decisivo para o governo: impedir qualquer tipo de grupo particular de reivindicar um direito específico. Por isso que antes ela se espantava com a presença de ucranianos, ciganos e meninos nascendo em quilombos: não se pode reivindicar nada.

Como se tratou de uma sessão de descarrego geral de ódio, como devem ser todas as reuniões desse governo, muita coisa se revelou através de lapsos: Damares por exemplo acaba soltando um bastante curioso: "A maior violação de direitos humanos da história do Brasil nos últimos trinta anos está acontecendo neste momento, mas nós estamos tomando providências." Evidentemente a conta não faz muita diferença: ela errou por alguns anos, já que queria se referir à ditadura militar, que terminou em 1985, há 35 anos, portanto. Aqui no caso da pantomima, ela se dirige ao presidente da República pessoalmente, o que significa que sua frase tem um sentido claro: mais violação do que hoje, só mesmo durante a ditadura. Como o presidente apoia a ditadura, aí está porque ele tem trabalhado tanto para que a crise do coronavírus se estenda o máximo possível de tempo. Logo depois, Damares dá a cartada final, garantindo que violações continuarão e do mesmo jeito que na ditadura: está pedindo a prisão de quem age de forma diferente da que ela acredita que deveria ser.

Ao contrário do que muita gente afirmou, não é uma reunião de malucos. Ela está perfeitamente organizada e serve para reforçar o nazifascismo que estrutura o governo, como se fosse uma espécie de chamada oral. Do mesmo jeito, funcionou como sessão de tortura para o ex-juiz e ator Sergio Moro, que foi colocado no seu devido e constrangedor lugar. A fala de Damares foi complementada por outra, que analiso amanhã.

26 e 27 de maio

Aqui está outra fala bastante reveladora, a do ministro Abraham Weintraub:

> Tem três anos que, através do Onyx, eu conheci o presidente. Nesses três anos eu não pedi um único conselho, não tentei promover minha carreira. Me ferrei, na física. Ameaça de morte na universidade. É o que me fez, naquele momento, embarcar junto era a luta pela… pela liberdade. Eu não quero ser escravo nesse país. E acabar com essa porcaria que é Brasília. Isso daqui é um cancro de corrupção, de privilégio. Eu tinha uma visão extremamente negativa de Brasília.
>
> Brasília é muito pior do que eu podia imaginar. As pessoas aqui perdem a percepção, a empatia, a relação com o povo. Se sentem inexpugnáveis. Eu tive o privilégio de ver a… a mais da metade aqui desse time chegar. Eu fui secretário-executivo do ministro Onyx. Eu

acho que a gente tá perdendo um pouco desse espírito. A gente tá perdendo a luta pela liberdade. É isso que o povo tá gritando. Não tá gritando pra ter mais Estado, pra ter mais projetos, pra ter mais... o povo tá gritando por liberdade, ponto.

Eu acho que é isso que a gente tá perdendo, tá perdendo mesmo. A ge... o povo tá querendo ver o que me trouxe até aqui. Eu, por mim, botava esses vagabundos todos na cadeia. Começando no STF. E é isso que me choca. Era só isso, presidente, eu... eu... realmente acho que toda essa discussão de "vamos fazer isso", "vamos fazer aquilo", ouvi muitos ministros que vi ... chegaram, foram embora. Eu percebo que tem muita gente com agenda própria. Eu percebo que tem, assim, tem o jogo que é jogado aqui, mas eu não vim pra jogar o jogo. Eu vim aqui pra lutar. E eu luto e me ferro. Eu tô com um monte de processo aqui no comitê de ética da presidência. Eu sou o único que levou processo aqui. Isso é um absurdo o que tá acontecendo aqui no Brasil.

A gente tá conversando com quem a gente tinha que lutar. A gente não tá sendo duro o bastante contra os privilégios, com o tamanho do Estado e é o... eu realmente tô aqui de peito aberto, como cês sabem disso, levo tiro... odeia... odeio o partido comunista ▇.

Ele tá querendo transformar a gente numa colônia. Esse país não é... odeio o termo "povos indígenas", odeio esse termo. Odeio. O "povo cigano". Só tem um povo nesse país. Quer, quer. Não quer, sai de ré. É povo brasileiro, só tem um povo. Pode ser preto, pode ser branco, pode ser japonês, pode ser descendente de índio, mas tem que ser brasileiro, pô! Acabar com esse negócio de povos e privilégios.

Só pode ter um povo, não pode ter ministro que acha que é melhor do que o povo. Do que o cidadão. Isso é um absurdo, a gente chegou até aqui. O senhor levou uma facada na barriga. Fez mais do que eu, levou uma facada. Mas eu também tô levando bordoada e tô correndo risco. E fico escutando esse monte de gente defendendo privilégio, teta. Tendeu? É isso. Negócio. Empréstimos. A gente veio aqui pra acabar com tudo isso, não pra manter essa estrutura. E esse é o meu sentimento extremamente chateado que eu tô vendo essa oportunidade se perder.

Eu sou, evidentemente, eu tô no grupo dos ministros que tá mais ligado com a militância. Evidente, porque eu era um militante. Eu tava militando de peito aberto, continuo militando. Do ponto de vista de carreira, eu poderia ter quem... tentando me dar bem. Não foi isso que eu fiz. Não foi isso que eu fiz. Sei que isso daqui é um palácio, existem intrigas palacianas — estou sendo muito franco. E a gente pode sim perder a liberdade, perder esse país. Ninguém vai se dar bem se a gente perder esse país. Quem vai se dar bem são poucos, pouquíssimas famílias. Pouquíssimas famílias. Não se iludam. Não se iludam. Era isso.

P.S.: A paragrafação é minha, o resto do vexame, de forma alguma.

28 de maio

Sem nenhuma dúvida, a parte mais impressionante da fala é a identificação de sua autoria: o sujeito que fez esse discurso ocupava o cargo de ministro da Educação!

A palavra cortada é "chinês", povo a que ele já se referiu mais de uma vez de forma pejorativa. Obviamente, os chineses não têm nenhum tipo de intenção de colonizar o Brasil, já que não lhes seria lucrativo. O Partido Comunista Chinês tem o peculiar costume de pensar sobretudo no lucro, como o mundo inteiro viu quando resolveram vender produtos médicos para o cuidado aos doentes de Covid-19 para quem... pagasse mais! De comunista a China tem só o nome.

O trecho revelador de sua fala, que complementa o discurso da colega Damares, é o seguinte:

> Esse país não é... odeio o termo "povos indígenas", odeio esse termo. Odeio. O "povo cigano". Só tem um povo nesse país. Quer, quer. Não quer, sai de ré. É povo brasileiro, só tem um povo. Pode ser preto, pode

ser branco, pode ser japonês, pode ser descendente de índio, mas tem que ser brasileiro, pô! Acabar com esse negócio de povos e privilégios.

Aqui está a raiz do novo nazifascismo promovido pelo atual governo brasileiro. Ao não aceitar nenhum tipo de recorte na sociedade, ela fica desde o início planificada, o que garante que grupo algum faça qualquer reivindicação. Ora, se todos estão na mesma posição, não há por que pedir nenhum tipo de melhoria. Daí em diante, os grupos vulneráveis se tornam simplesmente um incômodo para essa igualdade que o ministro já declara e seriam, portanto, o que desequilibra o Brasil: o movimento deles, como literalmente diz o ministro, precisa dar ré. A fala é até no vocabulário completamente reacionária.

Em outro momento do jorro de burrice, o ministro afirma que está muito próximo da militância. Como analisei no *Diário* inúmeras vezes, a propaganda que apoia e impulsiona o governo brasileiro pretende em um primeiro plano fomentar ódio às instituições. Uma análise mais minuciosa, por outro lado, mostra que ela vai além: na verdade, pretende a eliminação física dos grupos que reivindicam qualquer tipo de direito. É assim no Brasil e em todos os países em que a extrema direita conseguiu sucesso eleitoral. Nesse momento, por exemplo, estão acontecendo revoltas enormes na cidade de Minnesota, nos Estados Unidos, contra o assassinato brutal de um rapaz negro por parte da polícia — mais um...

Grupos colocaram fogo em diversos prédios, inclusive em uma delegacia de polícia. Outros alvos são imóveis oficiais e lojas. De cara a gente vê como os manifestantes ligam o aparelho repressivo do Estado a símbolos capitalistas. Algumas lojas de fast-food estão agora mesmo sendo queimadas. Fico paralisado diante da TV a noite toda. Circulam informações de que homens (brancos) armados, com símbolos caros à extrema direita, estão indo em defesa das lojas. Vale lembrar que nenhum civil foi ferido pelos protestos. A extrema direita portanto quer proteger a posse das classes altas enquanto sufoca até a morte (estou sendo literal) grupos que exigem simplesmente igualdade de direitos.

Creio que os manifestantes estejam corretos tanto na reivindicação quanto na forma de agir. Este diário se alinha a eles.

29 de maio

Enquanto estou aqui escrevendo, ouço a CNN norte-americana ao fundo. Estou num canto da sala, o aparelho de televisão logo atrás. Há protestos maciços em boa parte dos Estados Unidos. Lá pelas 23h30 vi a notícia de que estavam tentando invadir delegacias de polícia em Nova York. Inúmeros manifestantes entraram na sede da CNN em Atlanta, aparentemente porque um grupo de policiais acabou acuado e se refugiou lá dentro.

Não tem fogo em prédio do aparato repressivo do Estado que dê conta de todo o mal que o homem branco já fez até hoje.

Para continuar minha análise, quero agora resumir a reunião ministerial de 22 de abril. Além dos trechos que citei, o ministro do Meio Ambiente propôs que a pandemia fosse usada para que um monte de dispositivos infralegais fossem aprovados e assim o governo pudesse continuar sua política de destruição. Houve um trecho bastante cafona do ministro Paulo Guedes que merece citação: "É... eu conheço todas as histórias de reconstrução por ter sido, por profissão, obrigado a estudar isso. A reconstrução da Alemanha, a reconstrução da Alemanha na Segunda Guerra, na Primeira Guerra com o Schacht. A segunda guerra com o Ludwig Erhard, é... a reconstrução da economia do Chile com os caras de Chicago. É... todos os ca... o caso da fusão das duas Alemanhas. Eu conheço profundamente, no detalhe, não é de ouvir falar. É de ler oito livros sobre cada reconstrução dessa. Então, eu li Keynes, é... três vezes no original antes de chegar a Chicago. Então pra mim não tem música, não tem dogma, não tem blá-blá-blá. Tem estudo sobre todas essas ocasiões.

Não vou me aprofundar nisso, ao menos agora: além do Chile de Pinochet, o Schacht que ele cita é o ministro da Economia do Terceiro Reich...

O resto da reunião é tomado por uma espécie de jogral escolar, com um pouco mais de tempo que os colégios costumam oferecer, em que os ministros vão repetindo o ideário de destruição nacional enquanto o presidente interrompe para dizer que correm o risco de, a qualquer hora, terminarem presos. A citação importa aqui:

> Porque se for a esquerda, eu e uma porrada de vocês aqui têm que sair do Brasil, porque vão ser presos. E eu tenho certeza que vão me condenar por homofobia, oito anos por homofobia. Daí inventam um racismo, como inventaram agora pro Weintraub. Desculpa, desculpa o... o desabafo: puta que o pariu! O Weintraub pode ter falado a maior merda do mundo, mas racista? Vamos ter que reagir pessoal, é outra briga.

Ele sabe, portanto, que comete crimes contra os grupos vulneráveis e, mais ainda, coloca isso no campo de atuação da direita. Dizendo de outro jeito: para o atual presidente da República, ser conservador é justamente atentar contra os direitos das comunidades que já sofrem todo tipo de ataque.

Amanhã continuo as análises da reunião. Agora, se o leitor não se importar, vou continuar assistindo aos protestos nos Estados Unidos. Boa noite, obrigado.

30 de maio

Passou da meia-noite agora há pouco. As manifestações continuam muito violentas nos Estados Unidos. Aqui no Brasil, ultrapassamos a França em número de mortos por causa da Covid-19 e agora somos o quarto país com mais óbitos. Ainda assim prefeitos e governadores resolveram aderir ao discurso nazifascista do presidente e estão planejando, cada um à sua maneira, a reabertura. É preciso dizer que o confinamento nunca deu muito certo por aqui. Agora, querem copiar a Europa sem terem feito nenhum plano efetivo para conter o vírus. Eu acho que, na melhor das hipóteses, no final do ano só teremos menos mortes que os americanos. Na pior, ficaremos na frente até deles.

Aguardem...

Hoje sinto algo estranho: uma dor nos ombros, perto do pescoço, dos dois lados. É como se eu tivesse passado muito tempo digitando, o que não aconteceu. Para falar a verdade, só peguei o notebook à noite. Passei o dia com o meu filho e, no tempo livre, li a coletânea de poemas de Ingeborg Bachmann que a editora Todavia lançou aqui no Brasil. Amanhã vou começar a do Primo Levi.

Muita gente citou o aspecto teatral da reunião ministerial do dia 22 de abril. Não concordo exatamente. Ao menos não acho que ninguém ali estava representando para um público maior: é óbvio que não sonhavam com o vazamento do vídeo. Ainda assim, há alguns aspectos de representação que não podem ser ignorados: as falas são todas esquemáticas, o que significa uma espécie de preparo prévio; tudo parece ainda seguir um roteiro preestabelecido, com os ministros basicamente fazendo o discurso que confirma a patologia toda que levou essa figura abjeta à presidência da República; por fim e mais importante, a reunião foi simplesmente uma bagunça, sem nenhum tipo de tema central, questão relevante ou mesmo de ordem, portanto não se tratava de compromisso normal de trabalho e sim de um conjunto de rinocerontes vociferando diante de dois ratinhos, o então ministro da Justiça (Sergio Moro) e o da Saúde, que já renunciou também (Nelson Teich).

Apresento um possível início de drama:

Entram em uma sala quadrada (que aos mais delirantes pode parecer um salão oval) doze homens, todos vestidos de terno padronizado, com gravatas sem estampa e de cor escura. Há um cheiro no ar, que não pode ser qualificado exatamente como nauseabundo. É uma mistura de perfume de freeshop com camisa mal passada. Um ministro vai passar a mão na bunda do outro: o público não perceberá a palhaçada. O ambiente é terrivelmente masculino, o que só vai piorar com a entrada de uma senhora bruta: ela usa calçola, saia arrastando no chão, um colar pesado e uma blusona de manga comprida. Enquanto os homens sentam, ela busca sua cadeira rodopiando no meio da sala enquanto, a cada dez segundos mais ou menos, confere se todos os seus colegas de trabalho estão vestidos de azul. Um homem cheio de reentrâncias e sulcos no rosto, com o cabelo chupado muito liso e caspa no ombro do terno, baixinho e com hemorroidas, coça o cu antes de se sentar e olha admirado o foxtrote da mulher. Depois de alguns segundos, bate com uma colherzinha no copo de água e ela entende o sinal.

Braga Netto (coçando o queixo e afastando a caspa do homem ao seu lado, com certo nojinho): Posso chamar a atenção do Ramos?

31 de maio e 1º de junho

Hoje, uma união de torcidas organizadas de futebol fez manifestações declaradamente antinazifascistas em São Paulo e no Rio de Janeiro, em parte inspiradas no que está acontecendo nos Estados Unidos. O resultado repercutiu muito. De fato, não foi um dia fácil para o governo terraplanista: um manifesto assinado por centenas de juristas protesta conta a democracia, e outro lançou uma campanha chamada "somos 70%", aludindo ao fato de que a maioria não apoia esse governo. Por fim, o ministro Celso de Mello enviou para seus colegas no Supremo Tribunal Federal uma mensagem chamando atenção para o fato de que estamos em um momento, no Brasil, parecido com a República de Weimar.

Em 1933, Oswald de Andrade escreveu *O rei da vela*, sua peça mais importante, publicada quatro anos depois e encenada apenas em 1967. É um trabalho em dois atos longos e um terceiro bem mais curto. O primeiro coloca em cena o escritório de um agiota que está bastante preocupado com o crescimento do bolchevismo no Brasil. O texto de Oswald, obviamente, é uma maravilha:

> ABELARDO I — Bem! Depois não venha fazer vales aqui, hein! Eu também sei ser fiel ao sistema da casa. Vá lá. Redija! Não. Tome nota. Olhe. É uma cana confidencial. A um tal Cristiano de Bensaúde. Industrial no Rio. Metido a escritor. Redija sem erros de português. O homem foi crítico literário e avançado, quando era pronto... Ele

me escreveu propondo frente única contra os operários. Responda em tese *(A secretária toma nota)*, insinue que é melhor ele ser um puro policial. Manter vigilância rigorosa nas fábricas. Evitar a propaganda comunista. Denunciar e perseguir os agitadores. Prender. Esse negócio de escrever livros de sociologia com anjos é contraproducente. Ninguém mais crê. Fica ridículo para nós, industriais avançados. Diante dos americanos e dos ingleses. Olhe, diga isto. Que a burguesia morre sem Deus. Recusa a extrema-unção. Cite o exemplo do próprio Vaticano. Coisas concretas. A adesão política da igreja contra um bilhão e setecentos milhões de liras, o ensino religioso e a lei contra o divórcio. Toma lá, dá cá. Não vê que um alpinista como Pio XI põe anjos em negócios. Vá redigir e traga logo. Para seguir hoje... Ver se esse homem deixa de atrapalhar. Um sujeito feudal. Vítima do seu próprio sistema. Paga um salário medieval, 20$000 por quinzena.[30]

No escritório, aparece de tudo um pouco, do desempregado ao escritor oficial atrás de um frila para escrever a biografia do usurário. O que sobressai é a preocupação com os movimentos socialistas e as pessoas que defendem a regulação dos empréstimos abusivos.

O segundo ato sai do ambiente urbano e vai para uma ilha, onde um americano é recebido pela burguesia. Aqui algo bastante curioso ocorre: o agiota resolve armar uma milícia (a palavra usada é essa mesmo) para combater os movimentos de protesto que estavam surgindo no interior do país. A negociação é bastante clara:

PERDIGOTO — Tenho notado lá e em algumas propriedades vizinhas um descontentamento crescente entre os colonos. Eles estão ficando incontentáveis.
ABELARDO I — Naturalmente... Sempre foram incontentáveis...

---

30. ANDRADE, Oswald de. *O rei da vela*. São Paulo: Companhia das Letras, 2017.

PERDIGOTO — Estão ficando insolentes, até desaforados. Ora, só há um remédio. É preciso castigar e meter medo. Eu tenho velhos amigos, quase todos desocupados... Gente disposta... Que sabe brigar...

ABELARDO I — Já sei! A escória notâmbula de São Paulo, os deporta de bar, os faróis de clube de jogo, os gigolôs de lupanar...

PERDIGOTO — Todos pertencentes a excelentes famílias...

ABELARDO I — Como você!

PERDIGOTO — Tenho um projeto. Dar-lhes ocupação. Aproveitá-los.

ABELARDO I — Que ocupação pode ter essa ralé?

PERDIGOTO — Uma camisa de cor basta! Armas, munições e...

ABELARDO I — Dinheiro!

PERDIGOTO — Fora de brincadeira. A situação obriga a isso. Organizemos uma milícia patriótica. Que acha? Nos instalaremos provisoriamente na Casa central. Combinaremos com os outros fazendeiros. Arrolaremos gente, a capangada está sempre pronta... Será o nosso quartel-general. E se a colônia der um pio...

ABELARDO I — Será o massacre... Processos conhecidos!

PERDIGOTO — Claro. Os corvos engordarão! E a paz voltará de novo sobre a fazenda antiga!

ABELARDO I *(Depois de um silêncio)* — Quanto quer?

PERDIGOTO — Dez contos!

ABELARDO I — Sei que vai jogar esse dinheiro. Tentar uma última parada. Parasita! *(Reflete)* Mas sua ideia não é má. Não deve ser sua. Aliás é uma cópia do que está se fazendo nos países capitalistas em desespero! *(Prepara um cheque.)* Pronto! Se dentro de uma semana não estiver organizada a milícia, ponho-o na cadeia!

PERDIGOTO — Por ter sido seu amigo?

ABELARDO I — Não, porque falsificou minha assinatura numa letra de treze contos que foi descontada por Pereira & Irmão. Desmoralizando-me com essa quantia ridícula! Mas já tomei providências.

PERDIGOTO — Sabia isso também?

ABELARDO I — Quer que lhe dê mais detalhes de sua vida?

PERDIGOTO *(Fazendo alusão ao cheque que mostra ao sair)* — Não! Por hoje basta.[31]

Bem mais curto, o terceiro ato mostra a decadência do agiota que acaba falindo simplesmente por um movimento errado nas transações. Não estou reproduzindo isso para simplesmente mostrar como as mazelas do grupo social que o presidente terraplanista defende (circulou ontem uma pesquisa dizendo que mesmo agora, depois de tanto desastre humanitário, 52% dos empresários brasileiros apoiam o governo do mito) continuam as mesmas até hoje, apesar da óbvia estultice, assunto de que Oswald de Andrade é mestre. Quero me aprofundar em outra questão. Farei isso amanhã, pois estou acompanhando os protestos nos Estados Unidos como se fossem um filme. Aliás, vários cineastas estão nas ruas por lá.

2 de junho

Hoje o Brasil anunciou um novo recorde, que vem batendo quase diariamente: foram 1.262 mortes causadas pela Covid-19. Outro dia vazou a nota de que os números estão subnotificados e seriam 140% maiores. Trata-se de uma informação também oficial, o que significa que também deve ser subnotificada. De uma forma ou de outra, a nota importante é a de que batemos os 30 mil mortos desde o início da pandemia, número que o presidente afirmou ideal para que o Brasil voltasse aos eixos. Mais importante que isso ainda é o fato de que apesar de estarmos com um número crescente de mortos, a maioria absoluta dos estados está planejando uma reabertura. Há muito o que concluir aqui (não é só capitulação à necropolítica, ainda que também seja). Vou deixar para outro dia. Antes de voltar a *O rei da vela*, quero apenas ressaltar que estamos no quinto dia de protestos nos Estados Unidos, aparentemente com um número cada vez maior de participantes.

---

31. Ibid.

A peça de Oswald de Andrade traz diversos marcadores para mostrar ao leitor que se trata de uma obra teatral. Aqui um exemplo já do final, típico e revelador:

> ABELARDO I — Recomeçar... uma choupana lírica. Como no tempo do romantismo! As soluções fora da vida. As soluções no teatro. Para tapear. Nunca! Só tenho uma solução. Sou um personagem do meu tempo, vulgar, mas lógico. Vou até o fim. O meu fim! A morte no Terceiro Ato. Schopenhauer! Que é a vida? Filosofia de classe rica desesperada! Um trampolim sobre o Nirvana! *(Grita para dentro)* Olá! Maquinista! Feche o pano. Por um instante só. Não foi à toa que penhorei uma Casa de Saúde. Mandei que trouxessem tudo para cá. A padiola que vai me levar... *(Fita em silêncio os espectadores)* Estão aí? Se quiserem assistir a uma agonia alinhada esperem! (Grita.) Vou atear fogo às vestes! Suicídio nacional! Solução do Mangue! *(Longa hesitação. Oferece o revólver ao Ponto e fala com ele.)* Por favor, Seu Cirineu... *(Silêncio. Fica interdito.)* Vê se afasta de mim esse fósforo....
> Em resumo, é absolutamente importante para o dramaturgo que o público não se esqueça de que está diante de uma criação artificial. Há obviamente algumas questões históricas: nos anos 1930, muitos artistas aceitavam o preceito modernista de que a arte é uma criação artificial, uma construção que deve funcionar de forma coerente. Não é preciso tanto aprofundamento, basta ressaltar que Oswald queria que o público tivesse certeza de que está assistindo a uma peça de teatro. O Modernismo é um momento estético que privilegia a consciência.[32]

O conteúdo da reunião de 22 de abril é bastante parecido com *O rei da vela*. Não é uma coincidência. A peça tenta lidar com questões que estavam aparecendo junto com a consolidação do Brasil urbano e se industrializando aos poucos. A reunião terraplanista, por sua vez, quase noventa anos depois

---

32. Ibid., p. 79.

da peça, não significa a internalização daquela ideologia. Isso ocorreu nas últimas décadas com bastante intensidade. O que dizer, por exemplo, do medo que muitos eleitores têm do... comunismo?! O fato é que a reunião era concebida como o contrário da peça: não se destinava a nenhum tipo de público (por isso poderia também ser excessivamente disfuncional). Não era portanto uma peça de teatro.

Os ministros discutiam na verdade como dar um passo além no aprofundamento do nazifascismo no Brasil. Isso é ponto pacífico e só pode ser realizado de forma secreta, para não melindrar alguns apoiadores, como por exemplo o Estado de Israel. Não se trata de teatro e sim de confirmação de interesses e alinhamentos. Naquele momento um dos participantes não podia aceitar que o presidente e seus ministros não estivessem em um palco. Por isso ele fez tudo para que a reunião acabasse vindo a público e assim retornar ao lugar de representação. Basta lembrar que esse participante é um ator. Amanhã continuamos com ele.

3 de junho

Não vou escrever que hoje o Brasil registrou novo número de recordes de óbitos causados pela Covid-19 porque amanhã vamos ultrapassar o número de hoje. Amanhã também vai circular a capa da versão impressa do *Diário da catástrofe brasileira*. Logo, um luminar da extrema direita, Josias Teófilo, um misto de cineasta com coroinha, fará uma crítica, o que irá me deixar com alguma esperança pelo potencial do livro. Aqui está: "Mostrei o subtítulo do livro de Ricardo Lísias a um amigo, 'O inimaginável foi eleito', e ele comentou: 'Um escritor que confessa sua falta de imaginação sem nem perceber que está fazendo isso.'"

Continuando a observar a reunião de ministros do dia 22 de abril, vale ressaltar que ela foi divulgada exclusivamente por conta do pedido dos advogados de Sergio Moro. Por que o ex-juiz fez tanta questão disso? Ora, justamente para trazer a situação para o seu domínio: com isso, ele continua representando um papel, o que encobre seu enorme vazio. Enquanto estiver no palco, representa o papel de alguém, no caso o de um ex-ministro que perdeu o cargo porque defendeu a autonomia da Polícia Federal. Sempre um herói...

A saída de Sergio Moro do governo marcou uma nova escalada: dali em diante, os terraplanistas passaram a não esconder sua filiação nazifascista. Não é isso, na verdade: exibem-na com orgulho. Em diversos eventos públicos, membros do governo e de seu entourage (inclusive o próprio presidente) fizeram questão de mostrar orgulhosos um copo de leite. Trata-se de um símbolo nazifascista, que sustentaria a superioridade da raça ariana, mais tolerante à lactose que as outras. Quando alertados disso, repetiram o ato com ainda mais ênfase. Outros sinais também apareceram.

Antes, o governo terraplanista fazia questão de esconder essa filiação. A orientação mudou? Continuo amanhã, que será um dia marcante para o genocídio em curso no Brasil.

4 de junho

Ainda no exercício de falar hoje do que acontecerá amanhã: seremos considerados pela Organização Mundial da Saúde o epicentro da pandemia em todo o mundo. O governo terraplanista irá tomar uma atitude depois disso: ameaçará sair da Organização Mundial da Saúde. Além disso, o Ministério da Saúde, que agora conta entre seus altos funcionários com o dono milionário de uma franquia de escola de idiomas, também vai agir contra o altíssimo número de mortos: fará uma recontagem, já que acha que é gente demais...

Hoje por fim foi anunciada a pré-venda da versão impressa do *Ano I* do *Diário da catástrofe brasileira*. Preciso fazer um esclarecimento, já que as entradas dos últimos dias parecem ir contra algo que defendi há alguns meses, comentando o caso de Roberto Alvim. Eu disse que o governo do mito não aceitava nenhuma representação do nazifascismo justamente para ocultar a existência real e espraiada da mais nefasta ideologia que o mundo já abrigou. Se tivesse mudado, não haveria problema: os terraplanistas fazem isso o tempo inteiro para esconder o real direcionamento de suas intenções.

Na verdade, a situação me parece a mesma, apenas agora mais intensificada porque precisa se contrapor a outro assíduo praticante da performance: Sergio Moro. Não sei qual é mais talentoso na prática: o ex-juiz ou o presidente. Se tivesse que escolher um, acho que ficaria com o terraplanista: Moro não consegue ter muita variação e sempre acaba repetindo o mesmo traje, por assim dizer. Não dá para afirmar que o presidente, por sua vez, tenha um guarda-roupa muito grande, é claro, só que algo é inegável: ele sempre muda o alvo, aumentando a quantidade de inimigos. O ex-juiz parece não conseguir nada além do seu papel desbotado de herói anticorrupção, que como sabemos tem muito mais de imaginação destrambelhada (e muito poder dado pela elite do ordenamento jurídico, que lhe ofereceu tudo para que ele afastasse o maior adversário da extrema direita da corrida presidencial e depois que o trabalho foi feito lhe retirou os privilégios). A cada momento se desfaz um pouco, perdendo a força. Já o presidente, que venceu a eleição apresentando-se como um homem violento, consegue a cada dia se mostrar ainda mais cruel, desumano e abjeto. Moro só encolhe, o outro cresce a cada dia.

Em resumo, ainda que em proporções diferentes, a operação dos dois funciona como um negativo: o ex-ministro representa para fingir que não está fazendo isso, o presidente e seu entourage, por sua vez, não representam para justamente fingir que não são o que de fato são. Os dois, assim, acabam se anulando. Já que duas negativas formam uma positiva: são ambos nazifascistas.

Boa noite.

5 de junho

Não sei por que estou me sentindo hoje bastante cansado. Não se preocupem, é só cansaço mesmo: não tenho tosse, falta de ar ou coriza. Também percebo o gosto de tudo. Não está tão tarde e tive um dia normal. Talvez o isolamento esteja começando a pesar, ou foi a feijoada que comi no almoço. Arrematei as sobras no jantar. Não vou começar então um assunto novo hoje. O que será que a gente poderia pensar juntos agora?

Enfim, tentarei apenas localizá-los no tempo. Estamos na madrugada do dia 5 para o sábado, 6 de junho. Amanhã o país vai se indignar com outra atitude do presidente terraplanista. O Ministério da Saúde, dirigido por um militar que não sabe a diferença entre uma vacina e um bode e auxiliado por um dono de franquias de escola de inglês, vai anunciar a mudança na divulgação do número de mortes por Covid-19, ameaçando inclusive não divulgar dado nenhum. Eu já não tenho ânimo para ficar repetindo frases vazias do tipo "julgamento da história" ou "cemitérios não mentem". A propósito, mentem sim, basta olharmos para os tão comuns túmulos ao soldado desconhecido.

A partir de hoje, os números que eu reproduzir aqui serão oferecidos por um consórcio de veículos de imprensa, que irá contabilizar as mortes no lugar do Ministério da Saúde.

6 e 7 de junho

Juntei os dois dias pois o fim de semana foi bastante representativo e também ofereceu uma boa quantidade de questões para a reflexão. Teremos por volta de 2 mil mortos no sábado e domingo. O tal empresário Wizard, que estava querendo recontar os mortos e fazer uma espécie de gestão um pouco mais "criativa" dos óbitos, saiu do governo praticamente sem entrar. Houve um movimento gigantesco de boicote a suas empresas, o que obviamente abalou o ânimo da figura. Já no sábado à noite, Olavo do Carvalho colocou no YouTube um vídeo agredindo o presidente terraplanista, dizendo-se abandonado, novamente vociferando contra seus críticos — que ele chama de milicianos — e no final dizendo que se o mito não fizer alguma coisa (que ele não esclarece o quê), vai derrubar o governo. É mais uma presepada, naturalmente. Logo suas intenções se esclareceram: um empresário está agitando uma vaquinha para que Carvalho pague a indenização que a justiça o condenou a pagar pelas agressões a Caetano Veloso.

O domingo gerou duas questões que talvez possam nos inspirar nos próximos dias. Em primeiro lugar, grandes manifestações antirracistas (portanto contra o presidente) ocorreram no Brasil inteiro. Aqui em São Paulo, juntou bastante gente. Houve um questionamento por parte de muita gente da oposição: tem sentido fazer uma manifestação agora, durante a pandemia? A questão é que o ajuntamento pode causar uma circulação ainda maior do vírus. Aqui os manifestantes estarão aderindo à hipótese de Agamben? Acho que vale pensar com mais cuidado.

Depois, nos Estados Unidos, com os protestos tomando ainda mais força, um grupo enorme de pessoas derrubou em Bristol, Inglaterra, uma estátua em homenagem ao traficante de escravizados Edward Colston, pulou sobre ela, empurrou a escultura enorme até as margens de um rio, onde a jogou sob forte aplauso. Logo vi algumas pessoas questionando a ação, classificando-a de vandalismo e ao mesmo tempo questionando se, no caso, deveríamos então destruir outras grandes obras. Vou reproduzir uma dessas manifestações, de um certo André Forastieri: "O problema de destruir imagens que homenageiam grandes opressores do passado é que, bem, você vai botar fogo na Capela Sistina? Explodir a Hagia Sofia e as pirâmides?"

Há aqui muita coisa envolvida na pergunta, que a priori eu já classifico como cretina. Vamos começar amanhã, só ainda não decidi por qual das questões.

P.S.: Daqui a alguns dias a prefeitura de Bristol irá retirar a estátua da água e anunciará que pretende entregá-la a um museu, o que de imediato denuncia o caráter de arquivo da barbárie que muitas dessas instituições assumem.

8 de junho

Eu iria comentar alguns aspectos das manifestações de ontem. Resolvi fazer isso antes de discutir a remoção de estátuas de ícones históricos que participaram de genocídios, massacres e todo tipo de opressão, pois nos próximos dias várias serão recolhidas do espaço público. Aqui no Brasil, como não poderia ser diferente, apareceram os guardiões de monumentos em homenagem a desgraçados. Quero deixar claro também que estou bastante alcoolizado.

Só que vou mudar um pouco apenas o tema, pois vim escrever depois de ler o que Emir Sader acaba de compartilhar em uma rede social: "Quem achou geniais os comentários do Emicida sobre as manifestações de hoje se dá conta agora de que ele errou rotundamente. Querendo ser mais inteligente, não foi."

Antes de continuar, quero apenas ressaltar que amanhã o atual ministro interino da Saúde vai declarar que o clima do Nordeste é influenciado pelo hemisfério norte!

Emicida colocou nas redes sociais um vídeo dizendo-se contra as manifestações de domingo. Ele deu diversos argumentos, todos razoáveis, e que podem ser resumidos em um só: nesse momento de pandemia, uma aglomeração não é conveniente e pode colocar os manifestantes em risco. Por sua vez, Djonga, Mano Brown e outros artistas negros estiveram na manifestação. O pessoal dos *Racionais* até onde sei não disse nada. Djonga, da sua parte, argumentou a favor dos protestos. Como Emicida, também foi razoável.

A questão é clara: participar dos protestos é um enorme risco, como disse Emicida, não participar também é, como outros disseram. Aqui, quero ressaltar outra coisa: Emir Sader acha que vai falar algo razoável e escreve "rotundamente"! Do que se compreende das três linhas mal escritas, Emicida teria errado rotundamente porque outros representantes do movimento negro foram à manifestação. Em resumo, para Emir Sader, o movimento negro não pode ter discórdia. Como qualquer tipo de debate entre as pessoas evidentemente pressupõe a discórdia, Sader está diminuindo a possibilidade de debate entre os negros. Enfim, achei a mensagem, além de mal escrita, bastante racista.

A branquitude faz muita cagada. Vou beber mais. Boa noite, pessoal. Se puderem comprar meu livro, já está na pré-venda.

10 de junho

O leitor atento vai perceber que ontem não escrevi nada. Fiquei bastante cansado e, confesso, com algum desânimo com as notícias. Como este diário é lido retrospectivamente (e de íntimo não tem nada), vou começar localizando-nos no tempo: hoje foi o primeiro dia de abertura do comércio na cidade de São Paulo. Ainda com restrições, como o horário de funcionamento de apenas quatro horas, o uso de máscaras e a distância social, o comércio estimulou o trânsito de pessoas, que se aglomeraram em algumas lojas da rua 25 de março, por exemplo, como se fosse Natal. Os shopping centers vão funcionar a partir de amanhã com as mesmas restrições. Já os parques, que estão em local aberto e portanto com menos risco de contágio, continuarão fechados.

Seguindo com as notícias: ainda entre ontem e hoje soubemos que o estado de São Paulo tem acelerado continuamente o número de mortes diárias. Outra notícia, bem menos comentada, arrepiou-me: nunca no estado tanta gente morreu em casa. Agora a gente pode juntar as duas e entender o que está acontecendo. A justificativa pública (a real é a pressão do mercado para as vendas do Dia dos Namorados) para a reabertura do comércio é que há um número razoável de leitos disponíveis no sistema de saúde. Isso obviamente só pode ser possível porque as pessoas estão morrendo em casa. As classes baixas costumam evitar o hospital, por inúmeros motivos. Nenhum deles importa agora. O que interessa é o fato de que são elas que engrossam o número de mortos. O vírus da Covid-19 vai fazer o trabalho que a elite brasileira sempre sonhou: matar uma boa parte da população vulnerável, para que assim o Brasil, na opinião deles, se torne um lugar melhor.

É justamente esse o desejo do presidente da República eleito em 28 de outubro de 2018 com quase 58 milhões de votos. Alguém pode perguntar: por que então ele recusa tanto admitir a letalidade do vírus? É que a doença está fazendo o que ele e sua perversão queriam fazer. Com o trabalho que ele tem continuamente realizado de sabotar políticas de contenção, tenta ser responsável por ao menos uma parte dessas mortes, já que não conseguirá por todas.

De resto, continuam as demolições de monumentos que homenageiam todo tipo de genocida. Hoje, derrubaram algumas estátuas de Cristóvão Colombo, uma delas em Minnesota, estado cuja polícia assassinou George Floyd. A HBO também anunciou que não vai mais distribuir o filme ...*E o vento levou* por causa do evidente racismo da trama.

Passo a discutir essa questão a partir de amanhã. Tem bastante coisa para falar. Agora vou ler até dormir. Estou na metade de um estudo bastante interessante sobre Proust.

11 de junho

Hoje no começo da tarde (na verdade ontem, pois já é Dia dos Namorados: ganhei de presente uma camiseta do Corinthians) fiz algo que está me deixando abatido até agora, mais de doze horas depois. Li uma matéria explicando que um passeio ou mesmo piquenique ao ar livre, desde que com as devidas precauções, não oferece muito risco de contágio do novo coronavírus. Depois do almoço fui a uma cafeteria aqui perto. Coloquei máscara e carreguei um frasco de álcool gel no bolso. Esperei que duas pessoas saíssem e entrei sozinho no balcão. Pedi um desses cafés gelados, com Ovomaltine e chantilly. Eu estava com bastante vontade. Fui até um canto afastado e sentei-me para tomar enquanto relia o esboço autobiográfico do Maiakovski. Até ali me fez muito bem: eu me distraí bastante.

Na hora de me levantar perdi o equilíbrio e coloquei a mão na parede. Até aí nada demais. Só que como eu estava distraído, abri o copo e peguei com o dedo o que tinha sobrado de chantilly com Ovomaltine. Só percebi que estava colocando o dedo na boca quando tinha acabado. Desde então, estou me sentindo mal. Agora à noite, por causa disso, acabei abrindo uma garrafa de saquê com pera. Estava muito bom.

O filósofo Marcos Nobre publicou há dez dias um pequeno e-book analisando a situação da política brasileira contemporânea. Trata-se de uma espécie de comentário alongado dos artigos que ele vem aos poucos soltando aqui e ali. O texto é bastante equilibrado e tem o mérito de não fazer futurologia. A certa altura mostra a enorme dificuldade do surgimento de uma frente ampla, como estamos vendo hoje com o festival de manifestos inexpressivos e veremos também no primeiro turno da eleição para prefeito em novembro. Tenho duas discórdias pontuais ao livro. A primeira delas é o fato de até hoje, depois de tudo o que aconteceu, ele ainda resistir a chamar os apoiadores do presidente de nazifascistas:

> Chamar todo mundo indistintamente de "fascista" não só ofende as vítimas do fascismo como joga no colo de [] uma parcela do eleitorado que não estaria com ele se não fosse hostilizada permanentemente. Chamar todo mundo indiscriminadamente de fascista nos deixa sem recursos linguísticos e políticos para chamar o verdadeiro fascismo pelo seu nome quando nos afronta de maneira inapelável.[33]

Para um filósofo do nível de Nobre o trecho é de fato estranho: em primeiro lugar ele não explica por que os eleitores da Morte não seriam fascistas, apenas decide isso e declara que a palavra é ofensiva; depois, estranhamente, fala em nome de um grupo de eleitores que só vota no mito, segundo Nobre, porque alguém os chama de fascista, em uma clara inversão lógica (sem dizer que aqui o filósofo justifica o voto dos outros, o que sempre é problemático); por fim, há a admissão de que o fascismo pode nos confrontar, só que não sabemos quando nem como. Tantos problemas em tão pouco espaço parecem denunciar a negação que muitos intelectuais assumiram sobre a presença nazifascista no cotidiano político brasileiro.

Minha discórdia principal é outra: Nobre divide em três grupos os apoiadores do mito: os militares, os evangélicos e os lavajatistas. Estes últimos já deixaram o barco. Com isso, separa aos evangélicos a atração ao moralismo torpe do presidente.

Enfim, em primeiro lugar há ainda o apoio da classe empresarial. Uma pesquisa recente mostrou que entre eles a aprovação a essa tragédia que cha-

---

33. Ver NOBRE, Marcos. *Ponto final*: a guerra de Bolsonaro contra a democracia. São Paulo: Todavia, 2020. Edição eletrônica.

mamos de governo chega a 52%. No ano que vem, quando o Brasil estiver no auge do genocídio, com mais de 4 mil óbitos diários, um grupo de empresários irá jantar com a Morte, declarando-lhe expressamente seu apoio. Depois, é preciso observar que o moralismo não atrai apenas os evangélicos. Larguíssima parcela da população brasileira só pisa na igreja para ir em casamento e é bastante homofóbica. A questão da "defesa da ingenuidade infantil" por sua vez é ainda mais apelativa. Uma vez, em uma festa infantil, ouvi um pai, que de evangélico só tinha o mau gosto das roupas, dizendo que seria um absurdo a escola falar de sexo antes da família, já que se trata de um assunto íntimo. Logo depois, ele pegou uma coxinha da garçonete sem agradecer e falou rindo que o filho costuma dizer que não gosta de cueca porque tem o pipi enorme.

Imaginem quantos eleitores como esse a Morte não teve!? Muitos certamente o apoiam até hoje.

12 de junho

Se eu não tiver me confundido, apareceu a notícia de que o presidente da República assinou uma nota junto com o vice e o ministro da Defesa falando que as Forças Armadas não vão aceitar intromissão dos outros poderes da República. Está muito tarde e, como se fosse pouco, meu sinal de internet domiciliar caiu. Não tenho muita disposição para fazer pesquisas pelo celular, então vou deixar para amanhã.

Quero começar a análise da questão dos monumentos. Vou, antes de tudo, fazer um histórico da situação até agora: em 25 de maio passado, o policial Derek Chauvin ajoelhou-se sobre o pescoço de George Floyd e o pressionou contra o chão até matá-lo. É difícil encontrar os termos adequados para narrar o assassinato, mais ainda porque aconteceu na frente de uma adolescente que filmava tudo. Enfim, o policial agiu para que o mundo inteiro visse o que ele estava fazendo.

A partir de então protestos de toda natureza começaram a tomar conta das ruas norte-americanas e, em poucos dias, de várias cidades pelo mundo.

No dia 7 deste mês, manifestantes na cidade inglesa de Bristol derrubaram um monumento em homenagem a um traficante de escravizados. Eles empurraram a estátua, de bastante mau gosto, até um rio. Enquanto ela caiu na água, merecidos aplausos comemoraram o fim da iniquidade.

Alguns outros monumentos também serão retirados de espaços públicos nas próximas semanas, como, por exemplo, a estátua de Cristóvão Colombo em Baltimore. Quando tudo começou, muita gente aqui no Brasil insinuou que devíamos fazer o mesmo com o enorme Borba Gato, uma das estátuas mais feias do mundo, que fica na entrada de Santo Amaro, e também o Monumento às Bandeiras, de Victor Brecheret, aqui perto.

Como uma espécie de ponto alto, a HBO anunciou que deixaria de distribuir o filme ...*E o vento levou*. Os motivos são vários e todos ligados a racismo (o escravismo é idealizado no filme) e, mais sub-repticiamente, ao fato de que a trama propõe uma tentativa de revisionismo histórico da Guerra de Secessão. Daqui a algumas semanas o filme voltará a circular, agora precedido de um vídeo com as devidas contextualizações.

É nessas situações que a gente vê o conservadorismo de muita gente, sobretudo dos que se entendem como "liberais". Logo começou o berreiro: é censura. Vou resumir tudo na declaração de Laurentino Gomes nas redes sociais. Não conheço seus livros. Tudo o que sei é de dois ou três trechos de entrevista que vi dele, todos bastante superficiais, o que torna ainda mais espantoso o fato de ele ser o autor de volumes muito bem vendidos sobre a escravidão. É um homem branco, da classe alta, sem nenhum tipo de possibilidade de sofrer preconceito de nenhuma ordem. Como eu.

Volto amanhã. Bom sábado a todos.

13 de junho

Laurentino Gomes escreveu isso aqui:

> Vejo nas redes sociais um movimento pela derrubada da estátua do bandeirante Borba Gato situada no bairro de Santo Amaro, em SP.

Sou contra. Estátuas, prédios, palácios e outros monumentos são parte do patrimônio histórico. Devem ser preservados como objetos de estudo e reflexão.

Depois escreveu mais cinco tuítes falando banalidades sobre Borba Gato para então terminar assim:

Com dez metros de altura e vinte toneladas de peso, a atual estátua de Borba Gato no bairro de Santo Amaro, em São Paulo, é feia que dói. Ainda assim, deve lá ficar. Mas [ao] passar por ela, as pessoas devem saber quem foi o personagem e como foi parar no panteão dos heróis nacionais.

Como se pode ver, Gomes não faz nenhuma contextualização sobre as razões pelas quais algumas pessoas reivindicam a retirada da estátua. O que importa é que são parte do patrimônio histórico. Para ele, existe apenas o patrimônio histórico material. O imaterial passa longe do conhecimento do best-seller. O mais curioso é ele achar que aquela estátua, medonha, pode ser objeto de reflexão. Já os argumentos de quem se sente ofendido *historicamente* por ela, não.

O último tuíte é o mais importante. Ali ele deixa claro o que de fato pensa: que Borba Gato é um herói nacional. O resumo é simples: para ele, não merece importância a reivindicação de que a dívida com os povos indígenas e escravizados não foi paga (nem contabilizada) e mais vale simplesmente elevar a figura de um assassino à posição de herói. Aqui está o resumo da forma como a elite branca brasileira pensa, diminui as reivindicações dos grupos subalternizados e ainda heroiciza genocidas.

Sobre a nota que citei ontem, era apenas mais uma dessas papagaiadas em que o governo afirma que as Forças Armadas estão dispostas a fazer tudo para defender o presidente e seu grupo de fanáticos. Nada de novo, portanto.

15 de junho

Ontem bebi imensamente e quando vim sentar aqui, provavelmente lá pelas 2 horas da manhã de hoje, não tinha a menor condição nem mesmo de abrir o caderno. Na verdade, nem o encontrei. Sei que caí da cadeira, que tem rodinhas e deslizou para trás, e fiquei algum tempo no chão decidindo se me arrastaria para a cama ou dormiria aqui mesmo. Na verdade, estava esperando para ver se iria vomitar. Fiquei bastante constrangido com a possibilidade de minha família perceber o meu estado. Por isso, também, quando estava um pouco melhor, tateei as paredes até chegar ao quarto e, com muito medo de tropeçar, deitei.

Passei o início do confinamento muito sossegado. Para mim não é tão difícil: uma vez na Unicamp resolvi ficar uma semana inteira no quarto e banheiro onde morava. Era fim do mestrado, os amigos da graduação já tinham ido cada um para um lado e eu estava passando o tempo antes de me mudar definitivamente de Campinas. Arranjei um monte de coisa para comer, separei os livros e de fato fiquei sete dias fechado em um espaço de mais ou menos vinte metros quadrados. Não foi nada demais. Agora, por outro lado, já se passaram vinte anos, não estou mais sozinho e a situação é bastante diferente. Como não tenho insônia ou depressão, acabo fazendo esse tipo de besteira. No geral, o vício em escrever afastava os outros. Agora, com tanta gente morrendo e o país nessa situação, acabei largando a mão, o que me chateou bastante.

Há ainda duas questões importantes para discutir com relação ao debate sobre os monumentos. O primeiro deles, para mim menos importante que o segundo, é o fato de que pouca gente se importa com essas estátuas. Mesmo a do Borba Gato, gigante e uma das mais feias do mundo, amoldou-se ao ambiente e só mesmo quem jamais passou por ali a observa. Na segunda vez nem percebe mais aquele trambolho.

Se por outro lado derrubarmos esses monumentos, todo o preconceito e a discriminação vão aparecer. Ficará clara a enorme dívida que ainda temos com os povos negros e indígenas. Tudo o que foi arrastado para baixo do tapete, ou nesse caso do concreto, volta a aparecer. Por isso os conservadores não querem nem mesmo tocar no assunto.

16 de junho

É bastante importante notar que outra vez se sobressai aqui o conceito de representação. Para muitos, uma estátua "representa" uma personagem histórica qualquer. Quero dizer inclusive que é possível formular a seguinte frase a favor da remoção desse tipo de estátua do espaço público: o Borba Gato de Santo Amaro representa a opressão que os povos vulneráveis sempre viveram no Brasil.

Acho que o conceito precisa ser modulado. Representar significa fazer algum tipo de duplicação simbólica e ao mesmo tempo paralisada. Um filme que representa o genocídio que o rei Leopoldo II da Bélgica realizou no Congo segundo esse conceito reproduz o massacre em linguagem cinematográfica, que não é a realidade. Um filme sobre um genocídio não é um genocídio, é sua representação. Posso inclusive acrescentar uma palavra: "um filme sobre um genocídio não é um genocídio, *apenas* sua representação". A estátua do Borba Gato é apenas a representação plástica daquela personagem histórica. Esse é um dos vários problemas do conceito de representação: ele suporta a palavra "apenas", o que diminui bastante o impacto das violações que a figura causou. O conceito de representação é congelante.

Uma estátua do Borba Gato não apenas representa o Borba Gato genocida. Ela demonstra que é vontade política que um genocida seja representado em um espaço público e que todos devem cruzar com ele. O que isso diz claramente é que o poder público apoia tudo o que Borba Gato fez e pretende que continue ocorrendo. Sua retirada é justamente a sinalização de que esse genocídio não é mais aceitável.

A remoção pode ser também um ato artístico. Quero ainda discutir isso. Antes, vou me deter um tanto e mais uma vez nas formulações de Walter

Benjamin. Pretendo fazer isso amanhã. Para terminar por hoje, notei que muita gente está circulando com gosto as imagens de Mussolini enforcado em Roma, inclusive ameaçando as figuras do atual governo com o mesmo fim. O atual presidente da República foi muito bem-sucedido em brutalizar o país todo. Quando pessoas se excitam com forcas, já estão dominadas pela pulsão de morte. Tornaram-se elas próprias nazifascistas. Ou seja: os nazifascistas fazem seu grupo crescer o tempo todo...

17 de junho

Não vejo (eu e aliás muita gente) como seja possível escrever qualquer tipo de história da arte — e na verdade nem mesmo conceber um projeto artístico — sem contemplar o seguinte trecho do grande ensaio "Teses sobre o conceito de história" de Walter Benjamin:

> Todos os que até hoje venceram participam do cortejo triunfal, em que os dominadores de hoje espezinham os corpos dos que estão prostrados no chão. Os despojos são carregados no cortejo, como de praxe. Esses despojos são o que chamamos bens culturais. O materialista histórico os contempla com distanciamento. Pois todos os bens culturais que ele vê têm uma origem sobre a qual ele não pode refletir sem horror. Devem sua existência não somente ao esforço dos grandes gênios que os criaram, como à corveia anônima dos seus contemporâneos. Nunca houve um monumento da cultura que não fosse também um monumento da barbárie. E, assim como a cultura não é isenta de barbárie, não o é, tampouco, o processo de transmissão da cultura.[34]

---

34. Retirei a célebre citação de Benjamin do excelente comentário de Michael Löwy publicado pela editora Boitempo em 2005 sob o título *Walter Benjamin: aviso de incêndio*: uma leitura das teses sobre o conceito de história.

Qualquer monumento a Leopoldo II, o rei belga genocida, é obviamente uma renovação do massacre que ele realizou no Congo. O cortejo quem faz são os artistas e tudo o que os cerca, inclusive sua produção. Portanto, por melhor que seja o artista (o "gênio" citado pelo filósofo), ele está sobre corpos. Já vi gente defendendo a retirada do Borba Gato, por um lado, e defendendo a permanência do Monumento às Bandeiras de Brecheret, por outro, basicamente porque este último é um artista bem mais importante do que o semianônimo que ergueu a estátua de Santo Amaro. Vale notar ainda que o trabalho de Brecheret está em um dos bairros mais nobres de São Paulo...

O resto da citação sempre me foi motivo de pesadelo, para falar o mínimo. Vou reproduzi-lo pois sei de cor: "Nunca houve um monumento da cultura que não fosse também um monumento da barbárie. E, assim como a cultura não é isenta de barbárie, não o é, tampouco, o processo de transmissão da cultura." Aqui há um problema que, confesso sempre, de vez em quando me faz pensar em desistir da criação artística. Sou lido apenas porque utilizo de certa maneira uma forma que faz com que por alguma razão um público opte por se apropriar do meu trabalho *e não de outro*. É preciso lembrar que mesmo os profissionais, que passam a vida em meio às obras artísticas, não poderão optar por se apropriar de *todos os trabalhos*. Há portanto um caráter bastante forte de exclusão, que é um significado entre os vários da palavra barbárie.

Do meu lado tento resolver esse paradoxo deixando claro que sou consciente dele, que irei repetir mesmo que for à exaustão essa consciência, e que a forma estética que acaso utilize irá sempre contemplar essa consciência. Ainda assim dá para dizer que são apenas subterfúgios. A barbárie sempre estará presente na minha criação. Eu ainda a reduzo optando por rechaçar todo possível conceito de representação e com isso fazendo absoluta questão de marcar um lugar no mundo. O meu evidentemente é bem longe da estátua do Borba Gato e do Brecheret, para ficar na minha cidade.

O problema, o da estátua e o meu, não acaba aqui, é lógico...

19 de junho

Talvez a gente possa, até por higiene mental, deixar o Borba Gato um pouco de lado. Vamos nos concentrar no Monumento às Bandeiras, aqui atrás. Ontem passei na frente dele e confesso que fiquei curioso para ver se havia alguma pichação, tinta vermelha na cabeça dos cavalos ou ao menos uma faixa. Só vi um carro sonolento da guarda civil metropolitana. Apesar da época do ano, tem feito bastante sol em alguns horários em São Paulo.

Em texto anterior à recente polêmica dos monumentos, Tadeu Chiarelli defende que certa historiografia aderiu à narrativa modernista sobre a obra de Brecheret, deixando outras narrativas de lado:

> Relata a tradição historiográfica modernista que a encomenda teria surgido como a reação desses intelectuais à ousadia da colônia portuguesa de São Paulo, que se propunha oferecer à cidade um monumento em homenagem aos bandeirantes, ligando irremediavelmente a história daqueles supostos heróis a Portugal. Portanto, da maneira como foi e é narrada, a necessidade de ereção de um monumento que louvasse o "passado bandeirante" paulista teria surgido como uma reação modernista à empáfia dos portugueses então residentes na cidade.[35]

Chiarelli coloca os modernistas paulistas como "por origem ou por adesão, partidários da elite econômica e cultural que dava as cartas na cidade no início do século XX". Essa discussão é antiga e há alguns meses levou dois especialistas no Modernismo, Carlos Eduardo Berriel e Jason Tércio, a uma polêmica nos jornais.[36] Da minha parte eu apenas pergunto que obra do establishment artístico não pertence a uma elite. Aliás, o próprio debate é da

---

35. Ver <artebrasileiros.com.br/opiniao/conversa-de-barr/o-doutor-e-os-monumentos>.
36. Em 1º de março desse ano Berriel publicou na *Folha de S.Paulo* o texto "Modernismo paulista tentou apagar ebulição do Rio nos anos 1920", que recebeu em 15 de abril uma resposta de Tércio intitulada "Paulistanidade dividiu modernistas, diz autor".

elite e eu que escrevo isso também sou. Em resumo: uma questão burguesa.

O fato é que o Monumento às Bandeiras está colocado exatamente na entrada de um dos bairros de mais alto poder aquisitivo de São Paulo, a Vila Nova Conceição. Ele marca por outro lado a proximidade do ponto de ônibus em que os moradores da periferia devem descer se quiserem passar algum tempo no Parque do Ibirapuera. Vou continuar o debate amanhã, agora quero acrescentar uma outra crítica aqui: Mary Beard[37] acha que os museus não podem ser depósitos para onde a gente transfira obras rejeitadas pelo espaço público. Não concordo exatamente com isso (às vezes, para mim, museus têm a exata dimensão de um depósito), só que não vou me alongar agora. Minha ideia é outra: aceitar o que diz Mary Beard e propor que o Monumento às Bandeiras seja transferido de local.

Até amanhã.

20 de junho

Começo enfatizando que nos Estados Unidos mesmo as autoridades começaram a remover estátuas e símbolos confederados dos locais públicos. É um movimento interessante e que tende a tomar algum corpo nas próximas semanas.

Minha proposta aqui é lúdica, por assim dizer: uma experiência interessante seria uma troca de lugar entre o Borba Gato e o Monumento às Bandeiras. Acho que por conta da dimensão, seria preciso alguma adaptação em Santo Amaro. Nada que a engenharia de trânsito não resolva. Tenho vários argumentos para defender minha proposta:

a) Trata-se de uma experiência que imediatamente irá fazer o interesse por esses monumentos renascer através de uma nova interação com o público. Ora, se todo objeto de cultura significa algum tipo de barbaridade, vale a pena entender como a modificação das características dos

---

[37]. Ver <www.theartnewspaper.com/news/mary-beard-discusses-restitution-debate-in-blogpost-marking-her-tenure-as-a-new-british-museum-trustee>.

receptores pode indicar como as leituras variaram durante as décadas e, ao mesmo tempo, qual a visão que os ícones históricos recriados receberiam em classes sociais muito diferentes.

b) Depois, trata-se de um ato artístico: em primeiro lugar, a troca é performática, já que as próprias condições do experimento (e inclusive os motivos que o estão impulsionando) estarão claras no momento da realização artística. De dois trabalhos artísticos de concepções tão distintas pode-se agora fazer um único, terceiro, que terá um significado completamente novo.

c) Como a classe alta que vive no entorno do Parque do Ibirapuera irá receber uma estátua tão feia quanto a do Borba Gato? Na região estão localizados diversos colégios da elite paulistana, que aliás muitas vezes levam as crianças para tomar um solzinho no parque, já que elas precisam desestressar. Será que os professores irão dar a aula de história tão ansiada pelo Laurentino Gomes para os alunos sentados à frente a do Borba Gato? Qual seria a reação dos pais? Depois, mais importante ainda, o conteúdo da aula de fato expressaria o que significou o bandeirante?

d) Por sua vez, como reagiriam os moradores de Santo Amaro, sobretudo os que estão nos ônibus indo para as regiões mais afastadas da cidade, diante do Monumento às Bandeiras? Qual o valor para eles da inversão, já que muitos no mesmo trajeto passarão pelos dois monumentos? Depois, pode-se ainda entender como as crianças irão reagir diante do Monumento às Bandeiras em uma região em que a oferta de lazer ao ar livre é bastante reduzida. Como as crianças lidarão com a convidativa espessura do concreto? No caso do Borba Gato, por razões óbvias, não dá para brincar de escorregador e trepa-trepa...

Há muitas possibilidades de experiência artística com os monumentos. Podemos levantar outras amanhã.

21 de junho

Minha proposta de troca de lugar dos monumentos vai muito além de uma experiência entre bairros. Pode-se por exemplo deslocar algo de proporções razoáveis para a Cracolândia. O poder público tentou muita coisa para revitalizar a área ou no mínimo diminuir a frequência de usuários na região. Nunca conseguiu, em parte porque sempre adotou uma visão moralista e paternalista. É uma boa ideia deixar o Monumento às Bandeiras no meio da rua onde as pessoas se aglomeram para usar crack. É possível ainda trazer duas ou três estátuas menores para as esquinas.

Estou criando um experimento com pessoas em situação vulnerável? Sim. Por que elas não podem ter acesso a aulas de história, como queria o nosso Laurentino? Depois, é o mesmo com as crianças... Vale observar que com elas tudo é bonito e colorido, ainda que prefiram dez vezes usar o monumento como escorregador a saber qualquer coisa do que ele possa significar. Do Borba Gato, nem se fala...

O fato é que mesmo os locais onde esses monumentos foram colocados na cidade de São Paulo (e arrisco dizer que, por extensão, em praticamente todo o mundo) já ilustra o caráter de barbárie de tudo o que diz respeito à arte. E aqui falo também da educação, como aliás nunca foi algo oculto no Brasil. As crianças da Vila Nova Conceição têm várias estátuas para contemplar (teoricamente, pois elas não dão a menor bola, é claro) enquanto vão à escola. Aqui é importante lembrar o monumento a Pedro Álvares Cabral no Parque do Ibirapuera, aliás muito perto do Obelisco em homenagem aos "heróis da revolução de 1932".[38] Em outra região da cidade, só mesmo um Borba Gato medonho, e ainda assim na entrada do bairro. Nos extremos obviamente não há sequer poder público, quanto mais algum tipo de monumento...

O Modernismo não foi apenas algo produzido por uma classe dominante. Até hoje ele é privilégio absoluto dela, inclusive no lugar onde pisa. E vale

---

38. Peço que o leitor aqui acrescente ainda muitas aspas à expressão "heróis da revolução de 1932".

repetir que são estátuas que servem como advertência de poder e possibilidade renovada de extermínio.

Antes de continuar, deixo um registro, só para chegar à quantidade de linhas reservada para hoje. Claro que não é isso, estou amargo: batemos os 50 mil mortos em decorrência da Covid-19, o que indica no mínimo 200 mil de fato. Depois do Borba Gato, quem entrar no bairro do Socorro e for em direção à represa vai chegar ao Monumento aos Heróis da Travessia. Em resumo, para as extremidades da cidade não ficou só o bandeirante de quinze metros e peito feito de ladrilho para banheiro.

Cheguei ao final para hoje. Não sinto nenhum sono embora a madrugada esteja alta. Vou ler alguma coisa para ver se durmo um pouco.

23 de junho

O Monumento aos Heróis da Travessia fica hoje na região do Socorro, zona sul de São Paulo, a propósito a mais castigada pelo novo coronavírus. Trata-se de uma homenagem a um grupo de italianos que na década de 1920 partiram em um pequeno avião de Gênova e aterrissaram na represa de Guarapiranga. Como não poderia ser diferente, talvez para não desonrar seu par de região, o intrépido e gigante Borba Gato, o monumento é cafona e cansa a vista logo.

Inaugurado dois anos depois da viagem, fica sobre uma coluna enviada ao Brasil pelo senhor Benito Mussolini. Como se não bastasse, conta ainda com dois fascios (machados com varas de madeira), uma espécie de símbolo apropriado pelo fascismo. Essa estátua causou algum burburinho quando o então prefeito Jânio Quadros, outro dos típicos vexames brasileiros, a transportou para uma região nobre de São Paulo, nos Jardins. Obviamente, a transferência foi muito malvista e ela voltou para a zona sul, onde o fascismo vive junto com a violência policial, a falta de oportunidade e a rotina diária de supressão de direitos.

Como se pode ver, uma estátua ostensiva e assumidamente fascista fica exposta sem nenhum pudor em uma região onde o fascismo brasileiro impera. Aqui está evidente a função de aviso desse tipo de escultura: elas de fato servem para demarcar uma região e expor quem a controla.

A discussão não termina. Quero ainda falar um pouco do caráter de depósito que todo museu tem e das consequências disso para a arte. Será preciso retomar o famoso *No interior do cubo branco*.[39] Meu volume não está aqui, e sim no meu depósito, cujo acesso não é tão simples agora.

Não utilizei as palavras gratuitamente ou de forma descuidada: falei *depósito* para museu, e depois biblioteca. É preciso pensar com cuidado nisso.

Agora, termino localizando o leitor: o ex-ministro Abraham Weintraub se evadiu do Brasil de forma bastante suspeita. Saiu do governo na quinta e na sexta à noite embarcou para Miami. Ninguém entende muito bem até agora como ele entrou nos Estados Unidos. Deixo aqui um comentário lateral: mesmo em situação legal muito suspeita e agora uma posição frágil, ele continua se gabando no Twitter, o que significa que nisso tudo há ainda uma fortíssima questão de vaidade. Querem de fato ser heróis.

24 de junho

Mais um capítulo do diário vai chegando ao fim e, como em todos os outros, eu me sinto bastante esgotado.

A pandemia chegou numa fase desgraçada. Hoje o UOL deixou por algumas horas a seguinte manchete: "Bairros de São Paulo com mais pretos e pardos têm mais mortes por Covid-19." Algumas horas depois ficamos sabendo que os restaurantes pretendem obter na sexta-feira uma autorização para reabrir na segunda. As escolas já têm uma data para o retorno. É distante (8 de setembro). Ainda assim, significa alguma coisa. Pouco tempo depois do anúncio do secretário da Educação o sindicato das escolas particulares

---

39. O'Doherty, Brian. *No interior do cubo branco: a ideologia do espaço da arte*. São Paulo: Martins Fontes, 2002.

lançou uma nota reivindicando para seus estabelecimentos o retorno imediato, mesmo que com uma lotação de apenas 20% das salas.

Fiquei bastante perplexo. As escolas simplesmente alegam que já têm condições de retorno. Tentei imaginar quais seriam: colocar 1/5 dos alunos nas salas, as públicas também conseguem; medir a temperatura na porta também não seria tão difícil. Distribuir álcool em gel o governo faria com muita facilidade. As máscaras já estão ao alcance e do mesmo jeito poderiam ser distribuídas. Tudo isso é muito simples e não é parâmetro de distinção entre as escolas públicas e as privadas. Então o sindicato dos colégios da elite se referia a quê?

Evidentemente à noção de que a Covid-19 é muito mais letal entre as classes baixas. Portanto, se houver algum tipo de disseminação potencial nos Jardins, ela é muito menos perigosa (e já está controlada) do que na periferia. Toda a reabertura se baseia exclusivamente nisso: será prejudicado no geral quem sempre foi, então de fato não há motivo para que o estado emergencial continue. O extermínio que o Brasil historicamente impulsiona ganhou uma enorme força com essa nova doença.

E por que não nos revoltamos? Há alguma revolta por aí. Como sempre, muito mais lenta do que seria necessário. E agora se revoltar significa também correr o risco de disseminar ou contrair o vírus. Hoje eu soube que uma transexual ativista que passava os dias tentando ajudar outras transexuais em dificuldade por causa da pandemia morreu de… Covid-19.

25 de junho

Ontem o Senado aprovou o "marco regulatório do saneamento", que traduzindo significa a privatização forçada de todos os serviços de saneamento básico no Brasil. O presidente da República está em silêncio desde que a polícia chegou bastante perto de um de seus filhos, no final da semana passada. Curiosamente com isso foi mais fácil fazer passar um projeto do interesse do poder econômico que o sustenta.

Muito no geral a imprensa está apoiando o marco regulatório. Li todas as matérias que, como sempre, escondem questões básicas. Em primeiro lugar, a defesa é tão canhestra que afirma que a privatização irá levar um melhor saneamento para os mais pobres, os únicos que não têm acesso a ele, cobrando um preço justo. Preço justo aqui, como sabemos, é uma conta mais alta ainda. Do contrário, o poder econômico não apoiaria. O contrassenso é claro: declara-se que haverá mais investimentos para as classes baixas, que são as que menos podem pagar por ele. É a mentira histórica que sustenta a exploração que os ricos no Brasil empreendem há décadas, pois não sabem como ganhar dinheiro de outra forma.

No geral estão ocultas todas as experiências de privatização que deram errado. Na Europa, por exemplo, a reestatização foi comum nos últimos anos, desfazendo o erro da década de 1990. Aqui, a classe que propõe a privatização sabe que vai dar errado, os políticos que a aprovaram também. Só que essa é a forma que arranjaram para ganhar uns trocados nos próximos anos.

É esse governo que a classe alta brasileira quer: a Morte fazendo seu trabalho calado enquanto eles vão dilapidando o que sobrou do país. Se o mito ficar de boca fechada, logo novos massacres irão acontecer e serão elogiados pela competência policial. É o sonho da classe alta brasileira: nazifascismo com verniz de Europa das décadas passadas...

O estado do Amapá ficará no mês de novembro por três semanas sem energia elétrica, o que causará um enorme caos. A culpa será da empresa que venceu a concorrência para a privatização do serviço.

26 de junho

Antes de tudo, nosso tradicional exercício de localização no tempo: ontem, a Morte nomeou um novo ministro da Educação. Dessa vez é um cara mais velho, com longo currículo acadêmico: fez graduação, mestrado, doutorado e pós-doutorado na área de economia e administração e dá aulas na Fundação Getulio Vargas há um bom tempo. Hoje a gente descobriu que o currículo tem no mínimo uma fraude: ele não concluiu o doutorado, e sim apenas completou os créditos. Na parte da tarde o novo ministro alterou seu currículo Lattes...

A política de isolamento vai sendo relaxada no Brasil enquanto o número oficial de mortos não cai. Parece que São Paulo permitirá que bares, restaurantes e salões de beleza abram a partir da semana que vem. Já falei muito sobre isso.

Tenho um sentimento particular de fracasso. De certa forma a minha vida se paralisou em um aspecto: eu gostaria de ter usado o primeiro semestre para encontrar uma faculdade ou uma escola para dar aulas. Não deu certo, evidentemente, até porque não houve aula alguma no país. De resto fiz minhas coisas.

Se o leitor não se importar, vou terminar um pouco antes hoje. É que está chovendo e eu quero cair no sono ouvindo os pingos na janela. Boa noite.

27 de junho

A noite de ontem me lembrou de uma das mais agradáveis que vivi e que até hoje uso como uma espécie de elixir contra a insônia. Quando eu tinha 25 anos, há duas décadas portanto, peguei um reparte de herança que havia recebido e fui passar um mês na Europa. Eu pretendia chegar a Sarajevo. No aeroporto de Budapeste fui desaconselhado. O visto não era necessário. A moça do balcão de venda de passagem me disse que a cidade estava ainda muito perigosa. Pensei um pouco e resolvi então voltar para Berlim e, depois de uma noite em que aliás fiquei na rua (mais exatamente na Alexanderplatz), tomei um trem em direção a Bruxelas, na Bélgica.

Como tinha passado a noite praticamente acordado, comprei um leito. O destino final era Paris. Na minha cabine, com outros beliches, apareceram cinco japonesas que estavam indo para a França. Muito simpáticas, conversaram comigo no começo da noite e não se intimidaram para colocar o pijama na minha frente. Eu era novo, viajava sozinho e naquela época achei que aquilo significava alguma coisa. Fiquei apreensivo e excitado.

Logo, todas dormiram. Eu tinha comprado um coche no alto e estiquei o pescoço até uma janelinha de vidro que estava vedada. Era um pouquinho menor que a minha cabeça. O balanço do trem logo me adormeceu. De vez em quando eu abria os olhos e enxergava luzes bem distantes. Aí dormia de novo. Bem de manhãzinha um funcionário da companhia de trem me despertou e avisou que em uns quinze minutos estaríamos em Bruxelas. Devolvi os dois cobertores em uma cesta e notei que havia suado um pouco. Passei apenas um dia em Bruxelas. Achei que a cidade não seria tão acolhedora como Berlim para ficar a noite ao ar livre e então encontrei outro trem noturno para Amsterdã. Cheguei muito cedo e esperei amanhecer na estação.

Desde então sempre que por algum motivo algo ameaça tirar meu sono, fecho os olhos e finjo que estou naquele trem, olhando as luzes distantes. Consigo dormir bem desde que esteja um pouco mais aquecido que o normal. Do contrário, também adormeço, só que a noite promete ser agitada. Penso agora que se durante aquela viagem estivesse chovendo um pouco, acho que a noite teria sido perfeita.

A madrugada passada também não foi perfeita. Acho que no comecinho da manhã acordei bastante assustado: a parte inferior da minha perna esquerda, do tornozelo aos dedos dos pés, estava completamente adormecida. Pensei em acordar minha mulher. Para não a assustar, concentrei-me e aos poucos recuperei o movimento. A Covid-19 causa uma sensação de adormecimento, de fato, só que nas mãos. No pé, os dedos inflamam. Os meus estão bem. Boa noite. Aqueçam-se, pois esfriou.

28 de junho

Logo chegaremos a quatro meses de enfrentamento da pandemia do novo coronavírus. Fracassamos miseravelmente. Sinto uma sensação de desastre enorme. Estamos com quase 50 mil mortes e os sinais de revolta no ar são mínimos. Ao contrário, aos poucos os políticos vão planejando uma reabertura sem terem conseguido minimizar nem os índices de contágio e muito menos os de transmissão. No ano que vem, quando eu fechar este livro, o número de óbitos será de espantosos 353.137, causados por uma vontade política, com apoio de amplos grupos da população, de ver um genocídio escancarado mostrar como o Brasil se excita com a morte.

Lembro-me, no início, da onda de solidariedade. As pessoas compartilhavam homenagens aos profissionais da saúde, enchiam-se de conselhos mútuos, trocavam experiências e receitas e tentavam se unir virtualmente. Mesmo as que estavam assustadas achavam conforto em certa corrente de força que vinha de muitos lados. Iríamos nos fechar para combater a pandemia, até porque tínhamos experiências do exterior: quando aqui a coisa se tornou séria, na Itália a situação já era tétrica. Logo aconteceria o mesmo na Espanha e aos poucos nos Estados Unidos. Bastava que evitássemos o que eles tinham feito para não chegarmos àquela tragédia.

Foi nesse contexto que criei o curso on-line sobre a literatura francesa contemporânea. Calculei oito aulas, duas vezes por semana, o que daria um mês. Na minha cabeça, depois disso a situação já estaria controlada ou ao menos a caminho de uma solução. Como disse em um dos primeiros encontros, achei que, com o fracasso da adesão ao confinamento (que poucas vezes chegou a 70%), logo um lockdown severo seria decretado, justamente aos moldes do que estava acontecendo na Europa e no estado de Nova York. Ao contrário, apesar do esforço inicial da maioria dos governadores, o presidente da República fez de tudo para estragar as propostas de isolamento. Além disso, uma parte razoável das pessoas que podiam aderir a ele também não colaborou. Até agora assusta bastante ver como a classe média tem dificuldade para viver sem uma faxineira…

Enfim, aos poucos a situação só piorou, e justamente porque não houve no início uma ação enérgica e com a colaboração de todos. Com quatro meses, quase ninguém aguenta mais. E por aqui o vírus está longe de ser controlado. Na segunda-feira parece que os bares e restaurantes de São Paulo vão reabrir. Se tivéssemos trancado tudo, um ou dois meses seriam suficientes. Com um sentido de fechamento, vou agora transmitir um outro curso, dessa vez sobre Marcel Proust. Meu sentimento é o de lastimável fracasso.

29 de junho

Acaba de ser publicado no Brasil um livro estranho, muito irregular e com uma mensagem bastante importante: *Contra o ódio*, da alemã Carolin Emcke. Deixo a tese para o final e começar pelos trechos que achei intrigantes. Publicado originalmente em 2016, o texto afirma o seguinte:

> [...] o aumento de partidos ou movimentos agressivamente populistas na Alemanha (e na Europa) nem mesmo é o mais preocupante, já que ainda há motivos para ter esperança de que eles se decomponham com o tempo devido à arrogância individual, às suas animosidades mútuas ou, simplesmente, à falta de pessoal capaz de realizar profissionalmente um trabalho político. Isso sem mencionar os seus programas antimodernos, que negam a realidade social, econômica e cultural de um mundo globalizado.[40]

De quando ela escreveu isso até hoje, os partidos de extrema direita cresceram, inclusive na Alemanha. Em alguns países, como o Brasil, por exemplo, acabaram tomando o poder através do voto. Ela então vaticina:

> É provável que esses partidos também percam a atratividade quando forem forçados a participar de debates públicos nos quais tenham de argumentar e reagir às declarações de seus interlocutores, quando forem obrigados a ter uma discussão objetiva e factual sobre questões complexas. Também é provável que percam sua particularidade aparentemente dissidente quando tiverem de concordar com os outros partidos nos pontos em que se é apropriado fazê-lo. Isso apenas reforça a crítica de outros aspectos que os caracterizam. Por último, mas não menos importante, talvez fossem necessárias reformas eco-

---

40. EMCKE, Carolin. *Contra o ódio*. Trad. de Mauricio Liesen. Belo Horizonte/Veneza: Âyiné, 2020, p. 18.

nômicas abrangentes para abordar o descontentamento social gerado pelo aumento da desigualdade e pelo medo da pobreza na velhice em regiões e cidades estruturalmente fracas.[41]

Em novembro, muitos políticos apoiados pelo presidente ou que não tiveram sucesso em descolar sua imagem da dele acabarão mal nas eleições. Não será assim com todos, esclareço. A análise específica deixo para o final do ano. Aqui um trecho em que a autora parece otimista demais: "Ninguém quer ser racista. Nem o próprio racista deseja ser racista, porque pelo menos esse rótulo (embora talvez não o que ele designa) se tornou um tabu social."[42] Há hoje um enorme grupo de pessoas que são racistas, declaram-se racistas, fazem propaganda da supremacia branca e ainda comemoram quando sua ação racista dá certo. Veremos isso com clareza na invasão do Capitólio norte-americano no início do ano que vem.

30 de junho

Carolin Emcke engrena e acredita que o ódio precisa ser compreendido, pois tem uma natureza social bem demarcada. Eu não tenho nenhuma dúvida disso.

O capítulo que mais me impressionou foi a análise que ela faz do caso Eric Garner. Para quem não se lembra, é o homem negro que a polícia do estado de Nova York matou sufocado. Ele avisou inúmeras vezes que não estava conseguindo respirar. Como se pode ver, sufocar homens negros até a morte é uma política corriqueira para as polícias norte-americanas!

Emcke refaz o que aconteceu nos momentos imediatamente anteriores do assassinato de Garner: ele havia ajudado a apartar uma briga, e a polícia, quando apareceu, resolveu enquadrá-lo sem motivo aparente. Aliás, um dos autores do vídeo que filmou a execução avisa o guarda de que o homem não

---

41. Ibid., p. 28.
42. Ibid., p. 37.

tinha feito coisa alguma. Garner estava cansado do assédio e, sem nenhum tipo de gesto agressivo, diz para o policial algo que não me sai da cabeça: "Isso vai acabar hoje." É terrível, pois acabou mesmo, e da pior forma possível.

Um pouco antes da metade do livro Emcke faz um raciocínio cristalino e que me parece estar no centro da intolerância contemporânea:

> Quem se encaixa na norma pode cair no erro de acreditar que a norma não existe. Quem se assemelha à maioria pode cair no erro de acreditar que a identificação com essa maioria que dita a norma não tem importância. Aqueles que estão em conformidade com a norma podem não perceber como ela exclui ou degrada os outros. Aqueles que estão em conformidade com a norma geralmente são incapazes de imaginar seus efeitos, porque sua própria aceitação é tomada como uma obviedade.[43]

Com isso, o livro observa a condição de refugiado e a de transexual, em duas análises que ecoam entre si. Quando levanta possibilidades de reação, a autora sublinha que é um enorme erro odiar o ódio. Para o Brasil isso é muito importante, pois repito a facilidade que é ver tanta gente com uma raiva infinita do presidente e seus apoiadores, pregando qualquer coisa contra eles, inclusive o mesmo que eles desejam de nós. É um óbvio equívoco, inclusive matemático: ódio vezes ódio gera uma quantidade ainda maior de ódio, e ele sufoca.

O final do livro resume ainda um tanto do que pretendo com esse já exaustivo projeto do *Diário*. Por isso vou terminar mais um trimestre com um trecho da penúltima página: "a resistência civil ao ódio também inclui reconquistar os espaços de imaginação".[44]

---

43. Ibid., p. 85.
44. Ibid., p. 183.

TERCEIRO TRIMESTRE

Um genocídio escancarado

8 de agosto

Estou há um mês sem escrever uma linha sequer neste diário. Afastei-me conscientemente. No dia 9 de julho passado, o Brasil contava 68.055 mortos por conta da Covid-19. Hoje o número ultrapassou 100 mil. Quando eu fechar este livro, o genocídio terá levado 353.137 vidas. E continuará... Retomo a partir daqui a minha análise.

O presidente brasileiro desde o início sempre soube o que fazer para impedir esse número de mortos. A partir do começo agiu exatamente da forma contrária. Daqui a algumas semanas o ex-ministro da Saúde Luiz Henrique Mandetta publicará um livro em que afirma ter avisado com toda clareza o presidente da República. Vários trechos afirmam isso. Cito um:

> Apresentei os números na tela, mas fiz uma cópia impressa de tudo, que entreguei nas mãos do presidente, na frente de todos os ministros, para que ele nunca dissesse que não tinha conhecimento dos fatos. Junto, anexei um documento em que eu pedia que ele acatasse as recomendações do Ministério da Saúde para que não ocorresse uma catástrofe.[1]

Como o leitor já sabe, a catástrofe ocorreu e o tempo inteiro o presidente da República se esforçou por ela. O livro do ex-ministro Mandetta, como aliás o testemunho dele próprio, precisam ser levados ao Tribunal Penal Internacional, onde, espero, o mito venha a ser julgado.

Infelizmente, o próprio Mandetta cuida para, em outros momentos, afastar a culpa de seu antigo superior, repetindo um comportamento que veremos em boa parte da sociedade brasileira, aliás de todos os espectros

---

1. Ver MANDETTA, Luiz Henrique. *Um paciente chamado Brasil*: os bastidores da luta contra o coronavírus. Rio de Janeiro: Objetiva, 2020, p. 137.

ideológicos: a busca por explicações que tomem o lugar do claro desejo de causar a morte de muitos brasileiros. Aqui, por exemplo, uma típica balela que ouviremos muito ainda:

> Durante um bom tempo tentei achar explicações para o fato de o presidente da República negar a gravidade da Covid-19. Cogito que tenha sido um fator psicológico. Diante da notícia ruim, que é um tipo de luto, [] entrou na fase da negação.[2]

Não uso aqui o termo genocídio gratuitamente. Hoje está bem claro que os maiores afetados pela pandemia — tanto em contaminação quanto óbito — são as classes mais baixas ou as populações vulneráveis, como os indígenas. Há um perfil claro nas vítimas. Ora, fazer de tudo para que a doença atinja o maior número possível de pessoas é, forçoso concluir, trabalhar para o extermínio dessas comunidades específicas. Não preciso lembrar a hostilidade com que o grupo que chegou ao poder sempre agiu perante os indígenas. Quanto às classes baixas, do mesmo jeito o governo jamais escondeu o viés neoliberal, que por natureza as vitimiza em primeiro lugar. Daqui a alguns meses, diante de um trágico assassinato em Porto Alegre, presidente e vice irão declarar que não existe racismo no Brasil.

A reforma da previdência social, por exemplo, sempre foi uma das bandeiras do governo (que aliás contou com amplo apoio de boa parte da população, entre a mídia, classe média e alta, políticos, membros do Poder Judiciário etc.). Mesmo tendo sido bastante cruel, ela não foi do alcance que o governo queria. Uma doença agora que vitima idosos pobres em boa parte é uma oportunidade para continuar a reforma por outros meios. Quanto a previdência economiza com essas mortes? Esse governo não tinha, portanto, razão para evitá-las.

Pretendo dividir minha análise em alguns grupos: a classe política (situação e oposição), a população em geral, os intelectuais (aqui incluo os artistas) e a imprensa. Não vou seguir essa ordem e obviamente tudo acabará amalgamado, já que estamos falando de um movimento.

---

2. Ibid., p. 94.

9 de agosto

Esse é o editorial do *Jornal Nacional* lido hoje sem recursos cênicos pelas vozes de William Bonner e Renata Vasconcellos e considerado com grande alarde como oposição ao governo do mito. O presidente responderá amanhã laconicamente dizendo que a TV está espalhando pânico na população.

> Todo cidadão brasileiro tem o direito à saúde. E todos os governantes brasileiros têm a obrigação de proporcionar aos cidadãos esse direito. As ações dos governantes precisam ter como objetivo diminuir o risco de a população ficar doente.
>
> E não somos nós que estamos dizendo isso. É a Constituição brasileira — que todas as autoridades juraram respeitar. Está registrado no artigo 196:
>
> "A saúde é direito de todos e dever do Estado garantido mediante políticas sociais e econômicas que visem à redução do risco de doença e de outros agravos e ao acesso universal e igualitário às ações e serviços para sua promoção, proteção e recuperação."
>
> Mas o Brasil está há doze semanas sem um ministro da Saúde titular. São 85 dias, desde 15 de maio. Dois médicos de formação deixaram o cargo de ministro da Saúde porque pretendiam seguir as orientações da ciência. E o presidente [] não concordou com essa postura deles.
>
> Primeiro, o presidente menosprezou a Covid. Chamou de gripezinha.
>
> Depois, quando um repórter pediu que ele falasse sobre o número alto de mortes, [] disse que não era coveiro. Disse duas vezes: "Não sou coveiro."
>
> Quando os óbitos chegaram a 5 mil, a resposta dele a um repórter foi um: "E daí?"
>
> Agora, o presidente repete que a pandemia é uma chuva, e que todos vão se molhar. Ou que a morte é o destino de todos nós, e que

temos de enfrentar a doença. Como se fosse uma questão de coragem. Como se nada pudesse ter sido feito.

Quando cientistas defendiam mundo afora o isolamento social como única medida capaz de conter o avanço dessa tragédia, os brasileiros viam o presidente criticar essa iniciativa diariamente — na contramão do bom senso daqueles governadores que a defendiam.

O resultado disso foram a confusão e a perplexidade de muitos cidadãos, que ficaram sem saber em que acreditar. E um isolamento capenga, insuficiente para atingir plenamente o seu objetivo.

No Jornal Nacional você viu filas enormes de desesperados em busca de um leito salvador de UTI. Filas que se formavam e se formam porque os leitos não foram comprados a tempo e na quantidade adequada por prefeitos, por governadores e pelo presidente. Ou porque a falta de isolamento social deixou de achatar a curva de contaminados e sobrecarregou o sistema de saúde.

Diante disso tudo, é necessário relembrar a Constituição, porque isso nos leva a uma pergunta importantíssima.

Nós já mostramos o que diz o artigo 196: é dever das autoridades que governam o país implementar políticas que visem a reduzir o risco de doenças.

A pergunta que se impõe é: o presidente da República cumpriu esse dever? Entre os governadores e prefeitos, quem cumpriu? Quem não cumpriu?

Mais cedo ou mais tarde, o Brasil vai precisar de resposta para essas perguntas. É assim nas democracias e nas repúblicas em que todos temos direitos e deveres. E onde ninguém está acima da lei.

Essa resposta vai ter que ser dada principalmente em respeito às famílias de mais de 100 mil brasileiros mortos. Porque eles não podem ser vistos só como números. E o *Jornal Nacional* não vai se cansar de repetir. Essas vidas perdidas eram de brasileiros como todos nós. Não eram pessoas que estavam fadadas a morrer por qualquer outro motivo. Elas morreram de Covid. Deixaram uma família em dor, amigos, colegas de trabalho, conhecidos.

Nós não podemos nos anestesiar.

Cem mil pessoas.

Nós reconhecemos a dor de todos os que perderam alguém querido nessa pandemia. Nós respeitamos essa dor. E manifestamos a nossa solidariedade irrestrita com cada um.

10 de agosto

Antes de começar minha análise quero esclarecer algo e francamente espero não ser óbvio demais: estou em meio a uma enorme crise no que diz respeito ao meu processo criativo. A crise não se relaciona diretamente à chegada de um governo fascista ao poder. Está, por outro lado, ligada sem dúvida à associação desse governo com um vírus.

Quando o confinamento chegou, não consegui continuar o romance que estava redigindo. *Brasília* ficou parado. Por algum motivo comecei a praticar formas pouco íntimas para mim, inclusive a poesia. Em momento algum me senti sequer razoável com isso. (Nunca me senti confortável com minha produção estética em geral.) Há outra questão que também tem me angustiado muito: o volume impresso deste *Diário* relativo ao *Ano I* saiu há um mês e a divulgação dele na imprensa é exatamente essa: ZERO. Uma única matéria, poucos dias antes do lançamento, usou o livro como fonte para uma análise do uso do corpo masculino na propaganda da extrema direita. Depois, não houve a mais remota menção ao meu trabalho. Sumi, o que obviamente prejudica as vendas.[3]

As razões são mais ou menos claras e estão ligadas ao que passarei a discutir agora: no geral os espaços de debate querem uma análise amena, que não coloque a verdadeira gravidade da situação no centro. Há de fato na imprensa um movimento de tentar resistir a certo autoritarismo do atual

---

3. Daqui a algumas semanas perceberei que minha análise não chegou à conclusão correta: apesar da falta de divulgação, o livro passará a ser acolhido por professores universitários, que o colocarão em suas bibliografias. A segunda edição não demorará a aparecer.

grupo que ocupa a presidência. Isso por outro lado é feito com comedimento justamente para que o governo não pare de fato de fazer as reformas que interessam ao poder econômico. O genocídio que vem ocorrendo é desejo antigo de boa parte da população brasileira, desde que seus perpetradores estejam de banho tomado ou, como faziam na ditadura, ajam no escuro.

O que quero dizer com tudo isso é que analiso tomado no mínimo por certo grau de constrangimento e, quem sabe, raiva e indignação. Vou ficar atento para que esses afetos não embotem o meu raciocínio. Por outro lado, deixo claro que nenhuma vez tentarei dissimulá-los.

11 de agosto

Tomado como forte o editorial se resume a quatro partes. Na primeira delas invoca a Constituição Federal para logo depois, em outra etapa, repetir as performances que a Morte realizou em alguns momentos da pandemia. Uma das intenções é justamente alongar a própria existência a partir do uso que será feito da encenação.

Depois, o editorial resume algumas notícias: UTIs cheias e políticos administrando mal a emergência. É aí então que aparece o trecho que seria forte. Pela ênfase, repito:

> A pergunta que se impõe é: o presidente da República cumpriu esse dever? Entre os governadores e prefeitos, quem cumpriu? Quem não cumpriu? Mais cedo ou mais tarde, o Brasil vai precisar de resposta para essas perguntas. É assim nas democracias e nas repúblicas em que todos temos direitos e deveres. E onde ninguém está acima da lei.

O detalhe aqui, que não é irrelevante, é o decisivo "mais cedo ou mais tarde o Brasil vai precisar", que de cara coloca a responsabilização dos políticos, sobretudo o presidente da República, no futuro. (Como a gente bem sabe, o futuro nunca chega.) Em resumo: recomenda-se deixar para daqui a algum tempo, não sabemos quanto, o julgamento pelo genocídio (palavra que não aparece no editorial) que o país está sofrendo. Depois, o jornal se solidariza com cada um dos mortos, fazendo um discurso cujo grau de comoção vai aumentando. O foco portanto passa para as vítimas e para uma consolação: não vamos esquecê-las.

Evidentemente, o jornal não quer nenhum tipo de responsabilização do presidente da República. A expressão "julgamento da história" vai começar a ser repetida monótona e sintomaticamente.

Só que a história não é um tribunal. Mais ainda aliás esse tipo de proposta na verdade fortalece o grupo genocida no poder: afinal de contas, parte do discurso que os levou até lá se compunha de denúncias de que é preciso refazer a história para colocar algumas personagens na cabeça deles injustiçadas (como o torturador Brilhante Ustra) no lugar de honra que, segundo essa gente, eles merecem. Ora, evocar então tal história é repetir o mesmo movimento, agora colocado o presidente como outro injustiçado, apenas com o sinal trocado. O discurso que defende a responsabilização futura, portanto, prega a manutenção do que ele faz no presente: um genocídio.

O editorial do *Jornal Nacional* de 9 de agosto, data em que o Brasil viu 100 mil mortos por Covid-19, é portanto aliado ao governo. Por isso sequer recebe reação mais forte. Vale perguntar as razões disso. Amanhã.

12 de agosto

Dois dias depois do tal editorial o mesmo *Jornal Nacional* publicou uma matéria francamente agressiva aos funcionários públicos. Os dados utilizados, muito enviesados, eram do Instituto Millenium, uma espécie de fábrica de mentiras a favor do neoliberalismo. Um de seus fundadores é o ministro da Economia, Paulo Guedes, membro entusiasmado do governo que promove o genocídio através do novo coronavírus.

O argumento mais difundido, obviamente correto, é o de que toda a classe alta apoia as reformas. Não acho sequer razoável continuar a argumentação nesse sentido. À época em que este texto estiver sendo revisado pela última vez (com 353.137 mortes pela Covid-19), julgo mais importante observar que o comportamento favorável ao genocídio é amplamente arraigado no Brasil. Não se pode separar o ministro da Economia do da Saúde e muito menos da ideologia geral do governo. Não tem sentido. Trata-se de uma estrutura orgânica construída para que tudo desemboque de fato no amplo sofrimento das classes mais baixas.

Aqui é possível observar o comportamento da classe política. Em uma entrevista recente o atual presidente da Câmara dos Deputados, Rodrigo Maia, declarou que não vê nenhum motivo atualmente para o impeachment e ao mesmo tempo defendeu que Dilma Rousseff foi afastada da presidência com justiça. Por que 353.137 vidas valem menos que as tais pedaladas fiscais, que até agora estão mal explicadas? No início de janeiro, o sistema de saúde do Amazonas irá colapsar. A situação ficará tão caótica que diversos pacientes internados por causa da Covid-19 irão morrer por falta de oxigênio hospitalar. Rodrigo Maia fará uma nota de repúdio nas redes sociais…

Com raras exceções toda a classe política pensa assim. Tanto é que muitos partidos de esquerda (o PT, como bloco, incluído) acham que é melhor, eleitoralmente falando, deixar o genocida se afundar sozinho. O erro é óbvio, pois para quem vive no esgoto não existe nenhuma possibilidade de afogamento. A lama é um bálsamo.

O pensamento aqui é o mesmo que o do *Jornal Nacional*: o futuro vai cuidar da responsabilização, seja nas urnas, nos tribunais e para quem acredita até na lei de Deus. Dá para dizer que nesse momento mais ou menos o país todo acredita nisso.

Claro que há uma porção elevada de sadomasoquismo aqui. Para que as coisas se coloquem no lugar, antes é preciso sofrer. Reforço o que afirmei no volume do ano passado: o gosto pelo sofrimento é uma das bases que organiza o Brasil. Muitos brasileiros, antes de tudo, gozam deliciosamente com um chicote nas mãos ou nas costas.

13 de agosto

Quero ainda passar por dois fatos ligados à imprensa que ajudam a compor o quadro que estou traçando. Uma matéria da revista *Piauí* que está nas bancas nesse momento descreve com certo alarde uma reunião em que o mito e seus ministros mais próximos discutem uma invasão ao Supremo Tribunal Federal. O tom do texto é de gravidade, ainda que ecoe certa opereta cafona:

> a temperatura em Brasília não passou de 27ºC naquela sexta-feira, mas o ambiente estava tórrido no gabinete presidencial, no Palácio do Planalto. Ainda pela manhã, Jair [] fora informado que o ministro Celso de Mello, o decano do Supremo Tribunal Federal, consultara a Procuradoria-Geral da República para saber se deveria ou não mandar apreender o celular do presidente e do seu filho Carlos []. Era uma formalidade de rotina, decorrente de uma notícia-crime apresentada por três partidos, mas a mera possibilidade de que seu celular viesse a ser apreendido deixou [] transtornado.[4]

Incomodado e cheio de heroísmo, o mito resolveu

> mandar tropas para o Supremo porque os magistrados, na sua opinião, estavam passando dos limites em suas decisões e achincalhando sua autoridade. Na sua cabeça, ao chegar no STF, os militares destituiriam os atuais onze ministros. Os substitutos, militares ou civis, seriam então nomeados por ele e ficariam no cargo "até que aquilo esteja em ordem", segundo as palavras do presidente.

Segundo o texto, alguns auxiliares diretos concordam com a ideia, até que por fim ele é dissuadido por ninguém menos que o ex-ordenança do general Silvio Frota, aquele que se opôs a Geisel quanto à reabertura, gradual, lenta e muito limitada da ditadura militar: "Braga Netto e Augusto Heleno concordavam que Moraes fora longe demais. Também achavam que a decisão do ministro fora uma interferência inadmissível em ato soberano do presidente, mas tinham dúvidas sobre a forma e as consequências de

---

4. Ver GUGLIANO, Monica. "Vou intervir! O dia em que Bolsonaro decidiu mandar tropas para o Supremo." *piauí*, 167, agosto de 2020.

uma intervenção. A certa altura, o general Heleno tentou contemporizar e disse ao presidente:

— Não é o momento para isso.

O texto, estranhíssimo e cômico pelo grau de teatralidade, cita duas fontes que estavam na reunião e outras duas que confirmaram o acontecido, mesmo sem estar lá. Se acreditarmos no que diz a revista, o presidente foi traído por seus principais auxiliares, que são obviamente cúmplices de sua política genocida, ou quem sabe por alguns insuspeitos garçons, que resolveram contar tudo para uma jornalista...

Ora, obviamente traição nenhuma ocorreu: trata-se de uma performance, outra das mais bem-sucedidas do governo. No final das contas, o texto serve para intimidar os ministros do STF, estabelecer os militares como peças de equilíbrio na administração federal e, tão importante quanto os motivos anteriores, acenar para as viúvas da ditadura, que não são poucas.

Aqui, perco um parágrafo para relembrar que a estetização da política — que no caso se dá por um acúmulo de performances — é uma das características que Walter Benjamim separa ao nazifascismo. Sempre repito.

Por qual razão a revista então publicou um texto como esse? Os motivos são inúmeros, como sempre. Tenho a impressão de que vale a pena citar um terceiro fato de imprensa ocorrido recentemente, antes de passar a estimar as razões do apoio ao mito.

14 de agosto

Antes de continuar, faço um parêntese para um assunto relacionado. Hoje, a *Folha de S.Paulo* divulgou uma pesquisa sobre o índice de aprovação do governo genocida. Para mim, dadas as análises que tenho feito, não foi nenhuma surpresa. A aprovação a ele cresceu bastante, ainda mais se considerarmos o alto número de mortos provocado pela administração da pandemia. A principal explicação está sendo reservada ao apoio emergencial que o governo está distribuindo de forma desordenada e com divisão inexplicável, para alguns milhões de pessoas. Naturalmente, a questão é bem outra.

Volto a ela adiante.

Há algumas semanas um perfil no Twitter (@slpng_giants_pt) passou a denunciar o nome de empresas que anunciam em sites que divulgam mensagens de ódio ou fake news. As empresas no geral logo respondem dizendo que não sabiam da divulgação e a suspendem. O PayPal, por exemplo, um serviço de pagamentos on-line, deixou de receber as mensalidades das pessoas que pagam mensalmente para ouvir as coisas do Olavo do Carvalho. Sim, tem gente que faz isso.

O perfil continua pressionando o PagSeguro, serviço semelhante ao PayPal, que não interrompeu a parceria com Olavo do Carvalho. O PagSeguro pertence ao mesmo grupo que é proprietário da *Folha de S.Paulo*. Em vexaminosa matéria não assinada, o jornal justificou a continuidade da parceria com Olavo do Carvalho por respeito à... liberdade de expressão!

Aqui, de novo, muita gente apontou interesses financeiros. Afinal de contas, a empresa tira algum lucro com cada pagamento ao intermediário de Steve Bannon. De fato, ganha. Por outro lado, não é muito. Na matéria "Olavo de Carvalho: os bens, ganhos e dívidas do guru dos []",[5] descobrimos que os cursos de Carvalho lhe renderam 106.599,89 no ano de 2017. Vamos supor que com o aumento da popularidade essa renda tenha subido 50 mil. Poderia ser mais, só que a crise é grande. Posto que os sistemas de pagamento são diversos, sejamos generosos e consideremos que metade desse valor venha do PagSeguro, o que certamente não é o caso. Deve ser menos. A porcentagem que o serviço cobra é variável. Como base de cálculo, usarei a média de 5%. Na minha suposição, que é generosa para o serviço, o PagSeguro recebe para trabalhar com Olavo do Carvalho por volta de 5% de 75 mil reais, o que dá 3.750 reais por ano. Vamos supor que eu esteja errado nas contas, já que sou de humanas, e multipliquemos esse valor por dez: 37.500 reais por ano. Amanhã reproduzirei o que Olavo do Carvalho fala do grupo que lucra 3.125 reais por mês com esse tipo de afirmação. Antes de terminar deixo uma nota: os proprietários do PagSeguro estão

---

5. Ver <veja.abril.com.br/blog/veja-gente/olavo-de-carvalho-os-bens-ganhos-e-dividas-do-guru-dos-bolsonaro>.

entre os mais ricos do Brasil. Certamente não ficariam assim menos ricos se deixassem de receber três salários mínimos por mês.

No final das contas, o PagSeguro cortará a colaboração com Olavo do Carvalho apenas em janeiro do ano que vem...

15 de agosto

Como a gente viu, não é por razões financeiras que o grupo que controla o PagSeguro demorou longos meses para suspender a parceria com Olavo do Carvalho. É pouco dinheiro, comparativamente falando. A justificativa seria liberdade de expressão. Vou continuar minha inclinação por dar crédito ao que é dito e aceitar: o grupo que controla o Pagseguro é o mesmo que sustenta a *Folha de S.Paulo* e acredita que promove a liberdade de expressão ao sustentar um discurso cuja agressão vai à alcunha de puta para algumas de suas jornalistas ao simples desejo de que o jornal acabe.

O discurso ideológico que sustenta o presidente da República e o genocídio de até aqui 353.137 pessoas também pensa assim. Ficou famosa a fala do mito afirmando que ninguém provou que a cloroquina ajuda na cura da Covid-19, e também ninguém provou que não ajuda.

Afora a tolice atávica da afirmação, sua estrutura é bastante clara. Para tudo há um "outro lado", e esse outro lado precisa ser divulgado e considerado. Há mesmo: posso listar um exemplo: a Declaração Universal dos Direitos do Homem defende a vida, quem a agride defende a morte. Os dois discursos são equivalentes?

Sustentar sites que promovem discursos de ódio é portanto aderir ao ódio. Aqui está outra prova de que os grupos que controlam grandes veículos de imprensa são todos a favor do mito e estão então de acordo com o genocídio. Minha afirmação não é radical nem grandiloquente. Não é acusatória nem violenta. Estou fazendo só um raciocínio óbvio e exclusivamente lógico.

Preciso ainda complexificar o raciocínio e com isso repisar um argumento que levanto desde o ano passado. Defender quem está nos batendo, como fazem grupos da imprensa hegemônica, é sadomasoquismo. Aqui o requinte de crueldade é grande. Continuo amanhã. Agora vou fazer uma *live* curta no Instagram para falar da propaganda da extrema direita.

16 de agosto

O requinte de crueldade dessa história toda é o detalhe nem um pouco irrelevante: o mesmo grupo que demorou seis meses para encerrar a parceria com Olavo do Carvalho, enquanto outras empresas faziam o mesmo em seis horas, emprega entre seus funcionários alguns dos jornalistas mais agredidos do Brasil. Nesse momento, aliás, estão entre os mais atacados do mundo.

Em 18 de outubro de 2018, a jornalista Patrícia Campos Mello publicou uma matéria cuja manchete, perfeita em termos de expressividade, dizia o seguinte: "Empresários bancam campanha contra o PT pelo WhatsApp." A essa altura não preciso destacar a importância do trabalho dela e tudo o que ela representa desde então. Comecei a pesquisa que originou este diário nessa mesma data à noite. Já repeti inúmeras vezes que eu era um dos tantos que, achando ser politicamente responsável, não tinha a menor ideia do que estava acontecendo.

Tanto Campos Mello quanto outros jornalistas do mesmo grupo que se recusa a romper uma parceria com Olavo do Carvalho foram bastante agredidos tanto do ponto de vista profissional quanto, mais repugnante ainda, em sua vida pessoal. A própria jornalista ouviu o disparate, pronunciado dentro do Congresso Nacional, de que teria trocado a matéria por favores sexuais, o que ela refutou com facilidade logo depois. Ainda assim grupos ligados a Olavo do Carvalho circularam a insinuação que além de mentirosa é bastante machista, como de hábito.

A propósito foi depois de tudo isso que o grupo começou a ser pressionado a romper a parceria com Olavo do Carvalho.

Como vimos, se a recusa a não lucrar com esse tipo de gente não se deve a qualquer valor financeiro, trata-se do quê? Aqui a liberdade de expressão acaba se revelando uma desculpa esfarrapada: ninguém a confunde com liberdade para mentir, por exemplo, como o que grupos ligados a Olavo do Carvalho fizeram com a jornalista. O próprio presidente da República a insultou.

Vou ser repetitivo, pois a explicação de novo é óbvia: sadomasoquismo. O grupo demorou seis meses para romper a parceria com Olavo do Carvalho porque quer impor sofrimento a seus funcionários.

17 de agosto

Sempre que raciocínios correlatos aos que tenho feito nos últimos dias aparecem por aí, logo surge uma pergunta inevitável e com sua coerência: por que então as pessoas continuam trabalhando nos locais que as fazem sofrer?

Enfim, não sou advogado de jornalista algum. Aliás, repito que nesse momento há uma evidente má vontade com o primeiro volume deste *Diário*. Já são cinco semanas desde o lançamento e até aqui não há nenhuma nota sobre ele em qualquer jornal ou revista, mesmo as que tratam mais proximamente de livros.

Ainda assim vou lidar com a questão pois ela me parece atingir certo detalhe do mundo contemporâneo. Obviamente em primeiro lugar as pessoas trabalham porque precisam. Hoje, qualquer ambiente de trabalho (conheço até mazelas realizadas por ONGs de defesa dos direitos humanos) envolve exploração. Com o espraiamento do neoliberalismo, trabalhar agora é explorar ou ser explorado. Isso quando um não envolve o outro.

Ainda assim, a explicação não é satisfatória. Vou tentar não falar em nome de qualquer outra pessoa. É preciso suportar as contradições que o sistema capitalista, a que estamos todos submetidos compulsoriamente, sem ocultá-las ou, pior ainda, fingir que elas não existem. No caso da arte, minha saída é deixar essa contradição e, ainda outras, bem claras. O que me parece ser necessário, no caso da imprensa, é tentar furar esse sistema de agressão através da fraqueza que todo tipo de sistema oferece.[6]

---

6. Obviamente, estou ecoando aqui a *Gramatologia* de Jacques Derrida.

18, 19, 20 e 21 de agosto

Patrícia Campos Mello é a jornalista responsável por demonstrar que o atual presidente, ao contrário da ideia de muita gente (inclusive eu), fazia intensa campanha eleitoral veiculada sobretudo pelo WhatsApp. Tratava-se de uma forma ilegal de difusão de material, sobretudo porque era paga por empresários. Só isso já é proibido. Depois, eles não declararam o gasto, o que configura um tipo de caixa dois. Como eu já disse outras vezes e vou repetir, este diário começou por causa dessa matéria, sobretudo pelo meu interesse em descobrir qual material estava sendo difundido.

Entre parênteses aliás digo que até hoje pouquíssimos lugares mostraram, com clareza, o conteúdo do material, resumindo-se a dizer que se trata de "propaganda de ódio" ou, no caso da CPI no Congresso e do inquérito no STF, ataques pessoais contra determinados alvos, como ministros da própria corte e políticos adversários.

Há algumas semanas Campos Mello publicou um livro notável, *A máquina do ódio*. Trata-se de uma análise em duas partes da situação do jornalismo no mundo contemporâneo. Na primeira, ela expõe, de um lugar privilegiado, todos os meandros da campanha da extrema direita no Brasil, e depois faz uma ligação com o resto do mundo, mostrando como há um projeto único e organizado que une Brasil, Hungria, Turquia, Filipinas, Índia e em certa proporção mesmo os Estados Unidos.

Na parte em que se debruça na campanha brasileira, a jornalista deixa claro que a justiça eleitoral atuou para "abafar" todas as irregularidades da campanha vencedora. Aqui um trecho esclarecedor:

> Naquele ano, o ministro do Supremo Tribunal Federal Luís Roberto Barroso determinou que o Google, Facebook, Twitter, Instagram e WhatsApp informassem todas as transações "de impulsionamento de conteúdos na rede mundial de computadores em favor do candidato eleito à Presidência da República, sr. Jair Messias [] com o detalhamento individual de cada uma das operações". A determinação estava

equivocada: os disparos de WhatsApp estavam sob a responsabilidade das agências, não da plataforma, e eram encomendados por apoiadores, não pela campanha.[7]

É difícil que a confusão do TSE não tenha a intenção de diminuir o confronto com o Poder Executivo, jogo de morde e assopra em que o presidente atua muito bem.

A autora também deixa bem claro que a violência acontece sobretudo contra mulheres. O parágrafo seguinte resume com bastante acerto a situação toda:

> A preferência por atacar mulheres está visceralmente associada a preconceitos ancestrais. Parte dos apoiadores de líderes populistas gosta de poder se libertar do politicamente correto e se deleita com essa "licença" para dar vazão a um machismo incrustado, que muitas vezes acomete também as mulheres — é uma espécie de catarse.[8]

Há um trecho também bastante importante em que Campos Mello mostra o enorme erro, cometido até agora, do já famoso "doisladismo". Obviamente diversos tipos de reportagem precisam se ocupar da versão dos envolvidos. Os exemplos são evidentes demais para ocupar as linhas que reservei para hoje. Por outro lado, não existem dois lados para a Declaração Universal dos Direitos do Homem. Ou seja, não é possível abrir espaço para que alguém defenda que nem todas as pessoas são iguais em dignidade e direitos. O atual presidente brasileiro defendeu em sua campanha a desigualdade de direitos e por isso jamais poderia ter sido considerado um candidato normal. Ali a naturalização de 353.137 óbitos já teve seu caminho trilhado e o presidente sabe muito bem disso.

Campos Mello cita um exemplo eloquente de doisladismo:

---

7. MELLO, Patrícia Campos. *A máquina do ódio: Notas de uma repórter sobre fake news e violência digital*. São Paulo: Companhia das Letras, 2020, p. 69.
8. Ibid., p. 101.

A IMPRENSA PRECISA FAZER SUA AUTOCRÍTICA: ela foi um dos fatores que possibilitaram o surgimento dessa era. Primeiro, ao praticar a "falsa equivalência". A mídia tradicional se pauta pela obrigação de sempre ouvir os dois lados e tentar ser equilibrada, mas às vezes incorre no que se convencionou chamar de falsa equivalência. O *On the Media*, programa da National Public Radio americana, deu um bom exemplo: "O presidente Obama afirma que nasceu nos Estados Unidos e, portanto, pode ser presidente do país; seus críticos discordam." Isso é falsa equivalência. O certo seria dizer: "Barack Obama nasceu no Havaí em 1961; o movimento *birther* nega esse fato."[9]

Continuo minha análise amanhã. Hoje (não há ordem cronológica na redação das entradas) o governador do Rio de Janeiro Wilson Witzel foi afastado do cargo em uma operação estranhíssima e que lembra os antigos programas da série Lava Jato. Ele sequer foi ouvido e sua defesa alega não ter tido acesso aos autos. Foi depois que ele rompeu relações com o presidente. Tudo dá certo para o homem que está promovendo um genocídio aos olhos (nada incrédulos) de todo mundo! Por fim, ele também chamou outro dia as vítimas da Covid-19 de bundões.

O problema da falsa equivalência apontado por Campos Mello é tão forte que ela mesma, em outros momentos do livro, recai nisso. Ao defender que governos de outros espectros ideológicos também perseguem a imprensa, a jornalista logo cita o episódio em que um jornalista estrangeiro fez uma matéria de bastante mau gosto sobre Lula e teve o visto revogado por alguns dias. Não há obviamente paralelo possível. O atual presidente age concretamente para sufocar a existência da imprensa enquanto dia sim e outro também exorta seus seguidores, que estão na casa das dezenas de milhões, a agredir fisicamente jornalistas. Nenhum outro presidente da história do Brasil fez qualquer coisa parecida. Aqui o que ocorre é o velho problema da imprensa com o corpo de Lula, que acomete até mesmo os melhores profissionais.

---

9. Ibid., p. 162.

O livro, ainda, não mostra com clareza o conteúdo da propaganda extremista, limitando-se a reproduzir alguns episódios de agressão. Não há o salto, que de resto tanto a imprensa quanto o Poder Judiciário recusam-se o tempo inteiro a fazer, para mostrar que a propaganda é na verdade uma agressão violenta à Declaração Universal dos Direitos do Homem.

Por fim, Campos Mello também recai num erro muito comum: achar que essas agressões à dignidade humana são apenas pretextos para esconder o fracasso da política econômica e as acusações de corrupção que recaem o tempo inteiro sobre o presidente e sua família. No trecho a seguir, impressiona como ela diz que esses ataques não são "fatos importantes":

> O pior de tudo é pensar que os alvos dessas campanhas de assassinato de reputação são meras peças na estratégia de comunicação digital do governo. Os ataques são lançados para distrair as pessoas, fazer com que elas não prestem atenção em fatos realmente importantes. Tal como o americano Donald Trump, [] é um profissional da fabricação de factoides.[10]

Na verdade não existe diferença: é uma política única em que se houver um aspecto que sirva para enevoar outro, é a economia que ocupa as violações de direitos humanos, e não o contrário.

22 de agosto

Antes de mergulhar na minha próxima análise, vou fazer aqui um pequeno panorama da nossa situação, para quem estiver me lendo daqui a seis meses possa ter a exata localização no tempo. Até lá a tragédia será ainda pior. O fim de semana que começa hoje deverá terminar com 115 mil mortos pela Covid-19.

O presidente da República afirmou há alguns dias que o uso da máscara não faz nenhuma diferença. Pouco tempo depois levantou nos braços um

---

10. Ibid., p. 108.

anão como se fosse uma criança. (Nada impede que ele tenha feito isso de propósito.) Depois, durante uma inauguração no Nordeste, afirmou ser uma figura política imbroxável. Tenho que concordar: tudo lhe dá certo e a oposição organizada não existe.

Um de seus assessores fez circular nas redes sociais uma mensagem com apenas três palavras: *Oderint dum metuant*. A tradução é "detestem-me desde que me temam". Ele não disse, obviamente, só que se trata do lema de um grupo europeu neonazifascista, o C18, responsável inclusive pelo assassinato de imigrantes e refugiados. Hoje, o editorial do jornal *Folha de S.Paulo* se chama "Jair Rousseff". Não preciso ir mais longe que essa mera menção para explicar do que se trata. Apesar do genocídio em curso (pior que esse só mesmo o contínuo assassinato da comunidade indígena e negra — e nem diferença há, pois são eles que estão morrendo principalmente), ele dá a impressão de que mesmo o meio artístico parece ansioso para que logo tudo volte ao normal, o que significa normalizar as mortes. Depois, vão escrever narrativas contando tudo, sem obviamente buscar uma forma que na verdade possa impedir uma situação política como essa. Desejo a todos um ótimo fim de semana.

23 de agosto

Não vou começar uma nova análise hoje. Para ser sincero, ainda não decidi exatamente o assunto. Não sei se vou desde já discutir a obra de Cristovão Tezza, sobretudo os últimos livros, contextualizando-a com suas declarações reacionárias, ou se por outro lado faço a trajetória do mito durante a pandemia para mostrar como ele é capaz de virar tudo a seu favor. Devo ficar com a primeira hipótese agora, pois a segunda precisa esperar um pouco, já que a coisa ainda não terminou.

De ontem para hoje chamou-me atenção o fato de diversos setores que se acreditam progressistas estarem reivindicando de forma mais ou menos dissimulada o retorno às aulas presenciais. Trata-se de uma solicitação absolutamente contrária ao que pede os sindicatos dos professores que estão trabalhando pelo retorno apenas com a vacina.

Há obviamente uma razão para isso. Muitos pais estão esgotados com as crianças em casa. Dá para entender. Depois, as próprias crianças já apresentam sinais de desconforto psicológico com a situação, o que também é inevitável. Anormal seria o contrário.

Há um outro motivo para o retorno: agora muitos setores da sociedade, o cultural incluído, estão inclinados a normalizar a situação. Logo começam a sair as primeiras narrativas que vão tratar da pandemia. A palavra genocídio praticamente sumirá. Ontem terminei com essa mesma afirmação: repito-a hoje e amanhã começo uma nova análise.

24 de agosto

Em junho de 2017, quando o golpe contra Dilma Rousseff já contava com quase um ano e a Operação Lava Jato abria franco caminho para a eleição do mito, o escritor Cristovão Tezza publica na *Folha de S.Paulo* a crônica "Às vezes, o que parece tramoia da CIA é apenas a voz judiciosa da província". No texto, o mesmo nome que assina *O filho eterno* tenta nos provar que Curitiba é uma cidade provinciana e que a população usa cinto de segurança não porque é importante e sim por causa da lei. A ideia escrita em estilo agridoce e bastante cafona é mostrar que a tal "República de Curitiba", organizada e ativa para intervir na vida política brasileira e impor um ideário de extrema direita, punitivista e policialesca, não existe. Para o escritor, o ex-juiz e ex-ministro Sergio Moro é apenas uma figura com horizontes limitados e que simplesmente cumpre a lei, sem nem mesmo imaginar o que pode estar causando.

Como o trecho é de deixar qualquer um embasbacado, cito literalmente:

> [...] a "República de Curitiba", o antro de conspiradores criado pela inesgotável verve de Lula, é apenas o reflexo de um juiz de primeira instância que, no uso da burocracia, caneta à mão, ao seguir um processinho miúdo, foi desdobrando ao pé da letra a letra da lei, talvez sem perceber no primeiro instante a dimensão do monstro que

gerava. Às vezes, o que parece tramoia da CIA é apenas a voz judiciosa da província com uma tabuinha de regras pendurada na parede.[11]

Enfim, não resta nem o benefício do desconhecimento: àquela altura a parcialidade do ator, ex-juiz e ex-ministro Sergio Moro já era bem conhecida. Depois das revelações do Intercept, hoje todos sabemos que de tacanha e sem intenções extrajurídicas a Operação Lava Jato não tinha e não tem nada. Ao contrário, o juiz tornou-se ministro do candidato eleito em boa parte graças às suas decisões. Moro foi usado pelo mito, é verdade. Essa é outra questão. Amanhã apresento o que Tezza, segundo matérias recentes, acha da "esquerda" e do presidente brasileiro.

25 de agosto

Essa é a manchete com que há cinco dias o jornal *Zero Hora* estampa uma entrevista de Cristovão Tezza, nosso autor em questão. "Não é de direita nem esquerda. O bolsonarismo é *ausência de política*."[12] A manchete resume as respostas do escritor.

Anos antes, Tezza diz o seguinte:

> Agora penso na boa ficção. Nela o mundo da opinião é antes observado do que assumido. Na obra ficcional de peso, as opiniões são objetos distanciados do olhar. O narrador afastando-se do instante presente para melhor compreendê-lo. A escrita ficcional cria um ambiente de sentimentos onde se movem os pontos de vista, nunca abstratos, mas imersos em seu meio concreto, de onde extraem nitidez, o tempo se suspende no processo de representação de hipóteses da existência. De certa forma, toda obra de ficção bem realizada sabe mais do que o seu autor, ultrapassa-o, transborda os seus limites pessoais, porque

---

11. Digita no Google, não dou bibliografia para essas coisas.
12. O itálico é do jornal, talvez para ressaltar o tamanho da asneira.

sua matéria fundamental são linguagens coletivas, vozes distintas e contraditórias, palavras já povoadas pelos outros; um bom narrador, paradoxalmente, mais ouve do que fala.

Enfim, o trecho é coalhado de clichês, no geral bastante constrangedores e pueris. "Toda obra de ficção sabe mais do que seu autor" é uma tolice: quem chegará a qualquer possível significado de um trabalho artístico não é o artista e muito menos a obra, que é tão somente um objeto inanimado. Sei que é bonito e muitos leitores café com leite gostam de dizer que os livros "falam". Se você ouve vozes dentro de um deles, aconselho a busca de ajuda especializada. Se possível, agora.

O trabalho de Tezza é na verdade outra tentativa de desideologização. Para ele a obra de arte está acima disso tudo, ela não é nem de direita nem de esquerda, e sim a ausência de ideologia única, já que contempla diversas vozes. Em resumo, o presidente brasileiro, para nosso autor, é uma obra de arte bem realizada. Só que as centenas de milhares de mortos, não...

1º de setembro

Vou passar agora alguns dias analisando os dois últimos romances de Cristovão Tezza, que me parecem um bom exemplo da alienação conservadora que tomou conta de boa parte da literatura. Antes, como estamos virando o mês (e gostei da impressão de crônica da nossa catástrofe que muitos leitores do *Ano I* estão tendo), relembro o estágio a que o neofascismo chegou entre nós.

Ontem contamos 121.515 mortes em decorrência da Covid-19. Esse é o número do consórcio de veículos de imprensa que está fazendo a contagem. O real já deve ser o dobro, para falar o mínimo. Há algumas semanas a denúncia de que o Brasil vive um genocídio ecoou em parte por conta da declaração do ministro Gilmar Mendes: "Gilmar cita genocídio de índios e volta a criticar excesso de militares no Ministério da Saúde. Ministro do

STF criticou governo federal por tentar se eximir de responsabilidade na pandemia."[13]

Alguns telefonemas e as ações de praxe da tropa de choque do mito fizeram a denúncia desaparecer. O número de mortos foi naturalizado e agora a oposição grita que vamos chegar a 150 mil. E não faz mais coisa alguma. O presidente por sua vez sabota cada vez mais as medidas de contenção, o que serve também para tornar as mortes apenas algo rotineiro. Sobre elas já pouco se fala, até porque de fato o assunto ficou repetitivo. Agora a discussão é o retorno às aulas, o que é uma nova fase da naturalização, já que obviamente usa um argumento ainda mal disfarçado e quase pronunciado dessa maneira: tanta gente está morrendo mesmo, por que deixar as crianças sem aula? A essa frase segue outra, também não pronunciada e sempre insinuada: professor no Brasil sempre se ferrou, qual o problema agora?

2 de setembro

Nos últimos anos, sempre em tom realista, Cristovão Tezza está lançando alguns romances cuja matéria parece ser o Brasil contemporâneo e suas infinitas crises. Se levarmos em conta a própria ideia do autor, seus livros sabem mais que ele...

Em *A tirania do amor*, publicado em 2018, um economista se apresenta em crise e busca saídas para o que ele mesmo compõe como uma espécie de encruzilhada: escapar do maçante dia a dia ou conformar-se com a segurança? Mesmo um momento de calmaria inicial acaba gerando dúvidas:

> *Porque nós já caímos* — ele saiu do elevador com esta frase renascida em segundo plano, momentaneamente incerto de onde ela vinha à sua cabeça e qual o sentido, que lhe pareceu bíblico, mas de alguma forma adequada ao seu momento: a imagem quase que o acalmava. A entrada no seu andar da Price & Savings deu-lhe uma sensação

---
13. Ver *Folha de S.Paulo*, 15 jul. 2020.

boa, um apoio esquisito num momento de vertigem, a segurança da rotina, a imponência das portas de vidro e a elegância do logotipo, *de certa forma somos especiais,* disse-lhe o chefe ao café com um discreto toque sublime na voz, acreditando no que dizia. A rotina: ele sabia o que ia fazer nas próximas horas, o seu trabalho burocrático muito aquém de seu imenso potencial desperdiçado, mas aqui ele não precisava pensar, e ainda com a breve felicidade de encontrar a filha para o almoço bem neste dia crucial, uma válvula de escape, um respiro, ele gostava especialmente de sua filha pelos mistérios do afeto familiar, sabe-se lá por que algumas pessoas nos tranquilizam mais do que outras — *eu vou me distrair um pouco,* decidiu ele, enquanto agradecia ao jovem e respeitoso colega de elevador e de trabalho que gentilmente lhe abriu a porta imensa para lhe ceder passagem, quando então ele lembrou do que havia ouvido depois das catracas, *O homem cai ou não cai?,* sim, foi ele que disse, eu entendi mal, *porque nós já caímos.*[14]

O livro é composto na verdade por uma série de diálogos em que o protagonista vai enfileirando tentativas de reflexão. Aos poucos fica claro que sempre que uma questão atinge, mesmo que de raspão, algum tipo de esquerda, ela é caricaturizada e acaba imersa em uma confusão que desemboca em algo caseiro. Cito um dos trechos mais infelizes:

> Riram, e não largaram as mãos. Os olhos de Otávio se concentraram na capa da revista na banca próxima, faltam trinta passos redondos para a fachada marmórea do capitalismo triunfante (e ele pensou em sepulturas e capelas mortuárias suntuosas do Sky Business Center II, que abrigava lá no alto os três andares da Price & Savings, de onde provavelmente seria despedido em breve) — CHAPA DILMA-
-TEMER NA GUILHOTINA —, a cabeça de Dilma já no chão, o sorriso de escárnio e de vingança, a de Temer ainda presa na base,

---

14. Sai fora.

olhos esbugalhados aflitos na lâmina caindo acima, e ele admirou o talento do cartunista, os traços irresistíveis, comprar a revista para ler o que eu já sei? Desviou doze passos (esses não contam, ele contabilizou, *despesa operacional*), pegou um exemplar da pilha e entrou na banca, até o balcãozinho atulhado de tralhas, atrás do qual se escondia um senhor cansado. Ainda indeciso, leu a chamada para um editorial de primeira página: "*O país está nu*", e enfim tirou a carteira do bolso. Estou só ganhando tempo. *Você vai mesmo se separar da mãe?* — a pergunta ressoou de novo arrastando-o para o desconhecido, enquanto ele folheava a revista sem se deter em nada. Tentou entender: *se eu não alucinei, havia um tom aflito na minha filha, mas, debaixo dele, um toque de excitação pela novidade, quem sabe alguma coisa boa: a vida muda. Ela é só uma criança.*[15]

Vou poupar o leitor de inúmeros outros exemplos parecidos. Ao final, com a crise nem perto de ser resolvida, o narrador apenas ridiculariza o que para ele seria um ato subversivo:

Um carro passou em alta velocidade — no outro lado da rua um muro em ruínas deixava ver a pichação talvez recente, *A BURGUESIA FEDE*, letras negras escorridas como num cartaz de filme de terror, e fantasiou seu filho Daniel divertindo-se com o spray de tinta em sua primeira missão revolucionária.
— Idiotas.
Pensou em caminhar até em casa — seriam três mil e seiscentos metros, calculou, multiplicando o número de quarteirões por cem —, mas permaneceu imóvel.[16]

Claro que nada disso é gratuito. Agora estou com nojo. Continuo amanhã.

---

15. Ibid.
16. Ibid.

3 de setembro

O presidente brasileiro afirmou ontem que pessoas com bom preparo físico não precisam temer a Covid-19. Um de seus filhos (nunca consigo distingui-los direito) continuou a campanha antivacina. O número de mortos em decorrência da pandemia ultrapassou a casa dos 124 mil. Hoje, foram exatamente 830 brasileiros.

O ministro Gilmar Mendes bem que tentou, só que o genocídio por sua vez acabou naturalizado sem muita discussão e muito menos oposição. Dava para produzir amplo material sobre o assunto, comparando o que o Brasil está vivendo com outras tragédias humanitárias, e com isso o debate poderia ter se tornado algum tipo de movimento político de resistência. Vou dar um exemplo: em 2018 a London School of Hygiene and Tropical Medicine produziu um estudo sobre o número de mortos no conflito do Sudão do Sul.[17] Em cinco anos morreram por volta de 400 mil pessoas, vítimas tanto da violência direta quanto das consequências da guerra, como fome, doenças infecciosas etc. O número de mortos em um ano, portanto, foi de 80 mil. Ou seja: a má administração da pandemia no Brasil mata mais do que o conflito no Sudão do Sul. O número de mortos no Brasil, considerados os óbitos por ano, também é superior ao conflito na Síria.

Ainda assim o país continua fingindo que as instituições funcionam. O presidente venceu por exaustão e logo conseguirá naturalizar completamente a situação. É um sucesso atrás do outro de uma pessoa que anunciou claramente suas intenções durante a campanha. No começo do ano que vem os hospitais de Manaus não terão sequer oxigênio para oferecer aos pacientes de Covid-19...

Faleceu hoje o antropólogo David Graeber, um intelectual bastante inclinado à militância pública. Ligado ao movimento curdo, foi um nome importante durante os eventos do Occupy Wall Street. Produziu inúmeros

---

17. Ver <www.lshtm.ac.uk/newsevents/news/2019/war-south-sudan-estimated-have-led-almost-400000-excess-deaths>.

estudos sobre economia, mostrando por exemplo como o endividamento é um projeto consciente dos donos das grandes fortunas. Um de seus últimos trabalhos se chama "Empregos de merda", o que já dispensa resumo. Entre julho de 2015 e março de 2017, quase dois anos portanto, o conflito entre a Turquia e os separatistas curdos deixou 2 mil mortos. É a quantidade de gente que vai morrer no Brasil entre ontem e hoje.

Não tenho mais condições nem espaço para discutir a obra de ficção de Cristovão Tezza hoje. Volto amanhã.

4 de setembro

Lançado muito recentemente, *A tensão superficial do tempo* parece ser uma continuação, tragicamente ainda mais reacionária, do livro anterior de Cristovão Tezza. Agora, um professor passa o tempo, depois do divórcio (que então parece ter ocorrido entre o livro anterior e esse), entre conversas com colegas de trabalho e com a mãe, fã de cinema. Na cabeça do escritor haveria uma contradição entre o professor ser um homem de esquerda e ao mesmo tempo um enorme pirateador de filmes.

O livro inteiro é constituído por diálogos aparentemente antitéticos cujo pano de fundo é a eleição do mito. A princípio, amplos espectros ideológicos seriam contemplados. Precisamos ir devagar aqui: as personagens de esquerda, como no romance anterior, são caricaturas. Ao mesmo tempo, resta o velho moralismo conservador, que traz algumas essencialidades: o ridículo de morar com a mãe aos quarenta anos, o patético que é nessa idade ter crises de fundo existenciais e a frouxidão do que parecem ao autor questões incontornáveis, como a repulsa à pirataria (a falta de acesso a bens culturais é muito pouco discutida). Enfim, as personagens de direita são sempre mais seguras em suas opções, ainda que só reproduzam clichês que parecem colados no romance por um administrador de grupo de WhatsApp em apoio ao mito:

> Até agora, colegas, e já estamos em julho (ou isso aconteceu na semana passada? Não lembro; não, foi quando começaram as queimadas na Amazônia), até agora, repetiu ela, erguendo o indicador, não apareceu nenhum grande escândalo de corrupção, depois de praticamente quinze, vinte, trinta anos, sei lá. Desde que os militares da Revolução de 64 devolveram o poder. Quantos anos, quantas décadas de roubalheira? Ou já esqueceram? Os índices de homicídio estão caindo; a violência também está em queda; quase que já dá para sair na rua. [...] Mas talvez essa vitória em bloco do governo não signifique nada para vocês. Vocês estão mais preocupados com o direito ao aborto, com o vitimismo racial e com o casamento gay.[18]

Quando personagens de esquerda falam, o que ocorre é o reforço dos argumentos de quem defende o governo, agora em tom mais fragilizado:

> [...] o que a Juçara diz representa a opinião de muita gente, para quem o que chamamos de conquistas sacramentadas da civilização não significa nada; é uma coisa assustadora, e tem de tudo aí, juntando os fios, desde o miliciano mafioso infiltrado na rede política até a evangélica que apenas não quer ser assaltada no ônibus, como a minha diarista ontem, na linha do Santa Cândida.

Obviamente o mal que a ministra Damares está fazendo ao país vai bem além da proteção a assaltos no transporte coletivo. No final das contas, o livro é uma defesa do governo de extrema direita travestido de literatura que dá espaço para todos os lados. Obviamente redigido antes do genocídio, em um mês o romance se tornou inócuo. Amanhã vou tentar refletir sobre os interesses por trás dessa história, defendida por Tezza, de que a literatura não tem ou não deve ter ideologia.

---

18. Também achei um horror.

5 de setembro

O governo usou hoje um canal oficial de comunicação para agredir o humorista Marcelo Adnet. Ele havia feito uma paródia a um vídeo cafona da Secretaria de Cultura e a turma do mito não gostou. É a segunda vez que Adnet incomoda intensamente o capitão e seu entourage. Comentei no volume I seu brilhante método de agir.

Tezza defende a literatura de viés realista. Para ele, repito, "na obra ficcional de peso, as opiniões são objetos distanciados do olhar. O narrador afastando-se do instante presente para melhor compreendê-lo". O romance então seria um conflito de versões, visões e realidades, em que o narrador enxergaria tudo de longe. Ele não preconiza, portanto, sequer um retorno ao Modernismo; pretende na verdade regredir duas gerações! Nem mesmo o grande relato e seu confronto com os limites da linguagem nosso romancista deseja. Obviamente tudo isso tem uma intenção.

Nosso tempo vive, há algumas décadas já, uma grave crise quanto aos grandes relatos e suas possibilidades de representação. Nos dois romances que apresentei, a única crise é a que atinge as personagens de esquerda, que são comezinhas e banais. Os únicos confrontos são ideológicos, e o narrador se apresenta como uma espécie de apresentador distante desses choques. O que importa assim (e é também só o que resta para esses livros) é a forma como esse confronto é solucionado.

As tramas no final das contas caminham no sentido do apaziguamento. Os confrontos vão se acomodando através de uma grande entropia inevitável. Tudo sempre é melancólico e no final das contas a visão das personagens conservadoras acaba prevalecendo, já que as outras são no máximo patéticas. Basta lembrar o fim repulsivo de *A tirania do amor*.

A prevalência dos conservadores parece inevitável, como a propósito o escritor pensa: "O mundo é naturalmente conservador, as pessoas são conservadoras, o dia a dia é conservador, isso por uma questão de sobrevivência."[19] Ao afirmar, em outro lugar, que a literatura está acima de qualquer ideologia, ele só tenta esconder a sua própria, que é abjeta. Outra vez a ministra Damares, o Paulo Guedes e o próprio presidente agradecem a Cristovão Tezza o trabalho realizado.

6 de setembro

Uma definição clara e abrangente de genocídio está na "Convenção para a prevenção e a repressão do crime de genocídio", aprovada pela Assembleia Geral da ONU em 1948:

> ARTIGO II
> Na presente Convenção entende-se por genocídio qualquer dos seguintes atos, cometidos com a intenção de destruir no todo ou em parte, um grupo nacional, étnico, racial ou religioso, como tal:
> a) matar membros do grupo;
> b) causar lesão grave à integridade física ou mental de membros do grupo;
> c) submeter intencionalmente o grupo a condição de existência capaz de ocasionar-lhe a destruição física total ou parcial;
> d) adotar medidas destinadas a impedir os nascimentos no seio de grupo;
> e) efetuar a transferência forçada de crianças do grupo para outro grupo.[20]

A Convenção foi promulgada por Getúlio Vargas em maio de 1952. Listo aqui alguns dos genocídios ocorridos depois da data dessa declaração. Antes, o mundo viu muitos, só que eu preciso de um marco.

Saddam Hussein promoveu uma grande perseguição aos curdos. O massacre de Halabja, operado com armas químicas, deixou 5 mil mortos. Já a

---

19. Joga essa merda no Google que você acha. O mundo não é naturalmente conservador. O mundo não é naturalmente nada.
20. Ver <www.planalto.gov.br/ccivil_03/Atos/decretos/1952/D30822.html>.

Campanha Anfal, que consistiu na perseguição promovida por Hussein ao povo curdo do país entre 1986 e 1989, deixou, na estimativa com o maior número de vítimas, 182 mil mortos, o que dá 45.500 mortos por ano. A Guerra da Bósnia durou três anos (de 1992 a 1995) e deixou por volta de 200 mil mortos, o que resulta em pouco menos de 70 mil por ano. O genocídio que os hutus promoveram contra os tútsis em Ruanda deixou em quatro meses 1 milhão de mortos, o que deve ter sido a maior tragédia das últimas décadas e uma das maiores da história humana.

Há ainda outros números, como já afirmei: os mortos na Guerra da Síria, por exemplo.

Na data de hoje, a Argentina tem 9.739 mortos em decorrência da Covid-19, o que dá 217 óbitos por milhão de habitantes. O Brasil tem quase três vezes mais: 596 óbitos por milhão, exatamente o mesmo número que os Estados Unidos. Há alguns países em situação pior, como por exemplo o Peru (com dramáticos 1.010 mortos por milhão), a Espanha (629) e o Chile (642). O Reino Unido também se sai mal, com 634 óbitos. Há por outro lado países em situação melhor: a Romênia tem 199 óbitos, o Nepal tem oito, o Marrocos, 37, e o Paraguai, sessenta. Consultei esses dados hoje. Amanhã vou analisar a reação de cada um dos governantes de alguns dos países citados.

7 de setembro

Parabenizo o Brasil pela sua independência.

A Argentina tem nos últimos dias visto um aumento no número de contaminados e óbitos por causa da Covid-19. Ainda assim, nada que se compare ao Brasil. Em primeiro lugar, os governos federais e estaduais, sendo oposição ou situação, agiram em sintonia, tomando medidas comuns, inclusive através de um amplo e coordenado sistema de informações.

O presidente Alberto Fernández agiu com firmeza e o confinamento foi respeitado. Em alguns períodos, apenas farmácias e supermercados permaneceram abertos. A população colaborou bastante, inclusive porque em sua maioria compreendeu a gravidade da doença. O "Plano Detecta", por exemplo, fez um grande número de testes, o que ajudou a isolar os assintomáticos. Em maio, o ministro Paulo Guedes declarou o seguinte: "Não seremos a Argentina ou Venezuela, estamos em outro caminho, o caminho da prosperidade, não o caminho do desespero." Em janeiro do ano que vem, a Venezuela oferecerá oxigênio para os hospitais de Manaus...

O número de mortos hoje no Brasil é de 126.680. No dia 23 de novembro, o jornal O *Estado de S. Paulo* irá informar que 6,8 milhões de testes estão para vencer nos armazéns do Ministério da Saúde. Pois não foram usados. A testagem é uma das principais armas para evitar mortes por Covid-19.

Genocídio.

Uruguai e Paraguai também têm um bom desempenho no combate ao novo coronavírus. As atitudes dos governantes são basicamente as mesmas. É importante observar que quando o Brasil iniciou a quarentena, em março, a situação já era bastante dramática por exemplo na Itália, que não havia adotado nenhuma política firme de proteção. Repito: o governo brasileiro sabia dos resultados da frouxidão que iria induzir. Vale dizer que a Morte adotou todas as medidas contrárias às que estavam funcionando fora do Brasil. Obviamente fez isso de forma coordenada e consciente, até porque, como vimos, chegou a ser avisado por um de seus ministros, Luiz Henrique Mandetta.

8 de setembro

De vez em quando eu me sinto desesperado. Como sempre não consigo ter reações grandiloquentes. Entre os 25 e os 30 anos, mais ou menos, eu bebia muito e tive episódios com drogas. Nem sei por que escrevi isso, pois, com exceção de uma vez, nenhuma das outras foi ruim ou ligada a qualquer fase difícil da vida. Também já arrumei uma ou outra confusão em redes sociais. Foram poucas e aprendi a circular rápido. Enfim, a lista está confusa. É muito tarde e tive outro dia bastante estranho e muito carregado, acho que justamente desde que escrevi a entrada de ontem. De novo este diário deixou de me fazer bem. A propósito, em muitos outros momentos de desespero vim escrever. E eu escrevo muito. Talvez tenha me ligado à prática artística porque nela reconheça a presença de uma crise permanente. De um jeito ou de outro também é um pouco arrogante da minha parte achar que possa escrever algo que vá mudar alguma coisa. Esta última frase também me parece confusa. Acho que vou apagá-la na primeira revisão. Não sei. Meus olhos estão muito pesados.

Observei nos últimos dias as discussões das redes sociais. Elas não são definitivamente irrelevantes. Ao contrário, talvez hoje sejam um espaço decisivo. Segundo o livro que resenhei há alguns dias (*A máquina do ódio*), de fato, são fundamentais. O que deveria construir uma oposição ao presidente está até agora discutindo se tem algum sentido (ou se é válido, ético e sei lá mais o quê) ser hoje stalinista. Houve um desdobramento um tanto mais consequente quanto à mortalidade que o liberalismo (ligado ao colonialismo) também causou. Tudo isso em meio a um genocídio que, de fato, atinge muito pouco essa gente. Hoje circulou mais um texto explicando que a letalidade causada pela Covid-19 é sobretudo ligada a condições sociais. Enfim, eu não deveria estar sequer escrevendo isso, pois, como afirmei há alguns dias, estou certo de que vivemos um genocídio. Poucas pessoas ainda falam nisso no Brasil, uma delas é o próprio realizador do massacre. É essa a manchete do texto que acabei de ler antes de vir escrever aqui: "[] diz que ficou com pecha de genocida por defender a cloroquina."[21]

Genocídio.

9 de setembro

O que tentei dizer ontem, em estado desolador, é que o presidente parece estar sempre algum tempo adiantado. Oposição real ao governo dele, ao

---

21. Ver <www1.folha.uol.com.br/equilibrioesaude/2020/09/bolsonaro-diz-que-ficou-com--pecha-de-genocida-por-defender-a-cloroquina.shtml>.

menos nesse momento não há. O que temos são discussões intermináveis, que nunca conseguem redundar em qualquer tipo de ato político concreto.

Uma parte considerável desse debate consiste em falar do "próximo passo rumo ao autoritarismo", que o governo estaria dando. Enquanto isso, do outro lado o presidente opera sua política de extermínio.

Não estamos na antessala do nazifascismo: ele está a pleno vapor e talvez tenha chegado a um de seus auges: a destruição física do grupo social que sempre incomodou as classes mais altas.[22] Enquanto as pessoas perdem enorme energia discutindo se o stalinismo é mais assassino que o liberalismo e qual será a próxima ação da Morte rumo ao autoritarismo, o presidente faz piada das queimadas do Pantanal e toma inúmeras atitudes para aumentar o potencial letal da Covid-19. Estamos brigando para descobrir se teremos café da tarde quando o poder real já tomou a ceia noturna se divertindo com nossa estupidez.

Quanto à fala de ontem ("me deram a pecha de genocida por defender a cloroquina"), ela é mais do que uma confissão: é o próprio mecanismo de defesa. O presidente construiu sua imagem de tal forma que tudo o que diz não é levado a sério. Agora está claro porque ele disse que a ditadura devia ter fuzilado 30 mil e que levaria não sei quantos outros para a ponta da praia. Ele criou esse estado de negação. Como não é levado a sério, sabe que pode falar qualquer coisa que nada vai acontecer. Ao contrário, com isso acaba inclusive ocultando o que de fato ocorre. O presidente brasileiro pensa da seguinte forma: consegui fazer com que toda a oposição a mim ache que sou um idiota. Assim vão pensar que tudo o que eu digo é o contrário, com isso vou distraindo-os enquanto cumpro meus planos. Em troca dos milhares de cadáveres que quero ter na conta do meu governo, ofereço algumas quimeras. Entre elas as reformas. Como são tolos.

Somos mesmo.

---

22. Sobre esse assunto recomendo os livros fundamentais de Jessé Souza.

10 de setembro

Em novo livro, o jornalista Bob Woodward revela que Donald Trump admitira, em gravações especialmente realizadas para a obra, que sabia dos riscos da Covid-19 desde fevereiro. Não fez nada por inúmeros motivos diferentes, entre eles não alarmar a população. A desculpa é parecida com a do mito, o que novamente mostra como o projeto de extermínio no Brasil está subordinado a outro maior. Hoje, as mortes nos EUA ultrapassaram as 191 mil pessoas. Aqui no Brasil, amanhã provavelmente atingiremos a marca dos 130 mil. Confirmo para vocês.

O preço do arroz sofreu um disparo gigantesco nos supermercados. Um membro do governo chegou a sugerir que, na falta do grão sagrado, que o povo coma macarrão. Trata-se obviamente de um deboche e ao mesmo tempo de um desafio. Ele sabe o que aconteceu com quem, há poucos séculos, sugeria que a população faminta consumisse brioches, já que não tinham pão. Aqui, a frase tem uma série de significados: a) por atos realizados no governo, poucos são punidos no Brasil, e no geral, quando são, sua culpa é bastante duvidosa. Mesmo assim a punição só se dá por questões políticas: Lula foi preso justamente para que as intenções políticas do juiz encarregado pelo caso pudessem se concretizar; b) uma frase como essa apenas redunda em revolta quando grande parte da população deseja isso, e aqui é o contrário. A impressão que me dá é que as inúmeras forças políticas agem para que justamente nenhum tipo de revolta tome força por aqui. Algumas se ensaiam e logo perdem força; c) a tal liberdade de mercado com que muitos justificam o voto em um candidato abjeto é uma piada e como tal é preciso rir dela, coisa que membros do governo sempre fazem.

Em resumo, no Brasil atos criminosos de governo não são punidos, desde que de fato ocorram e sejam graves. De novo inclusive aí está a razão de o presidente citar a pecha de genocida. Vamos lembrar que Fernando Collor, por quem todos os meus leitores sabem que não tenho a mais remota simpatia, foi retirado do cargo a que foi eleito por algo muito menos grave do que a Morte até agora faz. Quanto à Dilma, então, aí a hipocrisia da classe alta fica pequena: é tendência genocida mesmo.

11 de setembro

Tudo isso tem me feito muito mal, inclusive em termos pessoais. De vez em quando fico muito em dúvida se não estou exagerando. Não estou. Chegamos hoje à cifra de 130.396 mortes em decorrência da Covid-19.

Pensei muito se deveria de fato escrever sobre as razões mais imediatas do meu mal-estar. Acabei há algum tempo (acho que é 1 hora da manhã do dia 12, sábado) de assistir a uma conversa sobre o lançamento de um filme que trata do surgimento da extrema direita no Brasil. Até aí, nada demais e muito menos de novo. Eu talvez pudesse tentar alguma reflexão sobre os atentados às torres gêmeas, que completam dezenove anos hoje. Só que não consigo: estou bastante impressionado, para dizer o mínimo. Senti um pouco de náusea no final da conversa. Ela envolveu, além do diretor, que eu não conhecia, um crítico literário que merece respeito e uma outra pessoa por quem sinto afeto. Ambos estão muito ansiosos por serem reconhecidos como os grandes intérpretes do nosso tempo, passaram o debate inteiro trocando elogios e não disseram nada muito diferente do que escrevem por aí. No final, falaram algo que me causou profundo incômodo: precisamos agora continuar essa conversa com um vinho e uma boa massa. Depois disso um deles se apresentou como gastrônomo e o terceiro achou a ideia ótima.

É isso que se tornou o debate sobre a nossa catástrofe: uma conversa civilizada e inteligente entre homens cordiais que se tivessem um vinho estariam muito satisfeitos. Todos já ocupamos nossos lugares, somos os intérpretes da nossa desgraça, escrevemos um diário e gravamos podcasts. Em minha defesa, ao menos acho que me sinto bem mal há já bastante tempo. Tenho cada vez mais vontade de me isolar e muitas vezes queria estar em outro lugar e sobretudo em um momento histórico bem diferente. Se alguém me convidar para discutir o genocídio com uma boa massa, já logo digo qual será a resposta.

Outra crise que vivo de forma muito incômoda é a dificuldade para escrever o romance que eu havia planejado no começo do ano. Ao contrário, aqui e ali faço um livro de poesia muito violento e desagradável. De um jeito ou de outro, dá para ver que o mito ganha muito com a naturalização de sua enorme disposição para a morte. É isso, tomem um vinho enquanto discutem o quanto ele faz mal para o Brasil.

A propósito, ontem o mito contou uma piada de cunho sexual na frente de uma criança que teve o enorme azar de ser colocada ao seu lado na *live* que o presidente faz às quintas-feiras nas redes sociais.

12 de setembro

Decidi que vou manter a entrada anterior, apenas ocultando o nome dos envolvidos. Acho que representam uma questão séria para a nossa realidade, o que de fato talvez emperre mesmo a superação do neofascismo: o gozo que muita gente tem sentido com a própria inteligência, capacidade de se manter fora da degradação contemporânea (que é ilusória, já que o destino será coletivo) e inclusive o amor pelas fraquezas que enxergamos nos outros. O presidente brasileiro é tão rebaixado que eleva o nível de muita gente. Precisamos de fato trabalhar com algum outro tipo de matriz argumentativa, que não seja a comparação. Definitivamente não podemos sequer gostar das nossas análises. Estamos fazendo uma atrás da outra porque vivemos em uma nação desgraçada. Precisamos parar com isso: o que significa deixar esse presidente para trás. Qualquer análise que não seja portanto um gozo sobre si mesma precisa em primeiro lugar (e sobretudo) estar envolvida na superação do neofascismo. Talvez seja esta a saída mais razoável para não recairmos no jantar gourmet com vinho para falar de um jeito civilizado e inteligente sobre aquele que está empreendendo o genocídio.

Aqui não há nenhuma proposta reacionária. Não quero que retornemos ao mesmo momento anterior à eleição do pior candidato da história eleitoral brasileira. Essa tragédia está incrustada na nossa vida para sempre. É pior que uma queimadura, já que não permite nenhum tipo de cirurgia plástica. Somos daqui em diante uma nação fraturada: 57.796.986 de votos em uma pessoa cuja única proposta era promover racismo, machismo e homofobia não são limpos como se fossem lama velha na calça. Acho que devemos, isso sim, aprender a andar outra vez. Não quero brindar porra nenhuma.

13 de setembro

Em 2 de outubro de 1992, com 17 anos, eu frequentava o ensino médio e tinha basicamente duas turmas: os jovens remanescentes do movimento punk e os jogadores de xadrez que se reuniam no Clube de Xadrez São Paulo, na praça da República. No resto do tempo lia e me sentia sozinho. Essa narrativa aparece no primeiro volume do *Diário*, publicado no começo de 2020. No meio de uma rebelião, a Polícia Militar invadiu o pavilhão 9 do presídio do Carandiru, um complexo bastante pavoroso que funcionava atrás da linha do metrô, ao lado da rodoviária do Tietê. Em meia hora foram mortas 111 pessoas (em números oficiais). Os corpos ficaram empilhados em fossos de elevador ou em algumas valas. Os corredores se encheram de sangue misturado com sujeira, merda e todo tipo de excremento.

Eu tinha 17 anos naquela época e fiquei com os punks uma parte da tarde no bairro da Mooca, onde estudava. Era sexta-feira. Depois voltei para casa. No sábado, quando as primeiras notícias já circulavam, ainda sem muita informação sobre o que de fato havia ocorrido, fui a um torneio relâmpago de xadrez, acho que lendo a trilogia autobiográfica de Elias Canetti. Não entendo por que estou lançando essa última informação aqui. Foi o primeiro nome que me veio à cabeça quando eu quis deixar a pista sobre o que eu lia naquela época. No domingo já circulava a informação de que a cidade tinha abrigado um dos piores assassinatos em massa do país. Da próxima frase tenho certeza: fiquei muito impressionado com o que estava vendo na TV.

Eu tinha 17 anos, morava ainda na Cohab José de Anchieta (zona leste de São Paulo) e ia para a escola na Mooca de metrô. Na manhã da segunda-feira não desci na estação do colégio e bem cedinho resolvi ir na frente do presídio. Não me lembro do que sentia. Vou passar o dia de amanhã tentando me recordar.

14 e 15 de setembro

A estação Carandiru do metrô estava fechada na segunda-feira, 5 de outubro de 1992, três dias depois que a Polícia Militar de São Paulo, sob pretexto de sufocar uma rebelião de presos no pavilhão 9, matou 111 pessoas. Para chegar perto do presídio, era preciso descer no Tietê e ir caminhando. Já na estação Sé percebi a quantidade enorme de gente indo para lá. As mulheres idosas tinham o rosto mais sofrido. Uma dor se incrustara nas rugas que, envergonhado, eu olhava de longe. Os homens idosos tentavam transmitir um pouco mais de força. Logo suas costas arqueavam também. As mulheres não dormiam há dias. A maioria, talvez todas, puxava uma criança pelo braço. Muitas tinham também um bebê no colo. Gritavam com as crianças por qualquer coisa. Os olhos iam e vinham entre os filhos, os outros passageiros e a janela. Cada vez que o condutor anunciava uma nova estação, eu sentia um frio na barriga. Quando ele, sem dar os motivos, anunciou que a estação Carandiru estava fechada, o vagão inteiro murmurou. Agora sim as esposas de muitos presos começaram a chorar. Não lembro se também chorei. Acho que foi depois, tropeçando na rua enquanto caminhava até a região mais próxima ao presídio a que a polícia ainda permitia que chegássemos.

Naquele dia, ou talvez no seguinte, os jornalistas começaram a reclamar que estavam tendo seu trabalho prejudicado. O número de 111 mortos ainda não era conhecido. O governo falava em oito pessoas, parentes calculavam mais de trezentas.

Ainda no vagão, notei um rapaz da minha idade (17 anos, portanto) me olhando. Foi uma das piores sensações da minha vida, disso estou certo. Na mesma hora percebi o imenso ódio com que ele me encarava. Ele acompanhava uma senhora que o tempo inteiro levava as mãos ao rosto seco, certamente cansada há anos de chorar. Naquele momento, achei que ela devia ser a mãe de um presidiário, e ele, o filho. Não sei por qual razão não o imaginei como irmão, por exemplo. Não importa.

No ensino médio eu não usava mochila. Carregava o caderno, o estojo e os livros nas mãos, o que denunciava minha condição de estudante privilegiado: estava indo para a escola logo cedo, enquanto muita gente se desesperava pelo massacre de 111 pessoas.

16 de setembro

Olhar cheio de ódio e dirigido exclusivamente a mim eu só testemunhei mais uma vez, quase 25 anos depois. No final de 2015, estive com uma delegação de brasileiros na Feira do Livro de Frankfurt. Viajei no caso a convite de uma organização alemã, o DAAD, que designou um pequeno grupo de intérpretes que, ao mesmo tempo, cuidava das nossas necessidades básicas, como transporte e alimentação.

A crise dos refugiados estava começando. Nos trens e espaços públicos era possível identificá-los pelo ar perdido e confuso. Pedi para visitar um abrigo. Depois de alguma conversa entre nossos anfitriões, eles descobriram que perto de onde estávamos hospedados os alemães tinham montado um espaço bastante organizado e ao menos a princípio pacífico. Iríamos apenas eu e uma intérprete. Eu não deveria fazer fotos ou anotações e também me aconselharam a não conversar com os refugiados.

Fomos recebidos por Momo, um tipo bastante esquisito. A intérprete no caminho parecia meio nervosa. Eu já havia publicado o romance *Divórcio* e ocupava o lugar tenso que me agrada até hoje. Arte pacífica é uma desgraça. Ela me explicou que Momo tinha experiência militar, inclusive em campo. O ex-combatente era amável, e enquanto me mostrava os locais que eu poderia visitar fazia cócegas nas crianças e aqui e ali perguntava aos idosos se estava tudo bem. Antes de entrar no pavilhão de salas de aula, que serviam de abrigo para famílias, recomendou-me não olhar para as mulheres caso elas aparecessem de repente no corredor. Momo, o ex-combatente que talvez tenha inclusive integrado grupos de mercenários, amava os refugiados, trabalhava e torcia por eles. Na visita inteira meu rosto queimou de vergonha. No caminho, achei que encontraria um bruto.

Perguntei se podia comer no refeitório deles e Momo não achou uma boa ideia. Também me desaconselhou a ir ao corredor em que um grupo afegão estava abrigado. Segundo ele, ali seu comando não era total e ele precisava negociar tudo com um líder. Vi uma sala de aula com jovens estudantes alemães. Em um canto havia outro, sozinho, colocando uma camiseta para secar e ao mesmo tempo mexendo angustiado em um telefone. Era o mesmo rapaz que cruzara comigo em 1992, no metrô, três dias depois de a polícia de São Paulo ter matado 111 pessoas para dissipar uma rebelião. Ele tinha a mesma idade. Eu, por outro lado, chegara aos 40. O jovem refugiado me encarava com o mesmo ódio nos olhos. Só cruzamos a vista uma vez. O resto eu já sabia. Na porta Momo me abraçou e disse que não tinha muito o hábito da leitura. Perguntei quem era o rapaz que nos detestava, nós os desgraçados que fingimos entender alguma coisa da vida deles e logo depois vamos embora para dar nosso testemunho para quem tem o hábito tão louvável de ler. Era um sírio que se perdeu da família. Estamos tentando localizá-la. Não está fácil.

Momo me perguntou se eu pretendia escrever algo sobre os refugiados: o ex-mercenário de fato os amava e estava realmente muito preocupado com aquela situação.

17 de setembro

Em abril de 1996 eu tinha 21 anos e estava no curso de Letras da Unicamp. No final do mês de abril o professor Haquira Osakabe, que nos oferecia a disciplina de Literatura Portuguesa I, retornou de um encontro acadêmico no exterior e no início de sua aula disse que ele e colegas professores universitários tinham ficado sabendo no avião, voltando ao Brasil, de um massacre que ocorrera no Pará poucos dias antes. Segundo ele o trabalho dos professores não tinha sentido nenhum diante do que acontecera. Depois, continuou a aula sobre romances de cavalaria e nunca mais voltou ao assunto.

Em 17 de abril de 1996, quando eu estava no segundo ano do curso de Letras da Unicamp, dezenove trabalhadores rurais sem-terra foram assassinados pela Polícia Militar paraense, que havia sido encarregada de desobstruir a rodovia BR-155. Os agricultores protestavam contra a demora na desapropriação de uma fazenda ociosa.

Houve enorme repercussão. O fotógrafo Sebastião Salgado se dirigiu ao local, para mais uma vez embelezar a tragédia. O presidente Fernando Henrique Cardoso determinou a criação do Ministério da Reforma Agrária. A fazenda foi no ano seguinte por fim desapropriada e transformada em um assentamento. O inquérito que apurou o massacre acabou reconhecidamente cheio de erros, tanto é que o então procurador-geral determinou que a Polícia Federal refizesse as investigações. Não adiantou nada, obviamente. Os policiais envolvidos no massacre foram todos absolvidos, com exceção dos comandantes. Daqui a dois meses o coronel Mario Pantoja irá morrer vítima de complicações decorrentes da Covid-19. Ele cumpria prisão domiciliar.

Não lembro das aulas de literatura portuguesa do Haquira Osakabe. Sei que era um senhor sem nenhum conservadorismo. Ele condenou o massacre, afirmou que o trabalho dele e dos colegas não valia nada diante daquilo e depois continuou falando. Nunca mais voltou ao assunto.

O PT anunciou hoje (ou ontem) que terá como vice de Jilmar Tatto na campanha à prefeitura de São Paulo Carlos Zaratinni, um homem branco da velha guarda da política brasileira. Acho que o partido de fato começou a gozar apanhando.

18 de setembro

Por razões cronológicas, o leitor sabe bem melhor do que eu os resultados das queimadas que estão hoje devastando o Brasil. Os focos aumentaram muito na Amazônia e o Pantanal vive a sua pior calamidade. Ontem uma notícia mostrou que metade das terras indígenas na região pantaneira já queima. Volto no final do ano para discutir isso. Deixo uma aposta desde já: não vai acontecer nada e a destruição do meio ambiente não prejudicará a enorme aceitação do presidente. Tudo será normalizado. Aliás, já está sendo. É essa a propaganda que a revista *piauí* circulou hoje em uma rede social para divulgar seu podcast de política: "Alô, ouvintes! O país está pegando fogo e o #ForodeTeresina também."

Obviamente ninguém vai sair do programa sufocado pela fumaça ou com as patas queimadas, como está acontecendo com a fauna do Pantanal. O estúdio não será destruído pelo fogo. É só uma imagem infeliz, muita gente pode dizer. É de imagem infeliz em imagem infeliz que a gente naturaliza a nossa infelicidade e acaba ficando mais à vontade diante desse governo do que queremos de fato admitir.

Continuo agora meu assunto dos últimos dias, que no final das contas é a normalização do horror.

Na noite de 23 de julho de 1993, nove meses após o massacre do Carandiru, eu estava em casa. Frequentava o último ano do ensino médio e, adoro repetir, jogava xadrez, lia bastante e andava com os punks. Minha vida sexual já havia começado nesse mesmo grupo.

Oito crianças e adolescentes que dormiam perto da Igreja da Candelária no Rio de Janeiro foram fuzilados e morreram. Um dos sobreviventes foi localizado e colocado no programa de proteção à testemunha apenas depois de sofrer outro ataque alguns meses depois. Vários acusados pertenciam ao aparato repressivo do Estado, foram julgados e condenados. Nenhum cumpriu pena por muito tempo.

Um mês depois a favela de Vigário Geral foi invadida e 21 pessoas acabaram assassinadas. Eu me lembro de nessa época estudar bastante para o meu primeiro vestibular. Mais de cinquenta policiais foram acusados pelas mortes e até onde apurei apenas um está preso.

Em fevereiro de 2015, eu começava um estágio de pós-doutorado na Unifesp. Estudei como setores da literatura brasileira acabaram naturalizando os crimes da ditadura, colaborando para que permanecessem sem julgamento. Parte das minhas conclusões foi publicada no *Ano I* deste *Diário* em 2020. Na Bahia, doze jovens negros foram assassinados no bairro da Cabula. Os agentes do Estado acusados pelas mortes continuam em sua maioria trabalhando nas mesmas funções.

Preciso ainda completar seis linhas para concluir o espaço reservado para a entrada de hoje. Acabei de conferir: faleceram 826 pessoas em decorrência da Covid-19, chegando a 135.837 vítimas no total. Boa madrugada a todos.

19 de setembro

Ontem em um evento no Mato Grosso, enquanto o Pantanal logo ao lado pegava fogo, o presidente brasileiro deu a seguinte declaração: "Vocês não entraram na conversinha mole de ficar em casa. Isso é para os fracos." A fala ocorre no momento em que há uma leve queda no número de mortos em decorrência da Covid-19. A intenção do presidente é sabotar o pouco que ainda resta de confinamento e com isso obter nova alta nas mortes. Esse é seu grande interesse desde que iniciou a vida pública.

Em outubro de 1897, quando a República brasileira não tinha ainda nem uma década, os últimos resistentes do Arraial de Canudos foram massacrados. Antônio Conselheiro, que havia sido enterrado algumas semanas antes, foi exumado e teve a cabeça cortada. Calcula-se em mais de 20 mil as vítimas do aparato repressivo que o governo instalado no Rio de Janeiro enviou para Belo Monte. Obviamente ninguém foi punido.

Em 1897 meu bisavô tinha 2 anos de idade. Ele chegou ao Brasil em 1906, deixando para trás o Líbano, que nunca mais veria. A família emigrou atrás de condições melhores de vida e também porque previu o recrudescimento dos conflitos de origem religiosa, já que eram cristãos.

No dia 16 de setembro de 1982 o Brasil já havia sido eliminado da Copa do Mundo de futebol. Além do dia da morte do dálmata, essa foi a única vez que percebi meu pai chorando.

Meu bisavô estava vivo. Tinha 87 anos e se tornara um homem rico. Nessa data milícias maronitas, sob proteção do exército do Estado de Israel, invadiram dois campos de refugiados palestinos e mataram por volta de 3.500 pessoas. Esse é o número de óbitos do Brasil, em decorrência da Covid-19 nos últimos quatro dias. No Uruguai, morreram 45 pessoas durante toda a pandemia.

Em 1938, meu avô tinha 14 anos. Ele morava com a família em Sorocaba, onde meu bisavô se estabeleceu por algum tempo depois de passar por Santos e Curitiba. No sertão de Sergipe, o bando de jagunços liderados por Lampião foi cercado por tropas do Estado e executado. Como antes havia ocorrido com Antonio Conselheiro, eles tiveram as cabeças cortadas e expostas em praça pública. Ninguém foi punido.

Se o tema é cabeça cortada, cinco prisioneiros foram decapitados durante uma rebelião em Presidente Venceslau em 2005. No Pará aconteceu a mesma coisa catorze anos depois. As notícias são confusas e apontam outros presos como culpados. De uma forma ou de outra presidiários estão sob responsabilidade do Estado. Como em todos os outros casos, também aqui ninguém foi responsabilizado.

Esses poucos exemplos são suficientes para afirmar que o Estado brasileiro é estruturado para cometer genocídios. Os mortos no geral fazem parte do mesmo grupo, e a impunidade que subsiste há séculos mostra que a estrutura é feita para que essas mortes ocorram. Autoridades brasileiras, portanto, são eleitas para administrar uma máquina de morte, e nunca nenhuma delas fez qualquer coisa de mais enfático (gestos moderados podem ser listados aqui e ali) para que o Estado pare de matar esse grupo.

O atual presidente, por sua vez, age de maneira um pouco diferente.

20 de setembro

Todos os massacres que listei nos últimos dias têm detalhes em comum: foram cometidos por forças estatais de repressão (exército e polícia militar, às vezes com ajuda de milícias), terminaram impunes e no geral receberam apoio de parte considerável da população. Do mesmo jeito, ocorreram em rincões afastados do país. Quando o massacre se dá na cidade grande, no geral é em lugar fechado: um presídio, uma favela ou algum outro tipo de espaço concentracionário.

O presidente brasileiro jamais escondeu sua admiração por esse tipo de assassinato. Há poucos dias, a propósito, um deputado estadual que o apoia celebrou na Assembleia Legislativa de São Paulo, com imagens dos corpos, as execuções de Lamarca e Marighella. Esse tipo de violência foi um dos focos de sua campanha eleitoral. Mais de 57 milhões de eleitores votaram em outubro de 2018 em um homem que com toda clareza (e sem nenhuma ambiguidade) defendeu o assassinato de amplos grupos da população.

A diferença para os outros massacres é que o presidente brasileiro, no caso da pandemia do novo coronavírus, anunciou as mortes na TV e as defendeu em praça pública. Hoje, o Brasil chegou à cifra de 136.532 mortes, com mais de 5 mil na última semana. Entre seu espetáculo diário de cinismo, a Morte afirmou que fomos o país que melhor cuidou da pandemia, o que obviamente estimula a população a seguir o comportamento do mandatário e com isso sair de casa e promover aglomeração sem nenhum aparato de segurança.

A intenção de levar os massacres que as instituições brasileiras sempre estimularam para a praça pública tem várias motivações:

a) com essa publicidade o presidente consegue obviamente fortalecer o discurso genocida, obtendo rescaldo com mais óbitos;

b) protegido pelo histórico de impunidade, o presidente continua outro objetivo da campanha: reescrever a história, para agora deixar claro que o país (aqui compreendo país como população e instituições) contém uma grande maioria que apoia esse tipo de massacre. Antes, o apoio era tácito e envergonhado, aparecia em pesquisas de opinião, no comportamento bem pouco rigoroso das instituições que, mesmo os condenando em um primeiro momento, oferece seus próprios recursos para generosamente logo proporcionar impunidade aos responsáveis. Aqui mais uma vez o presidente não apenas naturaliza esse comportamento. Na verdade, ele esclarece o motivo do apoio que tem e mais ainda: oferece resguardo aos seus partidários. Matem que depois a gente resolve.

21 de setembro

Hoje a *Folha de S.Paulo* informa que a ministra Damares atuou pessoal e enfaticamente para que uma menina de 10 anos que havia sido estuprada e estava grávida não interrompesse a gravidez, apesar do sério risco à vida da gestante. A estratégia da ministra era dupla: ao mesmo tempo que pressionava os responsáveis a desistir da cirurgia, seus agentes deveriam atuar para ganhar tempo e com isso fazer o feto se desenvolver cada vez mais no corpo da menina. Esse desenvolvimento obviamente levaria a cada vez mais risco à vida da grávida. Em resumo, Damares agiu para que sua crença religiosa preponderasse sobre a vida de uma pessoa. É por causa disso, basicamente, que tenho insistido no fato de que precisamos voltar a discutir o Mal. Ele está nesse momento bastante atuante na nossa sociedade. Como se pode ver, o Mal tem feito trabalho de base, coisa que a resistência antifascista não sabe realizar há anos.

Estou bastante cansado, então não vou escrever mais hoje.

A partir de amanhã vou analisar o seguinte discurso: "Um sonho: o dia em que, nas redes, conservadores serão chamados de conservadores, liberais de liberais, comunistas de comunistas, democratas de democratas, socialistas de socialistas e, utopia das utopias, autoritários de autoritários."

22 de setembro

A citação com que terminei a entrada de ontem é do jornalista Pedro Doria. Merece parabéns pela enorme capacidade de síntese: resume perfeitamente o desejo de boa parte da *intelligentsia* liberal brasileira contemporânea. O recurso a dividir em pedaços menores um todo constrangedor ocorre, de outra maneira, desde o início do governo do mito: haveria a ala militar, a ala olavista, a ala religiosa e, entre outros pretensos grupos, a ala liberal, representada pelo ministro Paulo Guedes. Com isso, os setores que pretendem apoiar as reformas da previdência, administrativa e tributária, que seriam tocadas pela ala liberal, separam-se do obscurantismo religioso da ministra Damares Alves e não se sentem responsáveis pela ação governamental que tentou impedir que uma criança de dez anos interrompesse uma gravidez decorrente de um estupro e que ameaçava sua vida. Do mesmo jeito, é possível atacar o funcionalismo público, como a imprensa tem feito através de inúmeros editoriais, e se achar apartado dos ataques que o próprio presidente faz ao jornalismo.

Trata-se de uma prática negacionista, para ser generoso com quem tem feito isso. O governo é unitário e cada um de seus braços serve para, de forma solidária, apoiar os outros. Como já disse inúmeras vezes — e pretendo repetir sempre —, a política econômica proposta por Paulo Guedes só pode funcionar em um ambiente com amplo domínio conservador, já que são eles que garantem a sujeição da população mais vulnerável, que sofrerá as consequências. É o mesmo com o genocídio: tudo fica mais pacificado se muita gente o aceita como vontade de Deus. (A Morte já repetiu mais de uma vez que as pessoas "morrem mesmo".) Por isso inclusive o presidente terminou seu discurso realizado hoje na abertura da Conferência da ONU com a seguinte declaração: "O Brasil é um país cristão e conservador e tem na família sua base. Deus abençoe a todos!"

Do mesmo jeito, apesar do sonho utópico de muitos, não é possível separar o que chamam de liberalismo do conservadorismo. Por mais manobras retóricas que queiram fazer, todo liberal é um conservador: ambos estão na mesma trilha ideológica que passa inclusive pelo escravagismo. No Brasil, o liberalismo apoiou longos períodos de tráfico negreiro, viu por bem conservar grandes latifúndios que garantem a miséria da maioria absoluta da população do campo, promoveu uma transição para república conservadora e sem inclusão social, passou por alguém como Getúlio Vargas (ditador que de vez em quando vestia a pele de cordeiro), reuniu-se no IPES (Instituto de Pesquisas e Estudos Sociais) para dar força ao golpe de 1964 e com isso conservar toda a estrutura econômica de espoliação das classes vulneráveis, promoveu a transição para a democracia que, outra vez, garantiu continuísmo econômico e nenhum julgamento dos crimes da ditadura, deitou e rolou com o plano real e colou-se ao PT para determinar pequenas reformas, quase nenhuma de ordem estrutural. Quando viu a oportunidade, azeitou seu braço judiciário e fez acordo com a extrema direita para derrubar Dilma Rousseff e eleger um nazifascista. Os liberais deitam e rolam com a extrema direita e depois querem se ver separados dela? É impossível. Sempre trabalharam para conservar a estrutura social de amplo abismo entre as classes no Brasil. São, como mostra a lógica, conservadores.

Lamento, rapazes, banho não retira cicatrizes, só sujeirinha mesmo.

23 de setembro

A princípio, o raciocínio que desenvolvi ontem serviria para a esquerda: toda a sua trilha ideológica sempre passa então pela ditadura soviética, por exemplo? Sem dúvida nenhuma. Todo tipo de proposta ideológica, teórica ou prática, que se enxergue de esquerda deve pensar nisso.

Cada sociedade que faça a sua reflexão, da cubana à chinesa. Quanto ao Brasil, o único detalhe é que nunca tivemos nenhum tipo de governo que se aproxime do socialismo. O totalitarismo soviético, portanto, não é questão para nós. Já falei sobre isso no volume anterior: o Partido dos Trabalhadores de fato fez governos com preocupações maiores com as camadas vulneráveis. Ainda assim não houve nenhum tipo de proposta socialista nos governos Lula e Dilma. Não é possível levar muito a sério quem acusa o PT de comunista: dizem o mesmo da TV Globo e do megainvestidor bilionário George Soros. Trata-se de alucinação. Muito menos delirante por outro lado é a retomada da figura de Josef Stalin, que grupos liberais estão, nesse exato momento, realizando.

Por fim, antes da presepada sobre Stalin quero registrar que hoje ficou bem claro o que venho repisando desde o ano passado: quase não há oposição organizada ao presidente mais vexaminoso da história do Brasil. Ontem, ele abriu a Assembleia Geral da ONU com um discurso cheio de mentiras. Disse que os índios e caboclos então causando queimadas, que se esforçou para combater a Covid-19, que o governo ofereceu mil dólares de auxílio e por aí vai. Nem vou dizer que foi um enorme vexame. Naturalmente atacou a imprensa. Os canais de TV fizeram críticas moderadas, assim como os editoriais e matérias internas dos grandes jornais. As manchetes, que são a parte mais visível (e portanto decisiva em torno da comunicação), são as seguintes: "[] se defende na ONU sobre pandemias e queimadas" (*Folha de S.Paulo*), "Na ONU, [] distorce dados sobre queimadas e Covid-19" (*O Estado de S. Paulo*) e "Brasil vive fuga recorde de dólares e investidores estrangeiros" (*O Globo*). Alguns políticos fizeram manifestações leves também.

Com o passar do dia o fato (um presidente mentir abertamente diante de todos os líderes mundiais) foi sendo esquecido.

O assunto dos liberais brasileiros há algumas semanas é... Josef Stalin!

24 de setembro

Antes de tudo: Josef Stalin é um nome sem nenhuma relevância política atualmente. Absolutamente nada da política soviética antes, durante ou depois do período stalinista ecoa de forma prática no mundo contemporâneo. Não existe país algum se convertendo ao comunismo. A Coreia do Norte é um experimento bizarro, Cuba tenta manter o que lhe sobra de boa experiência e, quanto ao resto do mundo, vivemos diferentes formas de exploração capitalista com maior ou menor violência dos grupos explorados. Do mesmo jeito, não há nenhum tipo de tentativa de instauração de regimes comunistas por aí. Evo Morales, por exemplo, de fato fez um governo com preocupações sociais e tentou aqui e ali minorar a violência capitalista. O suficiente para apartá-lo do poder, além de seu apetite bastante reprovável por mandatos sucessivos. Lula, bem mais razoável que Morales e amigável à classe exploradora, terminou como sabemos. E por aí vai.

O que resta é o uso da imagem de Stalin feita por militantes da direita, que às vezes ficam chateados com essa alcunha e preferem ser chamados de liberais. No mundo contemporâneo, com a vitória (através da urna) da direita, é tudo a mesma coisa. Chamar-me de comunista, por outro lado, não. A via que percorre a ideologia da esquerda está fechada, não há trânsito nela para que se chegue a esse ponto.

Sou com toda clareza nesse momento (dia 24 de setembro de 2020) antifascista.

Vou então colocar em ordem o uso da figura de Stalin realizada pelos liberais. Não tenho nenhuma intenção exaustiva, quero apenas organizar as coisas para a análise dos próximos dias sobre o debate político contemporâneo. Nosso ponto pode ser o golpe militar de 1964, que teve como desculpa afastar a possibilidade de um regime comunista no Brasil. A realidade é bem outra. Os militares tomam o poder para fazer valer os desejos de uma grande "maioria conservadora silenciosa", nas palavras de Carlos Fico.[23]

Quando cumprem todos os seus objetivos os militares deixam o poder e a redemocratização se põe em marcha, sempre sem arranhar de fato os grandes patrimônios e uma concentração escandalosa de renda. A partir dos anos 1990, figuras da extrema direita surgem com a função de tirar o silêncio dessa maioria. Para isso, evocam o medo do comunismo e portanto o nome de Stalin. Entre um de seus porta-vozes está Olavo do Carvalho. Já falei demais dele. Só um detalhe: nesse resumo é preciso citar o surgimento dos grupos evangélicos, que vão dar voz a parte dessa maioria conservadora, no caso o grupo das classes baixas, com extensão nas outras, claro. Extremistas religiosos e extremistas políticos unem forças. Aqui portanto temos extremismo ao quadrado.

Continuamos amanhã. Boa noite, leãozinho.

25 de setembro

Quando esteve no poder o Partido dos Trabalhadores preferiu não confrontar os poderes oligárquicos. Ao contrário, os evangélicos receberam ministérios e afagos. O PT foi traído por todos esses grupos, que, na verdade, minaram o governo por dentro e na primeira oportunidade voltaram-se à

---

23. CF. FICO, Carlos. "Ditadura militar brasileira: aproximações teóricas e historiográficas". *Tempo e argumento*. Florianópolis, v. 9, n. 20, p. 5-74, jan./abr. 2017. Talvez seja necessário observar que o silêncio dessa população conservadora destacado por Fico está diminuindo bastante hoje...

extrema direita. Hoje não é possível falar no Brasil em esquerda e sim em antifascismo.

Com a chegada dos extremistas ao poder (com mais de 57 milhões de votos), começou a operação de deslocamento da realidade que venho descrevendo desde o ano passado. Não é só o presidente que mente: separar o governo em alas e apoiar só uma delas, achar-se liberal e não conservador e criticar Olavo do Carvalho enquanto apoia as reformas de Paulo Guedes é prática diversionista. Quem apoia a reforma da previdência é cúmplice de tudo o que faz Damares Alves.

Em 17 de setembro agora, o jornal *Folha de S.Paulo* publicou a seguinte manchete em uma página interna: "Stálin não foi a reencarnação de Lúcifer, diz historiador que influenciou Caetano Veloso." A moda teria sido lançada em uma entrevista para o jornalista Pedro Bial, em que Caetano Veloso, ao falar do lançamento do documentário *Narciso em férias*, afirma o seguinte: "E eu digo que nunca louvei em nenhuma medida nenhum Estado socialista, o que é verdade. Hoje eu tendo mais a respeitá-los, pelo menos. Eu mudei quanto a isso. Eu sou menos liberaloide do que eu era até dois anos atrás." Bial pergunta: "Não seria apenas uma formação reativa ao atual estado de coisas?" Caetano responde: "Poderia ser, mas não foi isso. Foi uma revisão da história do liberalismo, que me atraía muito mais antes de eu encontrar essa revisão, que me foi muito convincente", diz.

> Tive contato com essas críticas, com essas leituras da história do liberalismo através de um moço de Pernambuco, que se chama Jones Manoel. Ele cita um autor italiano, chamado Domenico Losurdo, autor de uma contra-história do liberalismo, e tem um livro sobre as visões modernas da crítica ao liberalismo. É muito inteligente. Eu sou outra pessoa. Não sou mais aquele rapaz que há dois anos falou "eu sou liberal, não admito nada de país socialista". São dois anos, eu tenho 78 anos, mas houve uma mudança deste tamanho. Eu não atribuo apenas como uma reação ao mundo muito reacionário, uma reação à reação que se instaurou no Brasil. É uma questão de desenvolvimento intelectual mesmo.

A partir daí grupos liberais passam a inflar o assunto, evidentemente a serviço, voluntário ou não, do governo do mito. Pablo Ortellado, por exemplo, afirma que "Depois de denunciar com firmeza o autoritarismo da ditadura militar num depoimento oportuno, Caetano se rendeu à irresponsabilidade narcísica, incensando o stalinismo. Alguém esconda o espelho".[24]

A matéria cuja manchete citei foi publicada no mesmo dia em que os jornais repercutiam o discurso cheio de mentiras que o presidente havia realizado no dia anterior na ONU. A imagem de Stalin aparece com mais destaque que as do presidente brasileiro, americano, chinês e francês, que são reproduzidas em cascata. Primeiro somos induzidos a olhar para o velho líder soviético, para depois fazer os olhos caírem nos atuais governos.

Trata-se exclusivamente da velha tática liberal de lançar a palavra "comunismo", "Stalin", "União Soviética" e correlatos para com isso afastar a própria responsabilidade. E a operação tem ainda outras sutilezas.

26 de setembro

Caetano Veloso não deixou que o confinamento lhe abrandasse os holofotes — com justiça. Buscando algum tipo de intervenção política arejada e empática, ele já vinha promovendo algumas entrevistas no site da Mídia Ninja, um canal de imprensa alternativa de amplo alcance. Com razão ainda propôs uma ação contra Olavo do Carvalho, até aqui muito bem-sucedida — coisa que aliás muita gente já devia ter feito há bastante tempo. Depois, em 7 de agosto, promoveu um espetáculo ao vivo direto de sua casa (o formato da *live*, tão famoso agora durante a pandemia), que uniu os três filhos e sem dúvida foi um dos eventos artísticos mais notáveis do ano. Com quatro homens na tela, um mais velho e três jovens, a *live* transmitia o tempo inteiro a impressão de inteligência, sensibilidade e preocupação política. Não faltou o apelo ecológico, que sempre sensibiliza muito Caetano Veloso, as menções, curtas e claras, ao governo desastroso e sobretudo a interpretação de canções

---

24. Não é possível que a essa altura o leitor tenha achado que eu daria a bibliografia disso aí.

notáveis. O auge, se é possível dizer que só houve um, foi a coreografia em que o pai, sem esconder (belamente) o orgulho dos filhos, desempenhou com Moreno Veloso, que sambava timidamente enquanto manipulava o prato com faca, instrumento típico do samba de raiz brasileiro.

A *live* comoveu o país inteiro, que de novo se encantou com um gênio artístico. O recado da família Veloso foi bem claro: é possível colocar um pai com três filhos homens para trabalhar e eles não necessariamente produzirão culto à violência, masculinidade tóxica, estupidez congênita e burrice.

Algumas semanas depois, saberemos que o documentário *Narciso em férias* irá estrear no Festival de Veneza.[25] Caetano Veloso, que nunca precisou de ar, toma novo fôlego com a divulgação. É nesse contexto que aparece a entrevista com Pedro Bial.

É por ocasião portanto da divulgação do trabalho de um dos artistas mais notáveis da arte brasileira contemporânea, que de forma improvável e bastante adequada ao neofascismo aparece de novo o fantasma de Josef Stalin. Jones Manoel, cujo trabalho pretendo analisar amanhã, começa a ser agredido e tratado com bastante ressentimento por intelectuais como Leonardo Avritzer, que em texto de nível bem abaixo da sua média chama-o de "youtuber caetanista". Ainda antes da matéria sobre Stalin publicada no mesmo dia da cobertura do que fez o presidente brasileiro na ONU, a *Folha de S.Paulo* entrevistou Manoel. A primeira pergunta, de fato antológica, e a resposta bem engraçada e inspirada, encerram meu dia hoje:

Você é stalinista?

Tem uma tirada do filósofo Slavoj Žižek que acho muito boa. Ele diz que para perguntas erradas não existem respostas certas. A

---

25. Dirigido por Renato Terra e Ricardo Calil, *Narciso em férias* coloca Caetano Veloso sentado em um cenário asséptico, com tudo concorrendo para que o único foco seja seu corpo, levemente incomodado com a situação. Caetano então comenta diversos momentos de sua prisão durante a ditadura de 1964, alternando momentos de emoção, certo lirismo e bastante segurança de análise. O filme acompanha o lançamento do livro homônimo, que publica de forma independente o melhor capítulo de *Verdade tropical*.

pergunta está mal colocada. Parte-se do pressuposto, amparado no senso comum, de que ser stalinista significa qualquer pessoa que não tem uma visão de Stálin como a reencarnação de Lúcifer na Terra, ou que não coaduna com a leitura da teoria do totalitarismo, que ficou famosa na pena da Hannah Arendt, que equipara nazismo a stalinismo, Stálin a Hitler.

Na verdade, coloca até o stalinismo num patamar ético, moral e de violência maior. Eu não sou stalinista. Stalinismo é uma leitura do marxismo que tem três pilares: desconsiderar qualquer crítica, colocando erros ou até tragédias na conta de mentiras burguesas, ou da CIA; considerar que o modelo da URSS é o único possível e que qualquer coisa fora disso seria revisionismo; e fazer uma leitura do Stálin como uma continuidade direta e uma elevação da obra de Marx, Engels e Lênin. Não me encaixo em nada disso.[26]

27 de setembro

Para escrever esta entrada assisti a mais ou menos vinte vídeos de Jones Manoel (ele os considera parte de seu trabalho intelectual) e li uns dez textos, entre artigos e entradas menos exigentes em sites de discussão. Parei apenas quando me senti seguro quanto a sua forma de pensar, que, vale como primeira conclusão de análise, é ao mesmo tempo uma intervenção militante.

Manoel é antes de tudo um ativista. Quando escreve ou fala no YouTube pretende em primeiro lugar atrair pessoas para suas posições políticas. Aos já simpáticos, procura aprofundar conceitos, apresentar teorias e com menos intensidade (e não menos vontade, como veremos adiante) calcular uma forma de agir concretamente.

Não é um acadêmico, o que já lhe granjeou muito erroneamente certo descrédito por parte de alguns grupos intelectuais. Aqui e ali, por exemplo,

---

26. Ver ZANINI, Fábio. "Stálin não foi a reencarnação de Lúcifer, diz historiador que influenciou Caetano Veloso." *Folha de S.Paulo*, 17 set. 2020.

em uma fala com outro ativista, chega a zombar do imobilismo de docentes sem disposição para a prática revolucionária. Outra diferença para o establishment é a adoção da bibliografia: Manoel recusa algumas estrelas como Hannah Arendt, preferindo nomes como Domenico Losurdo, e, o que está ligado a isso, constrói sua base intelectual no que chama, com beleza, de revolução africana. Outro nome fundamental para seu pensamento é Frantz Fanon, de resto excelente mesmo.

Há ainda outra bibliografia bem mais obscura para o establishment: são autores que enxergam a experiência comunista com bastante simpatia, muitos até porque estiveram em seu interior. Quanto a Stalin, Manoel na verdade recusa fazer o mesmo uso que os liberais fazem de sua imagem, agindo de forma diferente, às vezes valorizando seu pensamento, outras, simplesmente mostrando que se a régua for o banho de sangue soviético, ele não está sozinho na tragédia e seus adversários fizeram o mesmo.

Sendo objetivo, a questão para Jones Manoel nesse caso é retirar Stalin dos liberais e recolocá-lo no domínio da esquerda comunista, para quem seu trabalho se volta. Para isso, ele defende que não é possível demonizar o velho líder soviético. O assunto aqui não sou eu e muito menos o que penso disso, então vou ser breve: acho que Stalin é um péssimo exemplo, e o liberalismo, outro. Um nos leva ao Gulag, e o outro, à tragédia colonialista escravagista.

Por outro lado, Manoel é coerente. Caetano Veloso achou isso admirável. De fato, é. Além disso, Manoel é bem mais legítimo do que boa parte da nossa *intelligentsia*. A questão é outra. Amanhã continuo.

28 de setembro

Domenico Losurdo me parece bem menos interessante do que Jones Manoel e Caetano Veloso. Dele li *Contra-história do liberalismo*, *O marxismo ocidental* e *Colonialismo e luta anticolonial: desafios da revolução no século XXI*, este último organizado por Manoel e o melhor de todos. Com alguma simplificação aqui, o que Losurdo faz é contrapor ao stalinismo a barbárie que a direita por sua vez realizou. Há muita verdade, muita relativização e certa falsificação histórica. Como teoria, para mim não tem exatamente muito valor. Manoel percebeu sua importância como ferramenta para a prática política e o utiliza no interior de seu projeto de ação. De novo, continua coerente. Do mesmo jeito, Caetano Veloso lança mão de seu nome como justificativa de um novo posicionamento político, agora não tão "liberaloide".

É importante notar que essa revisão não é de hoje. Em 2012, ele e o tropicalismo protagonizaram uma interessante polêmica com Roberto Schwarz. No momento, basta-me dizer que o uso de bibliografia para justificar ações práticas é comum e será, por qualquer pessoa, sempre enviesado: faltará inevitavelmente um encaixe perfeito, já que ideias não equivalem a sua própria aplicação prática e jamais comportam qualquer totalidade. Sempre faltará algo. Não faz sentido portanto listar possíveis arestas do discurso de Manoel e Caetano Veloso. Elas são inevitáveis a qualquer um e estarão também no discurso que aponta tais arestas. Aqui está a importância da obra de Jacques Derrida.

Possíveis questões só podem estar no patamar da prática.

Caetano Veloso é um artista e mesmo sua participação pública está filiada a essa condição. Uma *live* para ele é um fim em si mesma. Será uma obra artística e sua eficácia aparece no interior dessa performance e fica bem fácil concluir como ele é brilhante... Mesmo suas entrevistas são performáticas e portanto de natureza artística. Ele se preocupa sobretudo com a forma: muda o tom de voz, alterna inclusive a maneira como se coloca diante da câmera, faz o estado de espírito tomar várias faces, apresenta associações inusitadas e criativas e traz argumentos inesperados, enquanto se refere à importância dos outros trabalhos dele e dos colegas. Caetano Veloso há muitos anos já é ótimo para observar o momento contemporâneo e produzir uma criação artística eficaz. Concluindo: uma *live* sua é um trabalho artístico, como um show com público, uma entrevista, a publicação de um livro, um álbum ou um documentário.

Boa madrugada.

29 de setembro

Ontem a Universidade John Hopkins afirmou que chegamos ao número de 1 milhão de mortos no mundo todo em decorrência da Covid-19.[27] A cifra real deve ser bem maior, já que a subnotificação não é um problema apenas brasileiro. Em números absolutos o Brasil ocupa o segundo lugar com oficialmente 142.161 mortos. As mortes por cada milhão de habitantes mudam um pouco o panorama. Os Estados Unidos já não estão na dianteira, e sim em oitavo lugar. O Peru ocupa a primeira posição, com pouco mais de mil mortos por cada milhão de habitantes. O Brasil não altera muito sua posição nem aqui, e com 678 mortos ocupa o terceiro lugar. A Argentina tem quase metade, 354. Quanto ao número de casos, a lista tem os Estados Unidos na dianteira, com pouco mais de 7 milhões, a Índia em segundo lugar e depois o Brasil, com 4.748.327 infectados.

Como se pode ver, o Brasil vai mal em qualquer indicador. O que isso quer dizer? Basicamente, que nossa política de contenção de transmissão (uso de máscara, isolamento social e outras medidas) é tão infeliz quanto, depois, o tratamento dos infectados. A testagem entre nós é muito baixa também. Daqui a algumas semanas vamos descobrir que o Ministério da Saúde está deixando milhões de testes apodrecerem em seus depósitos. De novo tudo dá a impressão de haver algo organizado e voltado para a morte no Brasil.

Retornando à análise que tenho feito nos últimos dias, é importante notar que enquanto faz uma *live* ou grava uma canção, Caetano Veloso está produzindo uma obra artística. Ela terá obviamente um espaço na sociedade e, com suas declarações, pretende entre outras coisas influenciar esse espaço.

A questão de Jones Manoel é outra. Seu trabalho pretende estimular uma revolução de natureza marxista. Se precisamos ou não de uma revolução e de uma revolução dessa natureza, o problema aqui não é esse.

Durante as eleições de 2018 acreditei nos montes de analistas que afirmaram a absoluta impossibilidade de o atual presidente da República vencer a

---

27. Em 15 de janeiro de 2021 a mesma universidade anunciará que o número dobrou: agora serão 2 milhões de mortos.

eleição. Ele venceu com mais de 57 milhões de votos e com uma propaganda que continha unicamente machismo, racismo, homofobia, culto à tortura e à violência e declarações de admiração à ditadura militar...

O fato é que Manoel e na verdade todos os militantes que trabalham da mesma forma que ele parecem não notar uma coisa: o tipo de conteúdo que produzem não redunda em preparação concreta para uma revolução. Vídeos no YouTube são objetos de contemplação. Não há hoje revolução alguma sendo gestada, e a cultura do espetáculo, que atraiu para si até radicais como Manoel, neutraliza qualquer salto da teoria para a prática.

30 de setembro

Faleceu hoje, logo cedo, Quino, o criador da Mafalda. Tinha 88 anos. Desde o início desse panteão mórbido, nenhuma outra perda me deixou tão abalado, não sei por quê. Passei o dia muito cabisbaixo, como se o sono não fosse me largar mais. Já é 1h30 da madrugada de 1º de outubro e continuo assim.

Parei um pouco de escrever. Volto agora, caindo de sono, às 2 horas da manhã. Adaptando-a, repito uma velha e feliz formulação que atravessou o século XX: só vai haver revolução quando antes houver produção de forma revolucionária. Isso a extrema direita aprendeu bem melhor que os outros grupos ideológicos. Antes de chegar ao poder, criou todas as condições: garantiu o crescimento do fundamentalismo evangélico, neutralizou a imprensa crítica, aparelhou parte do Poder Judiciário suficiente para que as invencionices processuais de um juiz metido a super-herói (facilmente usável, portanto, já que existe apenas como espectro) fossem aceitas inclusive por cortes superiores e, sobretudo, aprendeu com facilidade a trabalhar no novo formato de comunicação do século XXI, redes sociais e grupos de comunicação por telefone celular. Em resumo, notem que para ter suas intenções concretizadas, é preciso antes performá-las. A política hoje funciona de tal modo que a concretude vem depois da sua representação e serve para confirmá-la. Os passos, em um resumo rápido e não por isso menos representativo, parecem ser os seguintes: 1) criar espaços para que o discurso inaceitável se naturalize: isso o mito fez, por exemplo, tornando--se folclórico por um lado e apoiando o extremismo religioso, por outro; 2) depois disso, representar de forma estridente o que pretende fazer, sem ambiguidade ou contenção. Criado o espaço fascista, agora é preciso ser fascista; 3) com isso o salto para a viabilização eleitoral está feito, já que possíveis oposições estão neutralizadas da forma como mostrei. Quanto mais bem-sucedida a neutralização, mais votos há; 4) depois da eleição, as condições para a realização nazifascista estão criadas. Há algo de Gramsci aqui, lógico, e muito também da era do Twitter e WhatsApp: primeiro a foto é realizada, depois as personagens da foto posam para ela, conforme o que tenha aparecido na imagem.

Jones Manoel, ao contrário, está tentando promover uma ação revolucionária através da forma completamente tradicional de usar o YouTube: ele dá aulas on-line. Hoje, com seis meses de pandemia, todos sabemos que o ensino à distância não funciona. A revolução está neutralizada de imediato porque parte de uma proposta que não tem nada de revolucionária. Pode estar aqui a propósito todo o problema da esquerda nas últimas eleições: não entender, ou não aceitar, que antes do lado concreto, hoje é preciso tirar uma foto e apenas depois disso posar para ela.

QUARTO TRIMESTRE

O mal-estar na civilização

1º de outubro

Para o presidente brasileiro e seu entourage é muito fácil fazer uma foto e só depois posar para ela: o mito é Nada. Falei bastante sobre isso no volume anterior.

A essa altura já tenho facilidade para resumir minha formulação: o presidente brasileiro, Damares Alves e todo o seu entourage revestem o nada que os forma com o Mal.

Não é o caso de Jones Manoel, obviamente. Peço desculpas (a ele e a todos) pela afirmação um tanto agridoce: Manoel quer um mundo melhor. Sendo um materialista, ele precisa primeiro da pose para depois chegar à imagem. É o que ele faz para, então, veicular seu conteúdo. Dá para resumir aqui toda a dificuldade da esquerda há anos com a nova forma de fazer política, justamente por conta disso.

Para quem ainda não entendeu meu ponto vou dar outro exemplo concreto. Quando era parlamentar, o atual presidente aproveitou-se de uma onda conservadora idiota qualquer e começou a espalhar que estava lutando contra um certo kit gay. Com isso atraiu os olhos dessa gente reacionária enquanto cavava espaço como uma espécie de ser exótico em programas estridentes de televisão.

Um detalhe não incomodava e parecia também não perturbar quem resolvia lhe abrir os holofotes: o tal kit gay não existia e todos sabiam disso. Claro que depois de bastante tempo, inclusive já eleito, ele criou um e correu para o *Jornal Nacional*. Era um livro de educação sexual recomendado no mundo todo. Ou seja, ele fez uma foto, posou só depois para essa foto, circulou bastante sua pose para só no final achar algo correto, que não tinha a menor ligação com o início da trajetória.

2 de outubro

Hoje foi o dia mais quente em sei lá quanto tempo aqui em São Paulo. Há algumas horas, circulou a notícia de que Donald Trump está internado com febre e fadiga decorrentes da Covid-19, cujo diagnóstico positivo apareceu hoje também.

De manhã, li uma pesquisa que a defensoria pública do Rio de Janeiro publicou há alguns dias. Os números apontam que apenas 12% dos estudantes das escolas públicas do Rio de Janeiro estavam conseguindo acompanhar as aulas durante a pandemia. As razões obviamente são muitas e estão em grande parte relacionadas a questões de acesso; 49% por exemplo não têm um dispositivo próprio (telefone ou computador) e precisam dividi-lo com alguém da casa. Só isso já impede o acompanhamento escolar. No final das contas, portanto, uma proposta de mobilização das massas via rede de internet não é efetiva.

Não há contradição no que eu digo: sei perfeitamente que é esse o canal que o mito usou para ser eleito, junto com o WhatsApp. Por outro lado, ele não doutrinou ninguém. Como tenho discutido, o campo já estava criado através da parcela radical das igrejas, da aceitação acrítica da Operação Lava Jato pela mídia hegemônica (ao menos até o Intercept Brasil revelar que tudo não passava de uma série de TV...) e atitudes cotidianas que foram naturalizando todo tipo de banalidade, como a ditadura e até o nazifascismo.

Em resumo, não há condição nenhuma para uma revolução no Brasil contemporâneo e ela não vai ser criada pelas redes sociais, aulas no YouTube e artigos aqui e ali. A classe baixa está em sua maioria afastada desses meios. Por fim, e nesse caso já não pretendo me aprofundar muito, acho estranhíssimo que um revolucionário atenda a ligação da imprensa burguesa. É uma pena que o jornalista que entrevistou Jones Manoel não tenha percebido essa contradição e apostado tudo no chavão retórico liberal mofado de tirar Stalin da gaiola.

Amanhã passo a discutir outros mecanismos que aos poucos ajudaram a abrir espaço para que o nazifascismo se introduzisse por aqui.

3 de outubro

Fui a uma banca de jornal especialmente para buscar material para a análise que começa hoje. O leitor já deve ter reparado que nos últimos anos as revistas de história se multiplicaram bem mais que as de artes, por exemplo. No momento em que escrevo não temos nenhum periódico especializado apenas em literatura. Não estou puxando nenhum tipo de brasa: não há muitos interessados também em geografia, que agora sequer acham a clássica *National Geographic*. No que poderia ser algo ligado às disciplinas escolares, os interessados em química, por exemplo, também não são contemplados.

As revistas de "história" estavam ao lado da sessão de revistas infantis, em cima dos quadrinhos. Ainda que eu pudesse procurar sozinho, pedi ajuda ao jornaleiro: "Tem revistas sobre Hitler?" Ágil, ele apontou para um canto: "Aquelas ali de capa vermelha." Encontrei três. Uma delas se chama *Coleção Grandes Líderes* e traz um chamado eloquente: "trajetórias e curiosidades de ditadores que mudaram o mundo". Na capa aparecem, com um perfil altivo, as imagens de Hitler, Stalin, Mussolini e Saddam Hussein. Quem compra o fascículo ganha um volume alentado sobre Che Guevara.

O segundo pacote que comprei foi o *Guia Os maiores ditadores da história*, cuja capa, com o fundo vermelho, traz Hitler de costas. Foi lançado pela mesma editora que o fascículo anterior.

Por fim, a edição de agosto de 2019 da revista *Aventuras na História* (há um ano na banca, portanto) traz a seguinte manchete: "Por que Hitler fez guerra contra o mundo?" E em letras menores, o seguinte: "Há oitenta anos, a vontade inabalável de um único homem dava início ao episódio mais importante e assustador do século passado. E ninguém conseguiu detê-lo." Não havia nenhum outro número dessa revista na banca.

Comprei as três e o jornaleiro me disse que tinham acabado os livros do Hitler. Perguntei se ele se lembrava do nome: "Não, faz tempo que não recebo."

Continuo amanhã. Hoje a imprensa divulgou que Trump precisou de respiração artificial. Circulou agora há pouco a notícia de que ele já está respirando livremente. Prometo deixar vocês informados.

4 de outubro

As informações que a Casa Branca está divulgando sobre a situação de Donald Trump são contraditórias. Em algum momento do dia, um boletim divulgou que ele está tomando remédios normalmente administrados para pacientes graves de Covid-19. Em outro boletim, foi levantada a hipótese de que ele receba alta já amanhã...

No final do dia ele entrou em um carro e fez uma espécie de desfile mórbido para um grupo de apoiadores que se aglomerava sem grandes preocupações. Deu uma impressão ruim, pois foi um daqueles carrões que, em outras ocasiões, bem podem levar um caixão. Ele estava de máscara e a imagem, fugaz, mostra um olhar petrificado e pesado.

O folheto da *Coleção Grandes Líderes* que apresenta as "trajetórias e curiosidades de ditadores que mudaram o mundo" tem a forma de fonte de material escolar. Se a gente imaginar um pai que deseja que o filho não faça pesquisas apenas pela internet e quem sabe leia um pouco mais, não é difícil vê-lo comprando esse fascículo para algum trabalho sobre personagens históricas.

Para além dos erros (Mussolini por exemplo é chamado de "principal inspirador do regime nazifascista), o maior problema é que os textos parecem redigidos para diminuir bastante o impacto da barbárie que esses homens lideraram. E quem recebe mais condescendência é... Hitler.

Os campos de concentração aparecem apenas nas legendas de algumas fotos e em um trecho, de resto inexato. O texto afirma que iam para os campos os judeus que se casavam ou mantinham relações com arianos. Sobre as câmaras de gás, nada. O número de vítimas do Holocausto também não aparece. O trecho a seguir mostra o que parece ser o maior sofrimento da comunidade judaica: "O resultado da perseguição nazifascista foi o êxodo em massa da elite intelectual, cultural e científica dos judeus alemães. Até 1937, 118 mil judeus haviam fugido para a Palestina, Américas do Norte e do Sul e outros países da Europa."[1]

---

1. Não merece a leitura.

O texto dá mais duas ou três informações sem relevância e depois termina da seguinte forma: "Derrotado e sem saída, no dia 30 de abril de 1945, Hitler se suicidou no seu bunker, oito dias antes do fim da guerra na Europa. Restou apenas o julgamento da História, o qual o coloca entre os líderes mais insanos e sanguinários de que a humanidade já teve notícia."[2]

De novo aqui a função de juiz relegada à narrativa histórica que, como vimos, serve bem a todo tipo de autoritarismo.

Os outros ditadores do livro são tratados da mesma forma. No final das contas parece que são homens que cometeram o erro de usar força além da conta e ficaram em desvantagem no julgamento histórico. Sobre genocídio e crime contra a humanidade, não há a menor menção.

5 de outubro

Embora esteja sendo vendido como um fascículo independente (e em conjunto com a biografia de Che Guevara), o que eu apresentei ontem é na verdade um resumo do *Guia Os maiores ditadores da história*. Esse sim é um espetáculo de falsas simetrias, doisladismos e relativização dos conceitos de ditadura, genocídio e crime contra a humanidade. É assim que os autores terminam a apresentação: "Nesta edição do *Guia Os maiores ditadores da história*, você confere a trajetória de alguns desses governantes, que continuam sendo heróis para muitos e vilões para tantos outros."

O trecho sobre Hitler, apresentado como "herói para muitos", é o mais longo de todos. Apesar de trazer alguns dados objetivos, no geral não mostra a máquina de mortes que o Führer criou. Há, sim, a menção à execução de opositores do regime, que são chamados de radicais. A "Solução Final" por outro lado não aparece. Há um trecho longuíssimo sobre "a personalidade do Führer", que afasta todo tipo de questão política, chegando inclusive a citar o fato de Hitler ser "efeminado". O racismo, por exemplo, é citado

---

2. Ibid.

de passagem e, como eu disse, sempre aparece direcionado a inúmeras comunidades. Chega-se ao ponto de dizer que o Terceiro Reich condenou "alemães étnicos" à morte.

As imagens aqui são bem mais leves que as do fascículo de propaganda. Há ainda a citação de frases que agradam a adolescentes e adultos infantilizados: "estou pronto a fazer seis julgamentos falsos todos os dias". O final do texto sobre Hitler me deu vontade de vomitar: "Sejam quais tenham sido seus torpes motivos, hoje, o nome Adolf Hitler desperta tanto curiosidade como desprezo. O líder do III Reich passou para a história como uma das personalidades mais instigantes e cruéis do nosso tempo."

Achar Hitler "instigante" é justamente dar espaço para que apareçam todo tipo de relativizações. Ele foi um genocida, um dos piores seres humanos que o mundo já abrigou, sem nenhuma característica positiva. Nada disso dispensa a sociedade alemã de assumir e refletir sobre sua própria culpa.[3] O que a revista faz, por outro lado, é, sob o pretexto da imparcialidade (o que é uma tolice: ser imparcial sobre Hitler é mostrar o Mal que o reveste, não há possibilidade além disso), justificar revisionismos históricos que facilitam e fortalecem o nazifascismo.

As notícias de hoje mostram que Donald Trump aumentou a própria desvantagem sobre Joe Biden nas pesquisas. Ainda não se sabe se isso se deu por conta do debate de anteontem ou do anúncio da doença. A CNN aponta que o comportamento do presidente norte-americano é sem ambiguidades o pior possível.

No final do dia, Trump deixou o hospital com a aparência ainda bastante debilitada, buscando aqui e ali afirmar que ninguém deve temer a Covid-19. Naturalmente fez um bom serviço a favor da morte de todos que não terão acesso aos mesmos serviços médicos que ele.

---

3. Aqui estou indiretamente citando o excelente *A questão da culpa* de Karl Jaspers, publicado no Brasil em 2018 pela editora Todavia.

6 de outubro

Pesquisas divulgadas no final da noite de ontem mostram Joe Biden com vantagem ainda maior que antes sobre Trump, que, por sua vez, ameaça com mais intensidade não aceitar os resultados das eleições. O tumulto lhe faz bem em vários aspectos.

A revista *Aventuras na História* pretende, à primeira vista, ser um periódico sério sobre acontecimentos históricos pontuais. A capa do número que comprei com o Führer olhando altivo para o infinito traz as seguintes chamadas na capa: "Por que Hitler quis guerra contra o mundo?", depois em letras menores: "Quilombos urbanos: os redutos da luta de combate à escravidão", "Os avanços da Idade Média para a humanidade", "A insólita saga do corpo de Evita Perón".

As ilustrações da matéria inteira são realizadas em estilo de colagem e nenhuma delas ilustra a gravidade dos campos de concentração. A manchete é "O senhor da guerra" e, em letras menores, "Há oitenta anos, a vontade inabalável de um único homem dava início ao episódio mais importante e assustador do século passado". Como se pode ver, Hitler aparece como um líder de vontade forte, estando à frente de um episódio importante. O genocídio não é citado em nenhum momento.

Eis por exemplo como é descrita a habilidade política dos líderes de então:

> Se mesmo diante da militarização da Renânia e da anexação da Áustria, dois anos depois, as principais potências europeias ainda achavam que poderiam aplacar o apetite de Hitler à base de diplomacia, as investidas seguintes do governo nazifascista fariam com que finalmente a ficha caísse: estavam lidando com um caso patológico de líder predador, para quem sempre era uma questão de tudo ou nada.

E agora, por outro lado, a habilidade política de Hitler: "Apesar dos temores dos militares, a leitura internacional do Führer mais uma vez estava certa." Enquanto todo mundo erra, ele acerta todas.

Enfim, não é preciso continuar. Tudo está relativizado e os crimes contra a humanidade cometidos pelo nazifascismo nunca aparecem com a gravidade que merecem, que é absoluta. Se até Hitler é relativizado em textos escolares aparentemente sérios, por que um torturador como Brilhante Ustra não seria?

É dessa forma — afirmando que um genocida é um político hábil, que um ser humano dotado de uma maldade absoluta é líder de um "episódio importante e assustador", e reproduzindo campos de concentração apenas em sua portada, em colagens cafonas — que o caminho se abre para que uma pessoa como o presidente brasileiro possa liderar um genocídio no ano de 2020, mesmo depois de avisado por seu ministro da Saúde sobre qual o caminho para salvar vidas. Ele faz o oposto, recebe apoio de boa parte da população e, há três dias, é fotografado abraçando, EM MEIO A UM GENOCÍDIO, um ministro da Suprema Corte.

7 de outubro

No final das contas, todas essas revistas que analisei relativizam a figura de Hitler, que teria características suficientes para ser herói de muita gente. Do mesmo jeito aparecem com destaque suas habilidades políticas que, no frigir dos ovos, podem tê-lo levado a alguns excessos. E é só: o extermínio de milhões de judeus, uma política organizada para chegar exclusiva e diretamente ao genocídio e a oficialização da pulsão de morte como razão de Estado não aparecem. Não são sequer citados.

Pode parecer um detalhe menor: afinal de contas são apenas revistas de divulgação expostas em bancas de jornal. Trata-se na verdade de uma forma de organizar um pensamento e, no final das contas, ilustra como o Brasil não conseguiu fixar posições decisivamente fortes contra qualquer tipo de estrutura autoritária. Se Hitler é tratado com condescendência, tudo é permitido. Entendendo essa forma de organizar o pensamento para outros lugares da sociedade, dá para explicar como todo mundo leva com naturalidade 148.304 mortes. É a cifra a que chegamos hoje devido ao novo coronavírus.

O presidente da República, que organiza com afinco os meios para sermos o país com o segundo maior número de mortos no mundo (ficando atrás apenas do genocídio conduzido por seu inspirador, Donald Trump), agora se aproxima de outras lideranças, com quem protagonizou conflitos pontuais e menores nos últimos meses. A maioria absoluta dos analistas interpreta isso como uma espécie de pacificação.

Fico chocado: de forma nenhuma. O que o mito procura é naturalizar suas ações. Existe lavagem de dinheiro. Ele está promovendo uma lavagem de mortos. Com isso mostra ainda que as principais autoridades da República o abraçam e dividem com ele uma mesa cheia de pizza, logo quando ele, repito outra vez, conduz um genocídio.

O recado que o presidente brasileiro está mandando é muito claro: mais que um "e daí", o fato é que ele tem muito apoio. São fotos e sorrisos em meio a 148.304 mortes, boa parte evitável se a Morte tivesse tomado as providências que muitos países correram para realizar.

As autoridades dos três poderes, ao aceitar esse convescote mórbido, ao posar sorrindo para toda a nação e ao nos brindar com sua indiferença, confirmam que o Brasil é composto por uma elite com um gosto profundo e entranhado pela morte.

Vou parar de escrever por alguns dias, para usar o final da madrugada com outras coisas. A gente se fala logo.

10 de outubro

Eu não pretendia voltar a escrever hoje, para fazer os três dias de descanso a que a princípio resolvi me submeter. Estou usando o tempo do diário para responder a uma entrevista, sobre o diário aliás, que será publicada em um grande jornal na... Argentina.

Hoje quero apenas marcar que o Brasil chegou ao número oficial de 150 mil mortos por causa da Covid-19. Uma pesquisa de opinião divulgada ontem por sua vez mostra que o atual presidente, que colaborou muito para essa enorme quantidade de óbito, venceria hoje qualquer adversário em um segundo turno eleitoral.

11 de outubro

Tabata Amaral é uma das figuras mais midiáticas da nova legislatura federal. Eleita pelo Partido Democrático Trabalhista de São Paulo já na primeira disputa e com ótima votação, chamou atenção por ridicularizar, com muita razão (e bastante habilidade performática), o primeiro ministro da Educação do governo nazifascista, o folclórico Vélez Rodríguez. Em uma reunião do ministério com uma das comissões legislativas, fez um discurso ao mesmo tempo emotivo e enérgico, mostrando como o coitado não sabe nem amarrar os sapatos direito. Pouco tempo depois, ele deixou o cargo e foi substituído pelo deletério Abraham Weintraub.

Amaral tem participado ativamente de construções de projetos que pretendem melhorar a vida das mulheres, como a campanha por mais participação feminina na política ou mesmo algo mais concreto, e bastante necessário, como a distribuição gratuita de absorvente íntimo para pessoas em situação vulnerável. Por outro lado, ela votou pela reforma da previdência, o que irá trazer graves prejuízos às mulheres mais pobres.

Em maio Amaral lançou *Nosso lugar: o caminho que me levou à luta por mais mulheres na política*. É um livro curto, dividido em duas partes principais: o trecho autobiográfico desemboca, como se fosse um caminho obrigatório, em sua entrada na política.

O tom do livro é involuntariamente infanto-juvenil, o mesmo que a gente acha nas publicações voltadas para pré-adolescentes que estão terminando o ensino fundamental. Como o livro por outro lado é dirigido a quem pretende se inspirar nela para entrar na política, uma conclusão acaba evidente já nas primeiras páginas: de fato há mesmo uma infantilização do nosso ambiente público.

Amaral, certamente atrás de alguma emoção romanesca, conta ter se libertado de seus medos depois de quase se afogar. Peço desculpas pela reprodução de um trecho tão cafona. É fundamental para a gente ver como certa nova geração política pretende realizar seu trabalho. Com isso, me despeço por hoje.

> Ouvimos um barulho e começamos a gritar. Quando o Nacho apareceu na nossa frente, eu não conseguia acreditar que alguém havia nos encontrado e comecei a chorar. O Nacho nos disse que já havia salvado muitas pessoas com aquela prancha, e nós acreditamos nele. Eu e o Renan seguramos a prancha azul como podíamos enquanto o Nacho a empurrava. Depois de algum tempo, conseguiram ver a gente e um hóspede do hotel — Alon, um israelense que morava na Califórnia — também entrou no mar e nos ajudou.
>
> Quando saímos eu só conseguia pensar que era um milagre estar viva. Estar tão próxima da morte e ser lembrada de que nossos dias aqui na Terra são contados me fez decidir que, a partir daquele momento, eu não deixaria mais que o medo me detivesse e buscaria viver todos os meus dias com coragem, como se todas as oportunidades que a vida me apresentasse fossem as últimas.[4]

13 de outubro

Depois desses acontecimentos agridoces e transformadores, em que é salva de um afogamento, estuda em uma das melhores universidades do mundo tendo saído da periferia paulistana com uma história familiar trágica e, auge dos auges, consegue apertar a mão de Barack Obama (quando ele lhe dá um conselho iluminador: "disse que eu não estava sozinha e que eu deveria me lembrar constantemente de que '*yes, we can*'"), Tabata Amaral resolve entrar formalmente na política e se candidatar.

Digo formalmente porque na verdade ela faz parte com toda consciência de um movimento neoliberal de resgate e promoção desse e daquele morador

---

[4]. Nem pensar.

da periferia, que irá com bastante ajuda e esforço próprio (mérito, portanto) ter uma enorme elevação no padrão de vida. Eles existem para mostrar que *we can*, todos nós podemos. De outra forma, é a mesma trajetória dos horrendos integrantes do Movimento Brasil Livre, obviamente bem mais danosos que ela.

Amaral portanto só podia de fato votar a favor da reforma da previdência. Claro que a deputada se engaja em tentativas de melhoria do ensino público, até porque os filhos das faxineiras, cuja aposentadoria o projeto que ela apoiou prejudicou muito, precisam ter onde ficar enquanto as mães morrem de trabalhar na casa de quem a promove.

O livro termina com algumas dicas pontuais sobre como aspirantes a políticos devem agir. Essa é a de número 6:

> As mensagens que você vai transmitir durante a campanha precisam sempre contar uma história. Tão importante quanto saber por que você quer estar na política e quais são as causas que te movem é saber como comunicar suas ideias. Dados são extremamente importantes e eu espero que, cada vez mais, políticas públicas sejam debatidas, construídas e implementadas com base em evidências, mas não podemos esquecer que o que toca as pessoas são histórias. A melhor forma de se comunicar e de mobilizar as pessoas em torno de ideias é por meio de narrativas. Quando nós contamos como as ideias que defendemos se conectam com a nossa trajetória, quando mostramos de que modo vidas serão impactadas por aquelas propostas e quando descrevemos como será a cidade, o estado ou o país que queremos construir, é muito mais provável que as pessoas queiram se engajar.

Como se pode ver, ela pretende convencer possíveis eleitores através da emoção, usando narrativas. A forma produz o conteúdo, desculpem-me o clichê. Aqui estamos no campo das superficialidades mesmo. A forma de fazer política de Tabata Amaral é a mesma do atual presidente da República. Ele come pão com leite condensado e comove certo tipo de sensibilidade vulgar, ela é salva dos perigos do mar e estuda em Harvard.

Venceram na vida!

Certamente Amaral não é tão violenta e muito menos promove diretamente o culto à morte que dá ao atual mandatário bastante tesão. Ela chegará a pedir o impeachment da Morte. Só que o apoio aos interesses da elite financeira que ela dedica chegam ao mesmo resultado que seu falso antagonista genocida.

14 de outubro

Setores da elite paulistana perceberam com bastante rapidez o lugar que Tabata Amaral ocupa. A simbiose da pessoa que saiu da periferia e cresceu em direção à classe alta, que não come pão com leite condensado, sabe todas as regras de etiqueta, não maltrata seus empregados e inclusive é a favor de um sistema de ensino público razoável (razoável apenas, já que apoia o arrocho da aposentadoria de seus profissionais) foi imediata.

Antonio Prata, um excelente cronista de amenidades, já a defendeu em seus textos semanais na *Folha de S.Paulo*. Gabriela Prioli, uma espécie de figura luminosa da elite esclarecida e que ganhou bastante fama ao ser colocada na televisão para discutir política com um rapaz de nível intelectual de fato não exatamente muito exuberante, gravou um vídeo muito difundido em que afirma que Amaral é uma política de esquerda, já que faz oposição ao governo do mito — o que não é verdade: Amaral discorda de alguns pontos do governo terraplanista, só que não tem uma plataforma de resistência muito clara. Quem votou a favor da reforma da previdência está com o nome atrelado aos apoiadores da Morte para sempre.

Além da simpatia por gente como Tabata Amaral, Prata e Prioli (ficou bem sonoro!!) já escreveram textos defendendo que os atuais integrantes do governo federal se comportam como moleques birrentos: algo como a turma do fundão da quinta série primária. Esse tipo de discurso interessa muito aos nazifascistas, pois tira todo seu caráter de organização ideológica. É como se estivéssemos assistindo às trapalhadas de um moleque tonto. No dia do segundo turno das eleições desse ano, Prata irá comparar o governo genocida a uma bunda...

Não é nada disso: temos na verdade um grupo de pessoas que chegou ao poder com um plano organizado e, repito pela centésima vez, divulgado com clareza para instaurar no país uma política ultraconservadora de culto à violência, privação às liberdades civis e genocídio dos grupos vulneráveis.

Enxergar o presidente brasileiro como a turma do fundão é na verdade expor o próprio espaço de reflexão: imaturo e escolar. Prata, Prioli e Tabata Amaral são representantes de uma elite agridoce, inteligente e moderada e que sente certo nojo do que estamos vivendo. Seu gosto pela ordem, pelas explicações racionais e pelo bom comportamento logo denuncia a indisposição para o caos e o risco a que mudanças realmente transformadoras estão predispostas. Eles não desejam a destruição do sistema financeiro, por exemplo. A face humana do capitalismo é limpinha, cheia de sonhos, aperta as mãos de Barack Obama e quer a paz no mundo. Todos nós queremos, só que no caso sem as profundas diferenças que o capitalismo inevitavelmente causa. Somos pela extinção dos bancos.

15 de outubro

Antes de tudo, desejo um feliz Dia dos Professores a todos que nesse momento estão sofrendo perseguições em sala de aula. No começo do ano, procurei um lugar para lecionar também. Não consegui nada. Passei o ano cuidando da minha família, escrevendo, e no segundo semestre comecei um curso on-line de literatura francesa contemporânea que tem sido bem divertido. Eu gostaria de ter uma ou duas turmas regulares por aí. Não deu certo. É curioso, meu livro tem feito sucesso em universidades. Não consigo por outro lado dar aula em nenhuma delas. O dinheiro que guardo da venda dos meus livros e o que junto aqui e ali dão conta das minhas necessidades. Não sei até quando.

Pode parecer que ontem fui contraditório com o que tenho defendido aqui no *Diário*, sobretudo este ano. Se o Brasil se caracteriza majoritariamente pelo sadomasoquismo, como pode ao mesmo tempo não ter disposição para o risco?

Ora, é isso mesmo.

Quem pede para levar um tapa sabe exatamente o que vai sentir: dor e, por conta dela, ardor. Ou seja, prazer. É um jogo combinado e com pouquíssima margem para dúvida ou surpresa. É a mesma situação de quem bate. Ao ver seu parceiro submisso sentindo dor, o prazer aparece. No final das contas os dois gozam satisfeitos. Além de tudo há uma troca segura.

É rigorosamente o mesmo que acontece com o atual governo brasileiro. Quem se diz surpreso com o que está acontecendo é hipócrita. Não aceito o argumento da desinformação. O mito divulgou para todo lado o que pretendia fazer. Disse com clareza o nome de seus adversários, vociferou em cadeia nacional contra os grupos vulneráveis e divulgou amplamente que pretendia fuzilar outros tantos milhares de pessoas. No caso, ele apenas trocou a arma.

A escolha pelo sofrimento foi consciente. Ela aconteceu através de um mecanismo de aceitação: o voto. Não existia de fato nenhum risco envolvido. O presidente brasileiro não tem nenhuma possibilidade (e vontade) de fazer qualquer outra coisa que não causar dor. O que se pode estimar é a posição de cada um: ele e sua família batem sem receber de volta nenhum tipo de dano. Fazem sofrer apenas. A classe alta vê a economia em frangalhos. Uma pequena parcela está ganhando com toda essa desgraça. Esses também são os que apenas batem. O resto desse grupo apanha por um lado e adiante bate também. No final das contas a parcela mais vulnerável é a única que só apanha. Como reação, costuma muitas vezes protagonizar atos de violência entre si. É bem mais comum que grupos economicamente vulneráveis briguem no interior da própria classe no Brasil do que reajam em conjunto contra quem os faz sofrer. Quando acontece, o Estado (que aqui trato como um clube de sexo sadomasoquista) convoca seu violentíssimo aparato repressivo.

Espero que vocês todos tenham uma ótima noite.

16 de outubro

Não quero continuar muito nesse assunto, sobretudo porque parece jocoso demais. Para aprofundá-lo eu teria que voltar ao Marquês de Sade e a George Bataille. Não estou com nenhuma disposição para isso. Falo sério e de fato acho que há muitos sinais de sadomasoquismo na sociedade brasileira, suficientes para que os estudiosos se voltem com cuidado a essa questão. Estou escrevendo um diário: não pretendo portanto aprofundar-me em tudo, embora não queira ser superficial nesse e naquele assunto. Hoje, uma sexta-feira bastante fria, vou apenas concluir.

Nesse jogo erótico, qual seria o lugar de quem não votou e jamais apoiou o nazifascismo e daqueles que se arrependeram e saíram dessa trilha?

Em primeiro lugar é preciso ser claro. O jogo sadomasoquista é cheio de pulsão de morte. Conforme cresce e se torna mais exigente, o ato de apanhar vai se tornando cada vez mais próximo de seu sucedâneo natural, o de morrer. Do mesmo jeito, bater para gozar vai se tornando matar. Como já cansei de escrever, esse é o vocabulário íntimo do presidente brasileiro (e de outros que se aproximam dele na geopolítica internacional).

Dessa forma, no final das contas não se pode simplesmente participar do jogo. É preciso recusá-lo. Por isso o diálogo com nazifascistas que se apresentam como moderados sem por outro lado recusar todo tipo de extremismo passado, como o Movimento Brasil Livre, é apenas colocar-se na trajetória do chicote. Talvez esse seja o pior dos abusos. O jogo sadomasoquista é consciente e muitas vezes envolve contratos, que são literalmente assinados. Por outro lado, estabelecer uma ligação com nazifascistas disfarçados é uma relação abusiva.

Do mesmo jeito, é preciso ter cuidado para não cairmos no voyeurismo. É outro perigo que acredito recorrente em muitos grupos, inclusive em diversos do meio intelectual. Os sadomasoquistas ganham muito com isso. Se a gente ficar gozando de longe, olhando-os e afirmando não fazer parte daquela perversão, tudo o que conseguiremos é atiçar o exibicionismo dessa gente. O excesso de compreensão, as explicações sem fim — inclusive e talvez sobretudo as que pretendem ser finas e racionais — e de novo o orgulho por não ser tão perverso fazem a máquina girar.

Ela precisa ser emperrada, impedida de se mover, diluída e enfim destruída. Qualquer análise que não seja ao mesmo tempo uma proposta clara de resistência é cumplicidade. O voyeur afinal de contas também se excita.

Compreender o fenômeno que levou o pior candidato da história eleitoral brasileira à presidência da República significa unicamente lutar contra ele. A análise é cheia de riscos. Portanto é o contrário de gozar batendo ou apanhando.

Precisamos de uma revolução.

17 de outubro

Fiquei ontem das 21 horas até a 1 da madrugada de hoje conversando com o grupo de pesquisa do professor Ricardo Barberena da PUC do Rio Grande do Sul. Os alunos leram o *Ano I* do *Diário* e trouxeram uma série de reflexões, no geral apontando para cada uma de suas respectivas pesquisas. Não preciso dizer, por conta da duração da conversa, o tanto que foi enriquecedora. No final, um rapaz leu o seguinte trecho, que acabou por emocioná-lo:

> Em uma performance de Chris Burden, um tiro é desferido em um de seus braços, de raspão, deixando uma gota de sangue escorrer. Quando membros do grupo Pussy Riot invadiram o campo na final da Copa do Mundo da Rússia de 2018, eles estavam rindo. Há também um breve instante de felicidade, transmitido para mais de 1 bilhão de pessoas, nesse mesmo momento, no rosto do jogador Mbappé. Existe

um momento bastante fugaz em que Marina Abramović, na obra *A artista está presente*, por fim se move, graças a um resquício de amor.[5]

Também gosto dessa parte. Em 2020 a situação acabou ainda mais difícil. O genocídio anunciado (e eleito por mais de 57 milhões de votos) foi executado com bastante competência pelo governo brasileiro.

Não sou capaz de listar outras centelhas de alegria que como apontei poderiam ter gerado bem mais luz se não tivéssemos deixado passar. Tínhamos todos que ter corrido junto com o grupo Pussy Riot ou no mínimo dado apoio tácito e objetivo ao jogador Mbappé.

Se não acho a faísca de risada, encontro no passo lento e cuidadoso dos velhos o momento de leveza que merece também cuidado e investimento: é esse andar pausado que produziu a centelha de humanidade esperançosa de que tanto precisamos. Sem dúvida foi para o corpo dos idosos também, pois é nele que o coronavírus mais desastre causou.

Fomos extremamente dignos nos passos do papa Francisco se dirigindo a uma praça vazia, úmida pela chuva leve e azul por causa do início da noite, com a lua tomando conta dele, para abençoar-nos o mundo e nos conceder, a quem acredita ou não, a indulgência plenária. Do mesmo jeito os idosos nos mostraram o quanto podemos construir de belo na longa canção de Bob Dylan, que ele lançou sem deixar o próprio corpo à mostra, repisando a barbárie que é a história norte-americana. Pisando nela.

No Brasil, Caetano Veloso exibiu uma impressionante dignidade no passo curto, cuidadoso e bem executado do samba com que ao lado do filho Moreno executou a *live* que por algum tempo nos trouxe a sensação de que podemos ser muito melhores do que esse Mal desgraçado que se entranhou em uma parte do mundo, com o Brasil na vanguarda.

---

5. O trecho está na p. 151.

18 de outubro

Não sei exatamente que horas são. Acho que já não falta muito para amanhecer. Vi que o partido de Evo Morales, o MAS, acabou de ser declarado vencedor das eleições na Bolívia. Não entendi muito bem: parece ser um resultado prévio. A mulher que assumiu o poder depois do golpe, por outro lado, já reconheceu a vitória do MAS. Há muito o que pensar aqui. Em primeiro lugar a vitória evidente mostra que de fato não havia fraude nas eleições anteriores e a maioria da população apoia ao menos até agora o projeto de Evo; depois, por lá, as classes vulneráveis, sobretudo a indígena, não aderiram a nenhum processo fascista.

Os analistas de sempre, esses que erram tudo (já listei vários), chamam atenção para um negócio muito importante: temos que ser racionais; precisamos reconhecer nossos erros, não se pode comparar realidades diferentes, enfim, tudo o que a gente tem que fazer é ficar lendo as análises delirantes e negacionistas, travestidas de textos sérios e bem fundamentados, que eles publicam o tempo todo e em todo lugar. O presidente brasileiro (hoje chegamos a 153.885 mortes por Covid-19) tem uma aprovação impressionante. E os analistas do establishment não param de publicar textos falando do mundo pós-[]. São as ciências políticas da ansiedade. Primeiro não conseguiram notar o surgimento do novo nazifascismo e a forte adesão eleitoral que o extremismo teria, em seguida passaram agosto e setembro de 2018 discutindo a importância do tempo de TV para as eleições (nenhuma) e logo depois já anunciaram a saída de cena do projeto cuja ascensão não foram capazes de perceber.

Como deu para ver, estou bastante irritado. Mesmo assim não vou apagar esta entrada. Ao contrário, pretendo desenvolvê-la.

Por fim, Carlos Mesa, o candidato apoiado pela classe alta boliviana, não foi eleito. O mais parecido com o mito brasileiro, por outro lado, Chi Hyon Chung, só teve 3% dos votos. Os analistas que erraram tudo não gostam, mesmo assim vou fazer uma comparação: a elite financeira da Bolívia não apoiou o pior candidato que tinha à disposição.

19 de outubro

Reli a entrada de ontem. Por algum motivo, a derrota do golpismo na Bolívia me deixou agitado e meio agressivo. Ainda assim, vou manter o tom, para deixar o registro de uma noite em que depois de bastante tempo uma boa notícia apareceu. De qualquer maneira, as notícias do sucesso do projeto nazifascista parecem brotar por todo lado. Vou destacar apenas uma, suficiente para resumir tudo: no ano passado, o primeiro ano do governo extremista, a violência policial aumentou bastante. As vítimas são as mesmas de sempre: sobretudo a juventude pobre e negra. Segundo os dados que temos até aqui, o mesmo está acontecendo agora em 2020.[6]

Obviamente isso se deve ao estímulo a essa violência que o governo federal vem dando desde a campanha. Fortalecido por um discurso que não apenas o protege como o torna agente de uma política de limpeza e ordenação (não podemos nos esquecer de que os agentes do Estado acham-se protetores da família de bem), empunhando o objeto mágico dos homens do poder, a arma, a polícia ocupa um lugar central e evidentemente vai ampliar seu alcance. O presidente anunciou que buscaria essa alta letalidade e foi o que fez. Para ele, não tem crise.

Já para mim, são várias. Vou descrever duas. A segunda, deixo para amanhã. Está muito tarde e eu ainda vou ter que vedar algumas paredes do banheiro com silicone, pois há um vazamento estranho. Não conseguimos entender se aquela água malcheirosa e amarelada sai da nossa privada ou, pior ainda, vem de algum vizinho de outro andar. Aqui no prédio só dá nazifascista.

Eu não estaria escrevendo este diário se o resultado das eleições de 2018 tivesse sido qualquer outro. A questão para mim não é a eleição de um político de direita. Eles governam São Paulo, por exemplo, há décadas. Essa afirmação causa constrangimento em alguns eventos de que tenho participado. Para mim o maior problema foi que mais de 57 milhões de eleitores votaram não em uma proposta econômica e sim em um candidato cujo único

---

[6]. Ver <forumseguranca.org.br/wp-content/uploads/2020/10/anuario-14-2020-v1-interativo.pdf>.

programa era fortalecer o machismo, o racismo e a homofobia que formam a sociedade brasileira. Tudo com muita clareza e sinceridade. É isso que me incomodou e ainda me incomoda em muitas análises de cientistas políticos: eles se debruçam sobre todo tipo de hipótese e se recusam a enxergar o que de fato o atual presidente falou e fez para ser eleito. Amanhã escrevo sobre a segunda crise. Agora vou ver minha privada.

20 de outubro

O número de mortos por Covid-19 no Brasil está aos poucos caindo. Não vai durar muito, adianto. O oficial, de hoje, é de 661 óbitos. Ainda assim, não chega à cifra de vários países europeus, muito menor, que estão vivendo uma segunda onda. A principal explicação é a conduta médica, que agora sabe lidar melhor com a doença.

Dado isso, o presidente brasileiro resolveu divulgar um vermífugo que seria muito eficaz contra a doença. Ele não apresentou nenhum estudo ou evidência científica mais concreta e sim um gráfico que se descobriu, logo depois, ter sido retirado de um banco de imagens. Ou seja, serviria para ilustrar todo tipo de invenção aleatória. Nos próximos dias o mito vai tumultuar também um hipotético e ainda distante processo de vacinação. A intenção dele é muito clara: criar caos para com isso minar o processo de relativa melhoria e tentar aumentar até onde pode o número de mortes. Só isso deixa o presidente brasileiro satisfeito.

Retorno ao assunto de ontem para tentar concluí-lo. Não estou livre dos perigos e crises que tenho listado. Tenho bastante consciência de que este diário pode, a qualquer momento (e é de momentos que ele vive, já que é um registro datado), recair no prazer da análise. Aí a gente se acostuma ao nazifascismo e, pior ainda, começa a gostar dele. Algo de bom, portanto, ele traria. Por isso tento manter a tensão constantemente. Do mesmo jeito busco soluções para a situação que inspira minhas análises. Elas e este diário precisam acabar o mais rápido possível.

Não lembro se discuti isso no volume anterior. Não vou tentar descobrir. Preciso deixar claro para superar esse tópico, mesmo que só por alguns dias. Eu pretendia escrever um romance, continuar normalmente a minha obra. Ele já tinha título e dois capítulos avançados, com outros dois esboçados, quando perdi o estímulo para continuar a pesquisa — que aliás estava me agradando bastante. Esse prazer começou a me incomodar.

Não se trata de uma crise de redação, como este diário deve mostrar, nem mesmo criativa, já que estou finalizando um livro de poemas, algo inédito para mim. Não consegui uma justificativa, teórica e ao mesmo tempo íntima, para continuar um trabalho que estava me agradando muito. Não é possível permitir-se um trabalho que nos agrade enquanto o nazifascismo se dissemina e a catástrofe é o tempo inteiro naturalizada.

21 de outubro

ORIENTAÇÃO

Está muito tarde (alta madrugada do dia 22 já) e não vou me aprofundar em nada hoje. Não é por cansaço: entrei em um momento de organização e por isso apresento o que pretendo fazer nas próximas semanas: analisar a questão do perdão e da superação. Para o que estou refletindo, talvez eu tenha apresentado essa questão nos últimos dias de forma jocosa demais: a ansiedade de analistas em prever um mundo pós-nazifascismo, ainda que nada demonstre que isso esteja minimamente no horizonte. Não sei se vai dar tempo: pretendo ainda discutir o conservadorismo da sociedade brasileira, falar de dois filmes recentes de Ai Weiwei, dos trabalhos de Messias Botnaro e terminar o ano com uma comparação entre a recepção de Rubem Fonseca e de João Antônio. Junto com tudo isso as várias eleições a que vamos assistir. Daqui a algumas semanas volto para fazer um balanço.

(Hoje, três meses depois de escrever esta entrada, adianto que não cumpri minha própria orientação.)

Hoje o Brasil registrou 566 mortes por Covid-19. Na Europa os casos estão aumentando de novo. Não são tão letais ao menos por enquanto, calcula-se que pelo mesmo motivo que aqui: a experiência médica.

O presidente passou o dia criando diatribes sobre possíveis vacinas e, de resto, colecionando suas já habituais vitórias: o nome que indicou ao Supremo Tribunal Federal foi aprovado no Senado com muito sossego.

22 de outubro

Um dos fenômenos mais reveladores dos momentos seguintes à eleição de 2018, quando o Brasil elegeu o pior candidato de sua história eleitoral, foi o discurso majoritário que se formou em torno do perdão. O símbolo maior pode ser resumido em uma frase repetida à exaustão: "Não temos 57 milhões de fascistas." Outro sinal, também eloquente, foi a rapidez com que cenários pós-[] começaram a ser traçados. Estou falando ainda de novembro e dezembro de 2018, quando sequer o ex-capitão havia tomado posse.

Em parte isso pode ser explicado pelo absoluto grau de transtorno em que nossos analistas políticos do establishment estavam — e em que alguns continuam até hoje. Essa não é a única explicação, claro. Houve também uma boa quantidade de sentimento de negação, que também tem uma frase simbólica: "as instituições irão controlá-lo". O fato de o mito ter ele próprio virado essas tais instituições a seu favor não é o assunto aqui. Minha questão é que parece haver um procedimento de ansiedade em muitos extratos sociais brasileiros.

Paul Ricouer, que, junto com Derrida, é um dos nossos analistas contemporâneos mais agudos dessa questão bastante presente desde o fim da Segunda Guerra, nota que "o perdão dirige-se não aos acontecimentos cujas marcas devem ser protegidas, mas à dívida cuja carga paralisa a memória e, por extensão, a capacidade de se projetar de forma criadora no porvir".[7]

---

[7]. O extraordinário ensaio "O perdão pode curar?" de Paul Ricoeur foi publicado em português pela primeira vez no número 21, de 1996, da revista portuguesa *Viragem*.

Assim, antes mesmo que o atual presidente iniciasse sua impressionante sequência de atos que culminaria no genocídio de 2020 e 2021, o perdão a seus apoiadores parece ter justamente o condão de fazer com que esse futuro fosse traçado. E nele estão obviamente os ensaios que planejam o pós-[]. Aqui há o primeiro estranhamento, por outro lado: como conceder um perdão que paralisa a construção de memória de algo que sequer aconteceu? Ora, com isso fica prejudicada a própria constituição da memória, que Ricoeur situa como forçosamente anterior ao ato do perdão. Está aqui inclusive o mesmo problema da Lei de Anistia, que perdoou os crimes da ditadura militar ainda antes que ela acabasse, não havendo portanto sequer memória constituída por completo.

Há ainda um detalhe crucial, também muito bem posto por Ricoeur: "Mas se o perdão é mais do que o trabalho, é acima de tudo porque a primeira relação que cometemos consiste não em exercê-lo ou dá-lo, como se diz, mas em pedi-lo. O perdão é primeiro o que se pede a outrem, e antes dos demais à vítima."[8] Podemos tirar muita coisa desse trecho, hoje deixo só uma: ao conceder perdão antes que alguém pedisse, o discurso dos derrotados na eleição pretendia mantê-los um pouco mais no centro das atenções. Boa noite.

23 de outubro

Nova pesquisa aponta a fantástica queda de Celso Russomano nas intenções de voto para a prefeitura de São Paulo. Ele tem tentado colar sua imagem à da Morte, só que sem a mesma energia. Inclusive está focando na bizarrice, por exemplo, ao afirmar que a falta de banho dos mendigos combate o coronavírus e não no aspecto mais palpável, como o símbolo da arminha. Russomano também não apela para a sexualidade em crise do homem branco e com isso não movimenta os instintos que mantêm firme o apoio ao presidente. Do mesmo jeito, não está oposto ao PT e sim a Bruno Covas, um

---

8. Ibid.

reacionário de baixa voltagem, o que o impede de lançar o anticomunismo como arma de campanha. Sua derrota daqui a poucos dias será patética.

As eleições estão recebendo pouco espaço na atenção do debate político por conta da tentativa alucinada que o presidente tem feito para minar o controle da pandemia.

Tentemos agora um passo atrás para continuar refletindo sobre a questão do perdão. Acredito que ela nos ajude a pensar um pouco melhor o que tem havido. Adianto a minha conclusão: ao ter observado esse amplo e magnânimo perdão, que ocorreu, repito, ainda antes que o mito tomasse posse, ele pode ter se sentido ainda mais livre para colocar o genocídio em ação.

O perdão aos 57 milhões de votos nazifascistas foi tão intenso que lembrou uma ladainha ou, na forma elegante de Ricoeur, um hino: "Um discurso apropriado lhe é de fato dedicado, o do hino. Discurso do elogio e da celebração. Ele diz: há, *es gibt*, there is... o perdão — o antigo 'o' designando a ileidade. Pois o hino não precisa dizer quem perdoa a quem."[9] No caso do perdão descrito por Ricoeur e dado de forma plenária a todos os eleitores e apoiadores do mito, estamos no âmbito religioso.

Afasto desde já qualquer tipo de intenção religiosa na reflexão que estou propondo sobre o perdão. Do mesmo jeito não falo aqui de nenhum tipo de prescrição (de resto extremamente precoce) ou de afastamento da responsabilidade jurídica. A justiça precisa ser feita — e como mostrei no histórico de genocídio e chacinas ocorridos no Brasil, não será...

Do que então estou falando?

24 de outubro

O súbito avanço da campanha Boulos/Erundina para a prefeitura de São Paulo parece ter animado um pouco os grupos antinazifascistas. Ao mes-

---

[9]. CF. RICOEUR, Paul. *A memória, a história, o esquecimento*. Trad. de Alain François et al. Campinas: Editora da Unicamp, 2007, p. 473. O termo "ileidade", muito caro a Emmanuel Lévinas, pode ser compreendido aqui, com alguma aproximação como "o outro", no sentido não de "tu" e sim de "ele".

mo tempo, deixou as forças hegemônicas meio atordoadas. Por enquanto parecem não saber reagir. A dupla por sua vez tenta aprender a lição que o mito deixou em 2018: o corpo a corpo precisa redundar em movimento nas redes sociais. Estão intensificando as tentativas de viralização, obviamente substituindo o ódio que a extrema direita professa pelo "gabinete do amor", forma como a campanha se autointitula.

Há forte uso do humor, como na imagem que aproximou Luiza Erundina do heavy metal, colocando-a como integrante do inspirado grupo *Irondina*.

O esforço será suficiente apenas para que a campanha mantenha as zonas eleitorais que acompanharam os votos de Fernando Haddad na cidade de São Paulo em 2018. Eu gostaria que a denúncia do genocídio fosse mais constante. Talvez a campanha não a considere eleitoralmente viável. Creio ter sido um de seus erros. De resto a tendência de queda no número de mortes pela Covid-19 no Brasil se mantém estável e lenta, enquanto na Europa a segunda onda assusta — sempre deixando claro que apesar de toda a mobilização por lá, o número de mortos é bem inferior ao Brasil e aos Estados Unidos, onde de fato, é possível, repito, enxergar um genocídio.

Retorno hoje rapidamente ao meu tema.

Sem condescendência e talvez com um pouco mais de paciência, acho que uma possível explicação ao perdão concedido é o aqui tão repisado sentimento de negação. Volto, como farei bastante por enquanto, a Ricoeur: "A perda da inocência é algo ocorrido num tempo primordial que não pode ser coordenado com o da história e, portanto, algo que poderia não ter ocorrido."[10] O perdão precoce portanto quem sabe escondesse a derrota (acachapante e patética), até porque diluiria o conflito. Poderíamos continuar inocentemente fingindo que as coisas estavam funcionando, como fazemos no Brasil por séculos a fio.

Acho essa explicação aceitável. Prefiro a que passo a analisar amanhã.

---

10. Ibid., p. 472.

25 de outubro

Eu deveria continuar normalmente a análise da questão do perdão, agora tentando mostrar o que concluo da sua rápida concessão em 2018 e do discurso que o cercou. Seria o mais razoável e funcional.

Há uma semana a Bolívia em massa expulsou nas urnas o governo golpista e recolocou no poder o candidato mais ligado aos interesses dos grupos vulneráveis. O resultado foi um massacre. A soma dos outros candidatos não atinge o número de votos do vencedor.

Hoje, o Chile, depois de meses de protestos, votou no plebiscito para uma nova constituinte. A que está em vigor é da época de Pinochet. Pois bem, a vitória do pedido por uma nova carta magna foi também massacrante. Outra vez e através do voto a população deixou claro que não deseja manter estruturas autoritárias.

A segunda-feira não deve demorar a amanhecer. Tudo está muito silencioso. Ouço o lápis escrevendo que tudo está silencioso e sinto meus olhos pesados. Agora estão secos. Preparei uma aula sobre Annie Ernaux para meu grupo particular e depois passei o resto do tempo acompanhando as notícias, vendo a festa popular boliviana e tentando entender o que aconteceu por aqui, já que para as eleições do mês que vem, com pouca exceção, nada parecido vai ocorrer. Não me sinto bem para continuar agora minha reflexão. Tenho medo de que meu estado de espírito a altere muito. Amanhã estarei melhor. Ainda assim quero deixar uma citação, que me apareceu na frente há alguns dias:

> Saudemos a grandeza de Sartre, que ousou romper com as regras impostas da "discussão" acadêmica — elas sempre favorecem a ortodoxia, que pode se apoiar na "evidência" e no "bom senso" contra a heterodoxia e o pensamento crítico — quando se tornou importante "insultar os que insultam", como nos convida uma bela fórmula de Genet que não deveríamos jamais esquecer de usar como lema.[11]

---

11. Ver ERIBON, Didier. *Retorno a Reims*. Trad. de Cecilia Schuback. Belo Horizonte/Veneza: Âyiné, 2020, p. 119.

26 de outubro

Um amigo que está no Chile há anos acabou de me enviar algumas fotos. A maioria tem alguma referência aos povos indígenas e todas citam os protestos que movem o país há meses. Ele anexou a elas uma tentativa de explicação, que ele mesmo julga incompleta: lá, os poderes públicos mantiveram uma certa tensão entre si, o que parece ter ajudado a democracia.

No final da semana passada, entre parênteses, circulou a notícia de que Luiz Fux, o novo presidente do Supremo Tribunal Federal, retirou de pauta a discussão das demarcações das terras indígenas e o marco temporal. É bem possível que o resultado do julgamento contrariasse os interesses do Poder Executivo, aliado do agronegócio que por definição é a favor do extermínio dos povos originários.

Agora o Chile começa a negociar uma nova Constituição. Deixará para trás a Carta Magna que data do período da ditadura de Augusto Pinochet, um filho de uma puta desgraçado, um ser humano que não pode ser qualificado nem com a palavra mais agressiva que um idioma qualquer — digo buscando entre todos — usa. Uma pessoa que praticou o Mal, que gostava de sofrimento, e de tortura. Sem dúvida nenhuma, ele e seus apoiadores são filhos de uma puta desgraçados, gente com medo das diferenças, nauseabundos rebolantes que só conseguem viver se o outro estiver amarrado, os comportadinhos que se acreditam incompreendidos. Salta-pocinhas, gente que quer ter autoridade e que alguém a tenha sobre si ainda mais, o dono do chicote, aquele que fica enfeitiçado diante de uma farda, os que se encantam com milhares de uniformes iguais, não percebem a beleza dos desvios e dos veados, os que acham que o mundo usa azul ou rosa, jamais entendem os loucos ou perdem a vista diante da nudez de um desconhecido. Preferem colocar fogo na mata. Aqueles que sentiram prazer ao ferir as patas da onça, escabrosos, patéticos e lambões. Gente ruim mesmo, gente medrosa, os limpinhos e os envernizados, desinfetados e palermas. A todos esses, imbecis, talvez sejamos um dia obrigados a perdoar ou no mínimo aproximar-se disso. Seja como for aos senhores a eterna marca de terem sido covardes, ressabiados, sobre o muro. Aos senhores a tristeza de ter um dia votado em [].

Não dá para esconder.

Parece que hoje, segunda-feira, estou em festa. Minhas hesitações se recolheram um pouco. Insultar quem tem que ser insultado e sair por aí. Amanheceu. Bom dia a nós tudo.

27 de outubro

Como vimos, do lado de quem assumiu o lugar de conceder o perdão, ele servia justamente como reafirmação de um espaço de protagonismo: se o concedo, significa que ainda posso fazer alguma coisa. Acrescentei a isso o imperceptível conservadorismo que faz com que muita gente aja ansiosamente para que conflitos sejam logo debelados. O discurso é triste de ser resumido. Minha alegria passou: já que somos obrigados a viver juntos, vamos aceitar a presença de gente que nos fez tão mal e, mais ainda, coloquemos todos no mesmo patamar de nós. Afinal de contas, é política! Assim, antes de qualquer coisa o acordo está feito.

A palavra mais importante aqui é "antes". No caso, o perdão foi o ato primordial, anterior ainda à concretude de toda a violência que de fato o mito vai impondo ao Brasil. Como já estava perdoado, ele se sentiu ainda mais à vontade para realizar todo tipo de barbaridade, da destruição do acesso à previdência, à atrocidade contra o meio ambiente, tudo vindo a culminar no fortalecimento enfático de ações que aumentavam em muito a quantidade de óbitos causados pela Covid-19. O palco do genocídio está cheio de militares, que jamais foram punidos por qualquer coisa na história brasileira. Com a popularidade em alta e nenhuma oposição ativa, o presidente se sentiu à vontade para comandar sua tão propagandeada máquina de morte. Esse é o resumo do que venho discutindo até aqui. Passo a um novo ponto: se em novembro de 2018 não havia sequer algo e alguém para serem perdoados, agora estamos dois anos depois do indulto tão gentilmente concedido. A situação é outra.

Em primeiro lugar talvez possamos estabelecer uma distinção para chegarmos a um espaço mais claro e responder a uma pergunta: quem pode ser perdoado? Há algo anterior, claro: o que precisará ser perdoado?

O genocídio que o Brasil continua vivendo está completamente fora disso. Ele deve ser levado à justiça, em todas as instâncias possíveis, inclusive a internacional. Quem vai ser acusado, não é difícil saber: todos que estavam em posição de decisão e tomaram medidas que ampliaram o número de mortes. Sabemos hoje que fizeram isso com toda consciência.

Ricouer continua nos ajudando:

> Com a responsabilidade moral, afastamo-nos um grau da estrutura do processo e nos aproximamos do foco da culpabilidade, a vontade má. Trata-se da massa dos atos individuais, pequenos ou grandes, que contribuíram, por sua aquiescência tácita ou expressa, para a culpabilidade criminal dos políticos e para a culpabilidade política dos membros do corpo político. Aqui termina a responsabilidade coletiva de natureza política e começa a responsabilidade pessoal.[12]

28 de outubro

Colocado isso, uma distinção está clara: quem age com poder de decisão para que as mortes sejam intensificadas (em qualquer escalão do governo ou de sua própria prática profissional — o que inclui médicos falando publicamente absurdos) precisa antes de tudo ser levado à justiça. Depois, na formulação de Ricouer, estão aqueles que aceitaram e apoiam o Mal no Brasil contemporâneo. É a esses que recai a questão da culpa perdoável.

Controlo outra vez o passo: o genocídio está escancaradamente em curso. Não sabemos o grau de destruição do governo do mito, o que torna tudo ao mesmo tempo nublado e férreo. É como se um bloco maciço nos

---

12. Ibid., p. 482.

impeça a visão. Estamos tentando empurrá-lo. Enquanto fazemos isso ele cresce e fica mais pesado. Seria preciso, assim, mudar de estratégia e, em vez de tentar arrastar uns poucos centímetros um peso imenso, procurar um contorno. Outro caminho.

A questão do perdão nesse momento não pode ser colocada. Não é possível perdoar o que não conhecemos. Temos que outra vez tentar controlar a ansiedade de diversos extratos da população brasileira que, por seu turno, servem apenas para evitar conflitos.

Vamos ser ainda mais claros: um genocídio é um massacre e massacres são evitáveis através de enfrentamentos. Se a Morte tivesse recebido a oposição férrea e obstinada que o seu nível abjeto merece, não teríamos 158.480 mortos, número a que chegamos hoje, devido à Covid-19.

Sem perdão.

Volto ao assunto a seguir, pois não posso encerrá-lo sem passar por Jacques Derrida. Não o faço apenas por obrigação, e sim porque concordo com a tese do grande filósofo.

Sem perdão.

Hoje pela manhã circulou um decreto presidencial que, na prática, iniciava a privatização do Sistema Único de Saúde, o SUS, certamente o responsável pelo nosso genocídio ser inferior ao dos Estados Unidos, que a propósito não tem nenhum sistema de saúde universal.

A ação é clara e, no atual compasso, repetitiva: o número de óbitos no Brasil está estável. O presidente precisa a todo custo aumentá-lo e portanto age sobre todos os mecanismos de contenção. A comédia de erros com que no final do ano e início do próximo o Ministério da Saúde irá lidar com a vacina confirma meu argumento. Agora à noite, dada a violenta resposta, o decreto foi revogado. Daqui a alguns dias o mito irá ameaçar publicá-lo outra vez.

Aí está: sem perdão e com forte oposição, que precisa ser do tamanho do bloco que citei no início, só que com outro material e agora colocado em um lugar diferente.

29 de outubro

Lamento bastante que muita gente vá, no ano que vem, considerar que este volume do *Diário* é exagerado. Essa certamente será uma das principais críticas, que deverá se juntar a outra, já manjada: a confusão nos conceitos. O pessoal fica doido ao ouvir que liberais e reacionários estão próximos a ponto de, hoje, não merecerem distinção. E estão mesmo. Não confundi conceito algum. É possível também que, enfim, na esteira do que aconteceu este ano, na verdade não haja críticas a esse novo volume.

Seja lá o que for, tudo denota a terrível naturalização que a sociedade brasileira vem operando, desde sempre, da morte de seus grupos vulneráveis. Ao evitar qualquer confronto, tudo fica preparado para que outro genocídio ocorra, já que o anterior não foi tratado com a gravidade que mereceria.

No geral a estrutura de raciocínio que sustenta essa situação é a ameaça futura: enquanto abrigamos um massacre da mesma proporção que os piores que o mundo vem testemunhando, estamos sempre nos advertindo do risco vindouro: se não tomarmos cuidado nossa democracia ruirá, estamos perto de um golpe, o presidente irá fazer isso e aquilo e por aí vai, no mesmo modelo daqueles que diziam que ele nunca iria ser eleito. É o futuro à espreita...

De jeito nenhum: o futuro não existe. O massacre de Canudos e o do Carandiru já ocorreram. Quase 58 milhões de brasileiros votaram em um candidato cuja única plataforma de governo no final das contas era a morte. No Brasil morreram hoje 533 pessoas vítimas da Covid-19, e os óbitos estão em quase 160 mil. A diatribe da vacina continua, com o presidente provocando o governador de São Paulo todos os dias. Uma matéria de jornal também informou que a imunização não causa homossexualismo! No próximo domingo, nove entre os principais intelectuais brasileiros publicarão um texto na *Folha de S.Paulo* tentando compreender as razões de em meio a tudo isso a popularidade do presidente continuar alta. No final colocam a possibilidade de ele radicalizar: "A história do século XX nos ensina que conjunturas similares raramente favorecem as forças democráticas e de esquerda. Dependendo das alternativas disponíveis, pode até mesmo reaguçar o ferrão fascista que o bolsonarismo carrega consigo."[13] Aí está a estrutura de futuro. Com essa quantidade de mortos, é difícil compreender por que intelectuais tão notáveis e exigentes não percebem que o veneno do escorpião já foi inoculado faz tempo. Para ser justo, é preciso admitir que o artigo coloca a questão da negação que atinge hoje boa parte da população brasileira. Essa mesma demora na percepção de algo óbvio demonstra a negação que agora eles mesmos apontam. Impressiona a dificuldade de enxergar a situação. O fascismo já chegou faz tempo, já agiu e agora colhe seus frutos: centenas de milhares de mortes.

Hoje a propósito eu soube que, quatro meses após o lançamento, esgotou-se a primeira edição do *Ano I* do *Diário da catástrofe brasileira*. Volto amanhã ao perdão para tentar concluir a análise.

30 de outubro

Embora a questão do perdão apareça em boa parte de sua obra, é no ensaio "Le siècle et le pardon" que Jacques Derrida expõe sua proposta de forma clara e decidida. É com este ensaio que passo agora a lidar. Como não há, salvo engano, tradução para o português, farei uma mais caseira agora dos trechos que citar.

Em primeiro lugar Derrida é inequívoco quanto à região semântica em que o termo se coloca: "O conceito de 'crime contra a humanidade' está no horizonte de toda a geopolítica do perdão. Ele lhe fornece seu discurso e sua legitimação."[14] Foi por isso que resolvi colocar após a discussão do genocídio essa outra, sobre as formas de ultrapassá-lo.

Estabelecido o espaço de trânsito, Derrida esclarece enfaticamente: "Donde a aporia que se pode descrever em sua formalidade seca e implacável, impiedosamente: o perdão perdoa somente o imperdoável."[15]

---

13. Ver SINGER, André et al. "Força da narrativa de Bolsonaro sobre Covid-19 indica que tormento não vai passar tão cedo". *Folha de S.Paulo*, 1 nov. 2020.
14. A revista francesa *Palimpsestes* deixa o texto de Derrida aberto em seu site: <palimpsestes.fr/textes_philo/derrida/derrida-Le%20siecle%20&%20le%20pardon.pdf>.
15. Ibid.

Não é possível portanto que o perdão seja concedido, buscado ou enfim pretendido se ele servir apenas para que a vida possa continuar normalmente. Aqui, sigo eu: se o resultado do perdão, inclusive, for esse, ele deve ser não apenas evitado como duramente combatido. O Brasil terá que compreender algo tão decisivo que, por um instante, vou suspender uma regra deste diário: não é possível que uma sociedade que elegeu um ser humano como Jair Messias [] com quase 58 milhões de votos se permita algum tipo de normalidade. Trata-se de uma fratura que, em nenhuma hipótese, deve ser vista como um acidente de percurso, um movimento fora da curva, ou qualquer outro chavão que se espalhou por aí como, sei lá, o governo da turma do fundão, meninos birrentos, e por aí vai... A falência dos valores civilizatórios de todo um país foi pedida pela urna, a partir de condições criadas por inúmeros e amplos setores dessa sociedade. Nunca mais isso pode desaparecer das reflexões sobre o Brasil, dos debates políticos e mesmo das conversas diárias sobre a vida: no dia 28 de outubro de 2018, um país foi capaz de depositar quase 58 milhões de votos e eleger para presidente da República ninguém mais ninguém menos do que o ex-deputado Jair Messias []!!

31 de outubro

Antes do perdão e até mesmo da possibilidade de instalação de um diálogo — que não pode ser simétrico, pois não é razoável (quase escrevi injusto) que vítimas se equiparem a genocidas e seus apoiadores — é preciso portanto o estabelecimento de lugares. Anterior a isso, ainda, a sociedade brasileira precisa se desnazificar. Sem esse processo, o olhar sobre a nossa catástrofe estará enviesado: genocidas sempre encontram razões para a morte dos outros.

Não estamos sequer no começo. Um passo inicial seria a compreensão da gravidade da situação em que nos metemos. Todo esse percurso realizado, a conclusão deverá ser óbvia: diante de tudo o que o candidato falou e mediante sua história política própria, o voto no mito é de fato imperdoável.

Então será possível começar o processo: "Para lidar agora com o próprio conceito de perdão, a lógica e o bom senso no caso concordam com o paradoxo: me parece ser necessário partir do fato de que existe realmente o imperdoável."[16]

Segundo Jacques Derrida em formulação ousada e desconcertante, só podemos lidar com o perdão diante do que não se pode perdoar. Antes portanto é preciso a justiça, que as culpas sejam assumidas e delegadas e sobretudo a aceitação de que uma sociedade jamais será normal, no que diz respeito à realidade anterior à catástrofe, ao realizar algo imperdoável.

Há por outro lado algumas vantagens. A vida pode se tornar mais madura, as relações por fim terão algo de sincero. Estaremos todos preparados para lidar com outras fraturas. Não é uma questão de ser melhor ou pior que antes. Depois de tudo isso agora seremos adultos. Nem melhor, nem pior e sim diferentes. Aqui de novo quase usei mais justos.

O mês de outubro acaba. A partir de amanhã começo a revisar, ainda outra vez, os dez meses deste *Ano II* da nossa catástrofe. Paralelamente, concluo os últimos sessenta dias.

Como eu disse esgotou-se a primeira edição do *Ano I*. Participei de inúmeros eventos acadêmicos. Em muitos, professores ressaltaram um detalhe no meu livro: você cita claramente os nomes das pessoas com quem pretende debater.

É verdade, menos os que não merecem nada mais do que uma piada e menos ainda que uma nota de rodapé. Eu do meu lado queria estar fazendo outra coisa. Um genocídio escancarado é algo que vai além de uma catástrofe. Que outra palavra eu poderia usar?

1º de novembro

Ultrapassamos a marca dos 160 mil mortos em decorrência da Covid-19. Um deputado estadual em Santa Catarina pediu no Twitter para as pessoas saírem bastante de casa e se puderem sem máscara. Em seu perfil ele se apresenta como "conservador e fechado com []".

---

16. Ibid.

Por falar em Santa Catarina, a governadora interina do estado publicou na *Folha de S.Paulo* um artigo em que afirma o seguinte: "Não compactuo com o nazismo, assim como rechaço qualquer regime, movimento ou ideologia totalitária que atente contra as instituições democráticas." O texto, francamente ridículo, é cheio de trechos desconexos, frases soltas e sem ligação entre si. Nem deixo indicação.

Ela se viu obrigada a dizer que não é nazista depois de não ter respondido a uma pergunta sobre as crenças de seu pai, um famoso neonazista barriga-verde. Naturalmente qualquer pessoa que ocupe um cargo político e se veja na obrigação de afirmar que não é nazista já ultrapassou muitos limites.

O quanto não aconteceu para que a ocupante do cargo executivo mais importante do estado assinasse um texto negando ser nazista? Provavelmente, entre as tantas barbaridades, o que lhe permitiu logo alinhar o Terceiro Reich a "qualquer outro" regime, como muita gente andou fazendo recentemente? Lembro-me de uma vez participar de uma campanha para impedir que o livro de Hitler fosse vendido em livrarias, como se fosse qualquer outro, e muita gente achou que estávamos cometendo um ataque à liberdade de expressão. Sim, à liberdade de expressão de Hitler!

Os esclarecidos naturalmente em 2016 não tinham notado que o nazifascismo estava se movendo nos escombros do Brasil e logo apareceria para ser levado pelas urnas à superfície.

Bom feriado de finados a todos. Em Santa Catarina um grupo de homens brancos, todos aparentando mais de 50 anos, irá agredir uma equipe de reportagem que foi a uma praia documentar o desrespeito às normas de contenção da Covid-19. O estado da governadora que foi ao jornal dizer que não é nazista continuará em pauta depois da divulgação, daqui a dois dias, do vídeo de uma audiência de um caso de estupro em que a vítima foi humilhada pelo advogado de defesa do agressor, sem que os outros homens presentes (um juiz, um membro do Ministério Público e um defensor) fizessem coisa alguma para impedir a barbaridade.

Tem tudo a ver.

2 de novembro

Para situar o leitor: hoje é segunda-feira, feriado de Finados no Brasil. Como todos já sabemos, os Estados Unidos, às vésperas das eleições, viram diversos casos de violência. Amanhã vai continuar e muitos episódios podem ser facilmente classificados como evidentes manifestações racistas. Quem me lê já sabe o que aconteceu por lá. Enquanto escrevo, do meu lado, não tenho ideia de que no início do ano que vem grupos nazifascistas chegarão inclusive a invadir o Capitólio!

A mistura de tempos é um dos maiores desafios do meu trabalho aqui. Se por um lado ela permite que eu me proteja das oscilações que o governo nazifascista protagoniza todos os dias, por outro, escrevo para pessoas que já sabem exatamente o que aconteceu. Em primeiro lugar, por conta disso o procedimento da revisão é tão importante quanto o da redação. Na verdade, a confecção do livro inteiro é um mecanismo único, sem momentos mais e outros menos importantes.

Por conta dessa flutuação também me permito separar os dias por temas e deixar que as análises se sobreponham a qualquer tipo de pressão cronológica.

O dia hoje pareceu se arrastar. É o feriado, a pandemia e as eleições norte-americanas. Faço hoje uma entrada mais curta, pois dei aula no meu curso particular de literatura francesa contemporânea (Emmanuel Carrère) e, além disso, outro caderno acabou. Deve ser o décimo quinto, mais ou menos. Estou escrevendo na contracapa. Amanhã começo outro, o que talvez tenha um significado particular. O leitor já sabe a resposta. Eu estou sob suspense enquanto escrevo. Agora na revisão, de jeito nenhum. O novo caderno será uma repetição exata deste, azul, brochura e com a capa dura, só que com a metade do número de páginas.

3 e 4 de novembro

O leitor já deve ter se habituado: escrevo este diário no final da noite. No geral, é a minha última atividade antes de me deitar. A cronologia aqui não é a maior preocupação, ainda mais diante do nazifascismo. Para ser um pouco mais preciso, agora, devo dizer que mesmo o seguimento dos dias não procede: como pego o caderno depois da meia-noite, o mais exato seria sempre adiantar um dia. Esse tipo de racionalidade não me interessa e sim a sequência entre dormir e acordar.

Hoje, não vou dormir. Tenho quase certeza disso. Agora, à uma da manhã do dia 4, as apurações das eleições norte-americanas estão indefinidas. O fato é que outra vez o potencial eleitoral de Donald Trump foi subestimado. A tal onda azul a favor de Joe Biden, o candidato democrata, não aconteceu. Os analistas repetiram o que agora se mostra só outra esperança vazia: muita gente vai sair de casa para votar nos democratas e evitar uma nova derrocada. Pelo jeito, foi o contrário. O que se vê (são 2 horas da manhã) é uma quantidade muito maior de votos em Trump do que o esperado. Os estados que em 2016 lhe deram a vitória parecem, em sua maioria, não terem se alterado muito.

Estou bebendo bastante e fiquei com um pouco de sono. Vou me deitar no sofá e devo agora estar cochilando um pouco. Acho que no meu sonho voltei a um hotel em Chinatown, Nova York, onde fiquei mais ou menos um mês há alguns anos. Eram quatro andares. No mais alto ficavam se não me engano sessenta cubículos que só homens ocupavam. Abaixo, o mesmo com mulheres, creio que com quarenta portinhas. No segundo andar havia instalações que eram ocupadas por mendigos. Vi um pagando uma noite com um monte de moedas, que devia ter recolhido durante o dia. O primeiro andar servia de depósito.

Em cada cubículo cabíamos um colchão, equilibrado em duas barras de concreto e algumas ripas de madeira, que serviam de estrado, e eu ao lado. A mala só podia ficar embaixo do colchão. Para abri-la eu tinha que do corredor colocá-la sobre a cama. Aí entrava de volta. Eu saía às 7 horas da manhã, voltava às 11 horas para tomar banho, logo que a faxina terminasse (pela manhã o banheiro era uma nojeira indescritível), para de novo só retornar por volta de 23h30. Usava o Wi-Fi e então dormia, de fato muito bem.

Agora são 4 horas da manhã. Estou em pé animado de novo. Quanto mais o espaço estiver fechado, melhor eu durmo, desde que não passe frio. Sempre foi assim. Saio-me bem com restrições. O horizonte está demorando a clarear por aqui, estou vendo. O resultado continua e continuará indefinido por bastante tempo, com leve vantagem para Biden e conquista dos republicanos em alguns estados importantes, cuja previsão era de vitória para os democratas.

Trump acaba de se declarar vitorioso e pede que a apuração seja interrompida. Ele alega que os votos que podem lhe tirar a reeleição estão fraudados. Sua cólera me parece francamente ensaiada. É uma performance, como a propósito toda essa eleição. Até o espetáculo da apuração nas telas dá a impressão de ser performático. Se é assim, Trump está agora simplesmente representando o papel de vitorioso.

O dia 4 agora amanhece. Não tenho mais sono. Passei um café. O espetáculo continua. Bom dia.

5 de novembro (13 horas)

Estou quebrando outra das minhas regras e vou escrever no começo da tarde. Tentarei me restringir à metade do espaço reservado para a entrada de hoje. Joe Biden está a apenas um estado da vitória, só que a eleição continua indefinida. Seu adversário ainda tem chances em todos os estados cuja apuração continua. Toda essa indefinição deixa obviamente o mundo eletrizado. Não se fala de outra coisa há três dias. As regras da eleição americana são caóticas, o que traz mais um elemento de suspense. Para melhorar tudo, Trump tem também feito declarações representando um tipo colérico e injustiçado. A última, em caixa-alta, foi a seguinte, repassada há três horas: STOP THE COUNT! Ele faz esse pedido enquanto está perdendo (por bem pouco). Coerência, como sabemos, não é uma das exigências do entretenimento.

Vi muita gente repetindo a seguinte expressão: "estou maratonando na eleição americana". Ela está organizada realmente para isso, o que por fim é muito bom também para a própria mídia. No meio de tudo, Biden declarou que, assim que as apurações forem por fim concluídas, pretende abandonar a retórica eleitoral de combate. (A reação de Trump não o irá permitir — estamos na era do erro total de previsão!)

Agora quero lembrar apenas que qualquer que seja o resultado o voto em Trump foi muito grande, bem maior do que os analistas de sempre previram. Acabei de passar por essa manchete da *Folha de S.Paulo*: "Pesquisas erraram mais em 2020 do que em 2016, mas devem acertar o vencedor." E 2016 não foi lá esse sucesso todo. Volto de madrugada.

5 de novembro (1 hora da manhã do dia 6)

A vitória de Joe Biden está próxima. Trump por sua vez mantém as possibilidades de reeleição, só que cada vez menos prováveis. Às 20h30 ele fez uma transmissão direto da Casa Branca dizendo que está havendo uma fraude generalizada. Não gostei da representação: o laranjão parecia meio desenxabido. Assim que começaram as mentiras, diversos canais que transmitiam o pronunciamento cortaram. Não se trata obviamente de nenhuma prática ética. A Fox News, por exemplo, deu apoio à insanidade trumpista esses anos todos e daqui a alguns dias vai interromper a transmissão de mais uma delas, veiculada por uma assessora de imprensa. Também não vamos qualificar a ação de oportunismo. É mera continuidade do entretenimento: uma transmissão cortada obviamente traz suspense sobre os próximos passos. É um procedimento normal para ir avisando que algumas personagens vão, aos poucos, sair de cena.

Já eu farei isso bem rápido agora. Não estou com vontade de virar a noite e essa minissérie cafona não merece.

6 de novembro

Biden ultrapassou Trump em praticamente todo lugar. Uma recontagem em um estado foi anunciada e cenas mal representadas de delírio (com americanos rezando, como se estivessem virados em direção a Meca, voltados a uma divindade qualquer para dar vitória ao conservadorismo, que considero uma tradução adequada hoje para *rightness*) começaram a circular. A campanha de Trump lançou um comunicado dizendo que não aceitará a derrota.

Recuperei alguns registros. Quando me hospedei naquele hotel de Chinatown, fiquei nos Estados Unidos 27 dias. Saí de Nova York exclusivamente uma vez, quando fiquei do café da manhã até um hambúrguer noturno em Princeton. Um casal de amigos me deixou em uma estação de trem às 23h30. Passei a madrugada rondando no Grand Central Terminal sem dormir. Li um pouco e quando o sono tirou o resto da minha concentração, escrevi bastante, mandei e-mails, fiz exercícios em um cantinho e por fim voltei ao meu cubículo.

Passei todos os outros dias na cidade de Nova York. O cotidiano não mudava muito: pela manhã, ficava nos bairros próximos a Chinatown, tomando café e lendo. Caminhava e praticava inglês. Às 11 horas, o banheiro estaria limpo. Depois do banho, buscava o almoço e à tarde ia ao local programado: um museu, a loja de produtos de xadrez para jogar um pouco ou, dependendo do tempo, um parque para continuar lendo. Eu tentava apenas andar, para apreciar a cidade e sobretudo economizar com o transporte público.

O orçamento só permitia de fato um hotel como esse (cinquenta dólares a diária) e bastante controle. No geral, o jantar não podia passar de dois dólares. Se não me engano, eu tinha 75 dólares por dia. Se gastasse em um jornal, teria que reduzir na comida. O ingresso em um museu por exemplo exigiria gastos muito restritos no dia seguinte. Adoro viajar com esse tipo de contenção.

Gostei de todas as vezes em que estive nos EUA. Não aprecio muito a prosa americana. Adoro a poesia e sobretudo o ensaísmo. Admiro o teatro e as artes plásticas e admito que não existe contracultura melhor.

Quando digo "gostei muito" não significa que tenha me sentido bem. Ao contrário, todas as vezes foram um desafio. Reformulando: é difícil de entender. De uma forma ou de outra, ali me senti sempre muito calmo.

Acho que isso acontece porque desde que desembarco aciono logo o meu mecanismo de contenção. Tudo fica restrito e portanto eu me sinto melhor.

7 de novembro

Gosto mesmo é da América do Sul. Eu queria aqui escrever América Latina, só que nunca estive em nenhum dos países da Central, só no México e apenas por cinco dias. Foi no contexto de uma feira literária. Ainda assim deu para ver que é o tipo de lugar que me fascina.

Não sei como explicar. O evento tinha uma programação estendida, que levava os autores a algumas cidades próximas — o que de carro pode significar até três horas. Quem me pegou foi o diretor da escola que eu visitaria, que morava em Guadalajara. Conforme entrávamos no interior, estrada adentro, eu sentia uma felicidade estranha.

Perguntei que barracos eram aqueles na beirada, com ônibus e caminhões parados ao lado. É uma espécie de café tradicional. Pedi para pararmos. Ele ficou de início constrangido. Na mesa afastada dos mosquitos e me olhando, um homem ligado por anos à educação infantil pública percebeu o tamanho da minha satisfação. Ao contrário do que acontece nos EUA, ela não é calma. Quando chegamos à escola, percebi que ele estava ao telefone trocando o lugar aonde iria me levar para o almoço. Passei a manhã com os alunos e professores, sem intérprete, e não vi a hora passar.

Depois o diretor e um auxiliar me levaram à casa de uma senhora. Ela às vezes abre a própria cozinha para convidados. Percebi que naquele momento todos notavam a minha felicidade, e mais ainda, depois que a senhora me mostrou alguns tapetes, dois altares e uma série de imagens tradicionais, o meu quase entorpecimento. Uma professora apareceu para me trazer um livro com registros de eventos históricos da cidade. Lembro-me perfeitamente da situação. Não vou descrevê-la, pois ela pertence a mim, como um dos momentos em que mais me senti acolhido na vida.

Não foi o único. Com o meu primeiro direito autoral, acho que entre os anos de 1999 e 2000, atravessei por terra a fronteira entre o Brasil e a Bolívia.

Fui de ônibus, fazendo algumas paradas, claro, entre Campinas (de onde logo depois eu me mudaria, já que terminava minha época na Unicamp) e La Paz. Fiz questão de deixar o Brasil no último dia do ano. Ao entrar na Bolívia pela primeira vez também senti uma satisfação muito particular. Do mesmo jeito continuará sendo minha.

8 de novembro

Essa enorme satisfação que para mim muitas vezes se torna o oposto da calma me apareceu algumas outras vezes, sempre na América do Sul. Buenos Aires é um espaço de memória. O Museu Evita, por exemplo, obrigou-me a logo na saída sentar embaixo de uma árvore em uma quarta-feira bastante fria só para ver o que me iria aparecer na cabeça. Eu poderia listar mais dois ou três pontos na cidade. Não me interessa. Acredito por outro lado que isso já me causou bastante conflito: jamais senti nada igual em qualquer lugar do Brasil. Estive em alguns lugares importantes para a memória da ditadura de 1964, por exemplo, e inclusive mais de uma vez no local onde Carlos Marighella foi assassinado. Não é tão longe daqui. Algumas pessoas acreditam que a proximidade, no que diz respeito a fatos históricos, comove menos.

Por outro lado, governo algum (nem os alegadamente de esquerda) de fato cultivou nossos espaços de memória. Não há praticamente nada na Alameda Casa Branca, onde Marighella foi fuzilado por agentes da ditadura. Quem prestar bastante atenção encontrará à altura do número 817 uma pedra de mais ou menos meio metro com uma inscrição já apagada homenageando-o. E mais nada.

Os poucos centros de detenção para presos políticos quase não estão preservados. Muito mais que a minha lembrança, o que me comove é o trabalho contemporâneo: as reações, as contínuas e sobretudo solidárias interpretações, o apelo ao não esquecimento. A tudo isso chamo de tensão, e ela me emociona.

Como temos discutido há bastante tempo, o Brasil tenta a todo custo afastar esse tipo de atrito, o que no final das contas faz com que as fraturas fiquem apenas ocultas. É como se, para não vermos um osso exposto, colocássemos uma sacolinha de supermercado para cobrir a ferida monstruosa. Como podem achar, depois disso, que a dor vai passar? O tratamento inadequado só piora. O resultado das eleições americanas, que foi anunciado há já alguns dias, vai confirmar isso. Analisarei se achar de fato importante. Amanhã vou me debruçar sobre alguma coisa de literatura latino-americana. Antes deixo aqui um trecho de uma matéria reproduzida na capa da *Folha de S.Paulo* de hoje: "Dois dos principais nomes do centro no espectro ideológico na política, o apresentador Luciano Huck e o ex-ministro Sergio Moro, iniciaram conversas para formar uma aliança na eleição presidencial de 2022."

Obviamente o jornalista que escreveu essa insanidade está tentando empurrar um cara extremista como Sergio Moro para o centro porque acha que isso vai impulsionar um movimento parecido com o que elegeu Biden/Kamala. Ou melhor, o movimento que inventarão ter eleito Biden/Kamala, pois até a verdade sobre os eleitores já começa a apagar.

9 de novembro

Por conta das circunstâncias, mudei de ideia e vou dividir o debate sobre a literatura latino-americana com minhas conclusões sobre as eleições norte-americanas. Eu pretendia falar sobre elas só daqui a alguns dias. O que determinados setores da política brasileira têm feito com ela é sintomático. Com os movimentos de hoje é fácil ver que há uma tentativa de rebranding ideológico de alguns políticos, com a ilusão (só deles) de que com isso vão se construir de forma parecida com Biden/Kamala. O caminho de divulgação foi de início esse jornalista, Fabio Zanini, uma espécie de menino de recados de nariz empinado desse grupo. Inúmeras vezes ele publicou releases disfarçados de matéria. A que citei ontem é exemplar. O texto começa com a tentativa de reacomodação ideológica que descrevi. Algumas linhas abaixo, a parte indefectível: "Segundo a *Folha* apurou, o apresentador da TV Globo e o ex-juiz concordaram que há espaço para a construção de uma candidatura em 2022 com a marca da 'racionalidade'." Ora, aqui está a admissão de que se trata de um release. Como alguém apura um almoço entre duas pessoas na varanda de uma delas? Só tem um jeito: uma diz para o jornalista o que foi conversado. Para confirmar, de novo não há outra maneira: precisa conferir com a outra participante do almoço. Enfim, o mais impressionante é que o tal Zanini deve achar que a gente é tudo tonto, menos ele.

Mesmo a desculpa esfarrapada de que ele "apurou" com alguém que ouviu de Huck ou Moro. E como confirmou? Não existe nenhuma saída para o fato: é uma peça de propaganda política publicada sob a forma de reportagem. A continuação a propósito eu achei agora há pouco no site UOL, que replica uma entrevista de *O Globo*. Aqui está a manchete: "Moro lista Huck, Doria, Mandetta e Mourão como nomes de centro para 2022." A continuidade da narrativa, portanto, já passa a voz para o maior interessado na notícia. Zanini colocou no seu texto como verdade o que logo depois outro veículo atribui a Moro. A *Folha de S.Paulo* de hoje continuou o release: "Articulação Moro-Huck para eleição de 2022 inclui Doria e vê Ciro à frente de Lula." A narrativa pretende se tornar seriada, para que a gente maratone na ideia. Como vimos, é uma das especialidades de Sergio Moro. Começou a performance.

Aqui quero destacar o aspecto formal decisivo: tudo isso tem sido feito em paralelo às notícias sobre a eleição americana. É como se o rebranding que estão tentando operar fosse uma espécie de complemento ao que acontece nos Estados Unidos. Talvez a melhor palavra seja enxerto tupiniquim.

Não vai dar certo. Amanhã o mito, que obviamente é o maior alvo dessa tentativa de rebranding, irá com muita facilidade neutralizar, sozinho mesmo, esse grupo todo. De manhã o presidente brasileiro zombará da morte de um voluntário dos testes de uma vacina contra o coronavírus e no final da tarde circulará a notícia de que ele ameaçou uma guerra contra os Estados Unidos...

10 de novembro

O que eu tenho de belo mesmo, de realmente emocionante, para escrever hoje é que amanhã Evo Morales irá retornar à Bolívia, de onde saiu com seu vice depois de deixar tudo para trás por causa de um golpe de Estado da extrema direita com apoio da Organização dos Estados Americanos. Alberto Fernández, o presidente da Argentina que o acolheu, levará Morales à fronteira. Ele tomará um avião e irá descer no aeroporto de Chimoré. Assistirei à transmissão da chegada ao vivo e todo meu corpo ficará arrepiado com a multidão indígena que o espera. Faltam poucas horas para isso acontecer. Ficarei muito feliz.

Agora, volto para hoje. Com os votos já consolidados, restando apenas um rescaldo para ser apurado, o cenário já pôde ser traçado: a vitória da chapa Biden/Kamala, por uma margem muito estreita, deve-se sobretudo aos votos suplementares aos que na eleição anterior os democratas receberam — ele é o candidato que recebeu mais votos diretos na história eleitoral americana.

A diferença para os candidatos anteriores ficou por conta, assim, dos novos eleitores. Não parece ter sido via transferência dos arrependidos do voto em Trump, já que a quantidade que ele recebeu também aumentou. Os novos cadastros de eleitores foram identificados. São em sua maioria militantes pelos direitos civis da comunidade negra. Na Geórgia, por exemplo, Stacey Abrams foi responsável por centenas de milhares de eleitores novos cadastrados para votar, que optaram obviamente por Biden/Kamala. Em resumo: o movimento negro e seus apoiadores expulsaram Trump.

Depois há um outro detalhe. A eleição é bipartidária, em um único turno. Portanto não há possibilidade de criação de frentes suprapartidárias: trata-se de um plebiscito sobre o governo em voga. A união dessas duas características, movimentos civis organizados e necessidade de optar por um entre dois nomes, elegeu Biden/Kamala.

Por aqui a ideia de que Biden/Kamala é um candidato de centro foi a invenção oportunista. Não vou muito longe: não é possível transportar posições ideológicas da realidade americana para a brasileira. Isso é evidente.

Como vimos, por outro lado, a operação nada discreta aqui serve para um único objetivo. Merval Pereira, em sua coluna de hoje no jornal *O Globo*, afirma que classificar Sergio Moro como um político de centro é basicamente atuar "em busca do equilíbrio". Ele não sabe o que é equidistância entre defesa e Ministério Público, pelo visto. De equilibrado, o ex-juiz, ex-ator e ex-ministro não tem nada.

12 de novembro

Ontem, na Polônia, para marcar o Dia da Independência, um grupo nazifascista fez uma marcha, que aliás havia sido declarada ilegal. Terminou obviamente em bastante violência. O slogan era "Minha civilização, minhas regras", uma releitura de reivindicação feminista. O grupo agrediu símbolos LGBTQ+ e opositores do atual governo extremista. No país, por exemplo, há um projeto de lei que pretende tratar a educação sexual como pedofilia. Um outro deseja criar "zonas livres de homossexuais". O país é uma das inspirações do governo federal brasileiro.

Volto para cá: a narrativa de que Sergio Moro é um político de centro (e semelhante, na imaginação dos criadores do boato, à chapa Biden/Kamala) de fato naufragou com a declaração de guerra aos Estados Unidos. A tentativa era criar algo para tentar um ruído que ultrapassasse os limites da imprensa e obtivesse algum apoio popular. Vamos ver os próximos movimentos, que deverão ser também bastante exóticos, para usar uma palavra generosa. Em um resumo rápido, Moro vai trabalhar, entre outras coisas, produzindo pareceres para defender acusados de... corrupção. Seu salário será bastante generoso.

Estamos agora em 2002, em Buenos Aires. O país tenta superar uma grave crise. Aluguei no começo de dezembro um quarto nos fundos de um apartamento na calle Uruguay. É um anexo com um banheiro estranho (maior que o próprio cômodo, com banheira e tudo) na moradia de uma senhora muito idosa e meio crepuscular. Tenho acesso à cozinha por um corredorzinho. Ela disse de cara fechada que eu poderia usá-la. Pela expressão, achei melhor fazer todas as refeições fora. No quarto, deixo apenas água. Ainda não sei como vou fazer no Natal e no Ano-Novo. Ficarei aqui até o meio de fevereiro.

Tenho lido diversos ensaios da revista *Punto de vista*, que encontro usados por aí. De resto terminei a parte mais interessante da obra de Rodolfo Fogwill. Tanto *Os pichicegos* como alguns contos, sobretudo "Muchacha punk", me pareceram ótimos. Agora estou com Benedetto. Ando bastante e de noite procuro algum teatro alternativo. Não é fácil, pois os espaços me parecem perigosos. O calor é enorme e estou escrevendo o romance *Duas praças* (que vou lançar em alguns anos). Aos poucos busco ainda alguns lugares de memória e faço um levantamento. No início de janeiro vou perder a pasta em que os acumulo em um banco.

Por fim há a possibilidade concreta de que Guilherme Boulos chegue ao segundo turno na eleição agora de domingo para a prefeitura de São Paulo.

13 de novembro

Hoje, por causa das complicações de saúde da minha mãe (nada a ver com a Covid-19) tive um dia bastante difícil. O curioso é que nos piores momentos, pensei neste diário: simplesmente fiquei com vontade de sentar e escrevê-lo. O caderno ficou o tempo inteiro na mochila, já que vou marcando apontamentos aqui e ali. Enquanto a esperava sair de uma consulta de emergência, sentado em um café, consumi duas ou três xícaras e quase comecei uma entrada. No geral, resisti. De uma forma ou de outra, não é verdade que o trabalho aqui é um peso para mim. Não o tempo inteiro, ao menos.

Estamos em Buenos Aires na última semana de 2002. O país parece em câmara lenta por causa do calor e sobretudo da esperança que, quando é madura, vai devagar: faz um ano que a terrível crise financeira foi controlada. A sequência de presidentes (eles tiveram três em uns dez dias) deixava a situação mais bizarra: quando cheguei era um, no meio da minha viagem outro assumiu e quando voltei ao Brasil, poucas semanas depois, um terceiro, Eduardo Duhalde, assumiu para ficar pouco mais de dois anos.

Estou completamente sozinho. A senhora que me alugou o quarto (com um banheiro enorme anexo) trancou o acesso à cozinha e sumiu. Deve ter viajado. No dia 24 pela manhã armazenarei água, bolachas, três sanduíches e vinho. Não sairei do quarto no Natal. Dormirei até tarde, lerei bastante no banheiro, escreverei (eu estava começando o romance *Duas praças*) e voltarei a dormir, depois de tomar as garrafas de vinho. Foi muito bom. Acordei no dia 26 e logo cedo saí para andar.

Eu tinha achado alguns números da revista *ramona* e passei os dias anteriores lendo-os e procurando lugares de memória na cidade. Acho que nunca andei tanto. Um dos meus maiores interesses eram as famosas silhuetas, vultos de vítimas da ditadura que às vezes apareciam decalcados pela cidade desde o primeiro grande movimento que as produziu em massa em 1983.

O réveillon foi igual ao Natal. Eu não tinha acesso à cozinha e preferi passar tanto o dia 31 quanto o dia 1º fechado entre o quarto e a banheira. No final, senti desconforto por não ter acesso a nenhum tipo de geladeira. Ainda assim no dia 2 eu estava bastante animado e consegui explorar bem a cidade. Fui até as proximidades da favela perto da rodoviária e ali achei que estava me arriscando demais. Voltei.

Nesses dias terminei a exploração da obra de Saer e resolvi me dedicar a alguns escritores contemporâneos. Por outro lado, aqui no Brasil tudo indica que Guilherme Boulos estará mesmo no segundo turno. Faltam dois dias. Boa noite.

14 de novembro

Já passou do horário permitido para a propaganda eleitoral. Então não vou falar mais nada aqui sobre os candidatos.

Por enquanto continuamos em janeiro de 2002 na cidade de Buenos Aires. Os argentinos estão como sempre com o olhar carregado, só que se sentem um pouco mais ligeiros. O país vai deixando o pesadelo econômico de lado e de novo se alinha à miséria de sempre.

Desde a primeira semana do ano os cafés se enchem. Continuei com os contemporâneos até o dia 10, quando voltei aos ensaios. Procurei bastante coisa sobre a Guerra das Malvinas. Em maus lençóis, covardes sempre partem para algum tipo de aventura genocida. Encontrei algumas coisas de Rodolpho Walsh que ainda não conhecia.

Nos intervalos continuarei buscando os lugares de memória, andando, fotografando e escrevendo muito. Naquela época eu estava envolvido com o romance *Duas praças*. Não sei por que resolvi cancelar a passagem de volta ao Brasil. Fui à agência e depois de meia hora comecei a desconfiar que a atendente fingia não me entender para não ter trabalho com o brasileiro. Tentei de tudo: português e inglês e depois um espanhol vexaminoso. No final, ela garantiu que uma porcentagem seria estornada no meu cartão de crédito. Estou esperando até hoje.

Não é bem verdade, porque há anos já não uso cartão de crédito. O resto do tempo passou desse mesmo jeito. Lembro-me do calor, das moedas confusas que aqui e ali ainda circulavam, ao menos para a gente colecionar, e do ânimo aflito da população.

Por fim coloquei em ação o plano que concebi no dia em que tentei cancelar a passagem de avião: diminuí muito a quantidade de roupa na mochila e enviei os livros que haviam se avolumado pelo correio. Eu voltaria a São Paulo por terra. Tinha quinze dias para isso.

A partir de então já não me lembro de quase nada. Fui direto de Buenos Aires para Montevidéu. No Uruguai, sei que fiquei em um albergue. E só. De lá, passei em alguma cidade do sul do Brasil. O resto desapareceu da minha memória, que sempre depende muito de lugares geográficos bem demarcados. Aquele sentimento de plenitude e alegria que me tomava quase todos os dias em Buenos Aires sumiu, disso tenho certeza.

15 e 16 de novembro

O sentimento de plenitude, calma, emoção ou qualquer outro que tenha descrito aqui e que para mim está o tempo inteiro ligado a lugares de memória não tem ligação com a minha produção artística. Quando começo um trabalho, faço um plano que envolve inclusive um cronograma. Claro que vou revê-lo, voltar atrás ou talvez até largar tudo. Isso independe do meu estado de espírito e está obviamente ligado a questões estéticas. Elas, é claro, têm também ligação com lugares de memória e, ao mesmo tempo, nada comigo. Já sentei para escrever este diário com todo tipo de estado de espírito. Aconteceram coisas demais nesses dois anos...

Depois de uma baixa (que pode ser devida simplesmente à não divulgação por causa das eleições), o número de mortos por causa da Covid-19 voltou a subir muito. Daqui a poucos dias especialistas admitirão que estamos na segunda onda. Não entendo, pois para mim jamais deixamos a primeira.

Agora no meio da madrugada o resultado do primeiro turno das eleições já está praticamente definido. O segundo turno em São Paulo será de fato entre Bruno Covas, o atual prefeito (ele até aqui tem representado o tipo moderado, seu candidato a vice não esconde o histórico de conservador estridente e reacionário, bem ao tipo do presidente), e Guilherme Boulos, líder do Movimento dos Trabalhadores Sem Teto.

Ainda é muito cedo para qualquer conclusão mais detida. Para as câmaras dos vereadores, muitos nomes nazifascistas foram confirmados. Por outro lado, nunca tivemos tantas mulheres negras ou transexuais eleitas. Em Vitória está disputando o segundo turno um cidadão que tentou invadir um dos hospitais para mostrar que não havia pandemia alguma...

Muitos analistas de primeira hora estão afirmando que o principal derrotado é o atual presidente. Em parte, há razão nisso: os candidatos que ele apoiou no geral não foram eleitos. Por outro lado, é preciso um pouco de cuidado na comemoração. Nenhum candidato adotou a campanha de maciça agressão a todo tipo de grupo vulnerável, como o presidente fez em 2018. Ele logo irá copiar Donald Trump e colocará o nosso sistema de apuração em dúvida. Os jornais irão também seguir os americanos e destacarão em manchetes que o mito está tergiversando: "Sem provas e com atraso do TSE, [] levanta dúvidas sobre apuração das eleições." Essa é a manchete da *Folha de S.Paulo* de hoje.

17 de novembro

Um detalhe menor e de forma alguma irrelevante: todas as imagens (os populares memes) que a campanha de Guilherme Boulos tem feito circular aparecem primeiro no perfil oficial do candidato nas redes sociais. Não têm origem obscura e muito menos precisam de qualquer clandestinidade para atingir o seu público. Não irão cometer nenhum tipo de crime, portanto.

As imagens tratam de muitos temas e são de formas variadas. Muitas são de fato edulcoradas e pretendem deixar bem claro que o slogan "A esperança vai vencer o ódio" é de fato uma das espinhas dorsais da campanha. Não faltam, por exemplo, as imagens com Boulos abraçado a Erundina, ambos bastante comovidos.

A masculinidade tóxica e cheia de sugestão homoerótica, que sempre foi a preferida pelo mito e seu clã, deu lugar agora ao jovem Boulos bem-humorado e resolvido, que anda de skate e lidera movimentos populares.

Do mesmo jeito, Luiza Erundina, com seus 80 anos, conta a favor. Não se trata de uma tentativa de alcançar o voto dessa faixa etária, que de resto nem sequer é obrigatório — ainda que obviamente essa intenção também se coloque. Aqui o principal é a impressão de respeito a uma parcela da população que acabou ainda mais vulnerável por causa do novo coronavírus.

Nem tudo por outro lado é bom comportamento. Deixo esse detalhe para amanhã. Agora continuo com a minha intenção de lidar com duas questões ao mesmo tempo. A segunda é justamente o caminho que ao menos até aqui certa parcela dos eleitores do nazifascismo parece ter tomado.

Antes de tudo há boas notícias com as apurações. Elas podem ser descritas em uma bela frase: nunca o Brasil elegeu tantas mulheres negras ou transexuais para as câmaras de vereadores. De resto o jornal *O Globo* traçou o perfil dos eleitos: a maioria é de homens brancos, entre 40 e 50 anos, classe alta e de direita.

As conclusões ainda são parciais e nada indica que sirvam para as próximas eleições. São ainda assim um retrato do tempo. Foram derrotados a maioria dos candidatos apoiados nominalmente pelo mito. Seu filho se reelegeu, ainda que tenha perdido um terço dos votos. Por sua vez, estão eleitos os apoiadores que silenciaram sobre o presidente ou no mínimo foram muito discretos diante disso. Atenção para um detalhe: quem entrou em conflito aberto e declarado com o presidente, como Joice Hasselmann, sofreu um massacre. Os eleitos são os que conseguiram deixá-lo na sombra. As conclusões, deixo para amanhã.

Hoje senti bastante cansaço e uma leve falta de ar, com pigarro o dia inteiro. Vou dando notícias.

18 de novembro

Como disse, ainda que vários aceitassem seu apoio, poucas campanhas para o primeiro turno em 2020 repetiram os atos abjetos que em 2018 elegeram o mito presidente da República. Ao menos nas grandes cidades foi assim. Muita gente está julgando que há um esgotamento na difusão do ódio e que o eleitor está atrás de moderação. Como citei há alguns dias, é essa a ideia que inúmeros grupos da elite financeira estão tentando criar.

É possível que haja algum tipo de esgotamento. Ainda não achei bons argumentos para essa conclusão. Estaria certo se algum candidato tivesse utilizado a tática abjeta e com isso sofresse uma derrota.

Em 2018 a campanha vencedora acusou seu adversário, Fernando Haddad, de defesa da pedofilia. Para que algo assim funcione — e de fato funcionou — é preciso um anteparo de ruindade em quem lança a mentira. Dizendo de outro jeito: algo tão torpe só obteria votos se igualmente fosse pronunciado por um rosto torpe. Do contrário, a dissonância causaria um curto-circuito e não acionaria nenhum tipo de confiança na maldade do candidato. A parte ruim das pessoas com tendência a segui-lo não se assanharia tanto.

Emmanuel Levinas já falou nisso: "o rosto do outro é a sua maneira de significar."[17] Se minha hipótese tiver algum sentido, o atual presidente brasileiro representa o próprio Mal. Por tudo que ele fez e faz durante a pandemia tendo a de fato acreditar muito nisso. Do mesmo jeito é por essa razão que os candidatos de 2020 que estavam no seu espectro não foram tão abjetos: eles sabem que o líder não suporta ninguém pior que ele.

Depois disso tudo sinto muito incômodo com a entrada de hoje. Ainda faltam algumas linhas. Paro por aqui.

19 de novembro

A entrada de ontem foi uma das mais pesadas que já escrevi. Para concluí-la deixo claro que depois de dois ou três dias de revisões e alguns meses adiante, ainda acredito nela.

A campanha de Boulos/Erundina na internet não é inteiramente bem-comportada, o que seria de fato estranho: ele quer ser eleito, então precisa atingir um público amplo. Há imagens mais diretas, como uma que reproduz o seguinte diálogo:

COVAS: Não podem me chamar de omisso no combate à pandemia.
BOULOS: Eu chamei de incompetente.
COVAS: Ah, tá.

Ainda assim, um limite está sendo respeitado: não há agressões que desrespeitem os grupos vulneráveis. Eles são uma de suas bases de apoio. Há

---

17. Ver LEVINAS, Emmanuel. *Violência do rosto*. Trad. de Fernando Soares Moreira. São Paulo: Loyola, 2014, p. 28.

outros detalhes, por sua vez: o prefeito Bruno Covas é paciente oncológico.[18] Com aparência frágil, poderia ser alvo de todo tipo de insinuação de mau gosto. Alguém duvida que a campanha da Morte, dada a degradação a que se permitiu, aproveitaria isso se Haddad estivesse na mesma condição?

Antenado, Boulos tem feito uma série de performances. Uma das mais bem-sucedidas foi bastante replicada nas redes sociais. Líder antigo do movimento dos trabalhadores sem teto, para muita gente Boulos é simplesmente um invasor da casa alheia — o que a propósito replica uma antiga arenga dos anos 1980: que dizia que os comunistas, além de comerem criancinha, costumam levar a família para morar na sala dos outros.

A performance consiste em deixar uma pessoa fazer essa afirmação a um funcionário da campanha, que então pergunta se ela não aceitaria ouvir uma explicação do próprio Boulos, que acompanhava a conversa em um veículo estacionado ao lado.

Boulos explica que não apoia nenhum tipo de invasão à propriedade privada e que apenas ocupa prédios em situação irregular. Essa fala é calma, compreensiva e empática. A gravação é feita na medida para ser enviada pelo telefone a quem tem dúvidas sobre sua atuação passada e ao mesmo tempo está disposto a ouvir sobre ela. Demonstra valor, atenção e proximidade, o que é ótimo para ganhar votos.

Hoje achei que estava com uma alteração estranha no paladar. Para tirar a dúvida, comi um monte de balas de caramelo. Senti o gosto de todas.

20 de novembro

Ontem no final do dia, um homem negro, João Alberto Silveira Freitas, foi assassinado por dois seguranças de um supermercado Carrefour em Porto Alegre. Enquanto era espancado, uma funcionária do supermercado estava muito próxima e filmava a cena com evidente gozo sadomasoquista. O ambiente era todo monitorado, obviamente. Outras pessoas também filmaram.

---

18. Ele acabou falecendo na madrugada de 16 de maio próximo, tendo exercido pouco mais de quatro meses do novo mandato.

Não assisti às gravações. Uma matéria diz que muitas gritavam, avisando que o homem acabaria morto se os dois seguranças não parassem. Ninguém se aproximou, jogou um carrinho de supermercado em cima dos seguranças, nem o grupo que filmava se amontoou uns sobre os outros, por cima dos assassinos, para tentar alguma coisa. Celulares paralisam.

Obviamente não houve outro assunto no Brasil hoje. Um grupo de manifestantes invadiu uma das lojas da rede aqui em São Paulo, depredou alguns corredores e três ou quatro vidraças e arrumou um princípio de incêndio, muito tímido. O resto dos protestos no país foram calmos.

O vice-presidente, que já havia feito manifestações racistas durante a campanha de 2018, logo apareceu para dizer que não houve violência racial no caso, já que no Brasil não existe racismo. Vale lembrar que o próprio presidente fez falas racistas durante a campanha, largamente difundidas, e recebeu mais de 57 milhões votos. Do mesmo jeito, ele e seu governo são apologistas da violência policial e da força das milícias, categoria em que aliás essas empresas privadas de segurança podem se enquadrar.

A ação dos dois seguranças copiou em tudo o assassinato de George Floyd, que comentei aqui há alguns meses. A causa da morte é semelhante, os gestos dos assassinos e o fato de que eles sabiam que estavam sendo filmados se repetiram. A diferença é que no caso brasileiro havia uma cinegrafista oficial, com crachá do mercado, cúmplice dos assassinos, que servia para mostrar que a ação, na visão dela, era mais do que correta: merecia um registro para a posteridade. Aqui há portanto um passo além do caso Floyd. Agora, os supremacistas brancos podem fazer propaganda. Ressalto que os assassinos do americano foram todos soltos através de fianças pagas por meio de arrecadação popular...

Obviamente não é apenas o contínuo comportamento racista do governo federal que autoriza esse tipo de assassinato. Ele sempre foi política de Estado no Brasil. Agora, a diferença é que está assumida. Também demos o nosso passo: além de abertamente solicitada pelo governo, deve ser documentada, para que depois a classe alta (que paga os salários dos assassinos e da documentarista fúnebre) possa gozar diante do ato de violência, enquanto se sente americana. Respiram o fedor do Tietê achando que estão passeando com as crianças na orla de Miami.

21 de novembro

Hoje, sábado, a avenida Paulista amanheceu com uma inscrição enorme no asfalto, em frente ao Masp, que dizia o seguinte: #vidaspretasimportam. Vi também uma faixa gigante, com uma mensagem semelhante, pendurada em uma das paredes do Centro Cultural São Paulo, justamente a que dá para a movimentada avenida 23 de maio. São manifestações chamativas e de bom gosto. A da avenida Paulista foi obra de um coletivo, o Arte 1. Não tenho notícias de outros protestos como os de ontem que ameacem o lucro e o patrimônio da empresa envolvida em racismo. O establishment rapidamente se movimentou para dizer que quebra-quebra não serve para nada.

O presidente afirmou em um grupo do G-20 da ONU que não existe racismo no Brasil. Um de seus filhos (nunca sei quem é quem) disse o seguinte: "Conseguiram seu George Floyd." A frase não tem sujeito. Espero estar errado. Aliás eu gostaria de nunca mais escrever este diário. Acho que não chegaremos nem perto de qualquer tipo de convulsão social. Ela já está neutralizada pela nossa história, como eu aliás disse quando listei brevemente algumas das chacinas que o Brasil abrigou, aplaudiu e se engajou para que não fossem punidas. Não acho que a culpa seja de qualquer grupo que não vai colocar fogo em lugar algum. As pessoas sabem que se fizerem um pouco mais do que a pequena depredação de ontem serão mortas pela polícia, que irá mirar na cabeça para proteger o dinheiro dos donos do Carrefour. Ontem, durante uma marcha pacífica em lembrança do Dia da Consciência Negra, alguns moradores de prédios da elite jogaram ovos e até garrafas no grupo que andava pela rua clamando contra o racismo.

A extrema direita que ocupa o governo federal sabe disso. Por que então se colocam contra protestos que não vão acontecer no Brasil?

a) Para dar satisfação à elite financeira que a sustenta;

b) para deixar claro que vai continuar matando os grupos vulneráveis e que o apoio que recebe por isso é grande;

c) para depois dizer que se ninguém protesta é porque de fato não há racismo no Brasil;

d) para colocar as imagens do assassinato mais uma vez em circulação, o que atiça o gozo perverso dessa gente.

Por falar nisso, o vídeo do assassinato é repetido à exaustão, o que potencializa não só o ato racista como oferece material aos pervertidos. Muita gente tem uma ereção vendo aquilo. Daqui até o fechamento deste livro teremos notícias de inúmeros assassinatos de grupos vulneráveis. Enquanto reviso esta entrada, por exemplo, fico sabendo que duas crianças negras, de 7 e 14 anos, foram assassinadas no Rio de Janeiro agora há pouco. Nenhum patrimônio será ameaçado.

22 de novembro

Senti que o assunto dos lugares de memória no Brasil não estava bem encerrado. Hoje no começo da tarde fui até a Alameda Casa Branca, no bairro dos Jardins aqui em São Paulo, e procurei o local onde Marighella foi assassinado por agentes da ditadura militar em 1969. Trata-se de uma rua essencialmente residencial, com prédios de apartamentos de classe média alta. Nos finais de semana costuma ser bem tranquila.

No local onde ele foi fuzilado há uma pedra de tamanho médio ao lado de uma árvore. É preciso se agachar e forçar a vista para ler a inscrição, que está quase apagada. Com esforço, você vai ler o seguinte: "Aqui tombou Carlos Marighella em 4/11/69, assassinado pela ditadura militar." Não há nada que induza um pedestre a parar um pouco ali. A pedra está completamente integrada à calçada.

Ela fica à altura do número 815, na porta de um prédio de nome Porto Feliz. É uma afronta: o condomínio não podia ter esse nome! Se não quer homenagear Marighella, ao menos que não o desrespeite.

Além da pedra, não há nem um sinal na calçada, grafite em um muro ou algum tipo de memorial. Absolutamente nada.

O sentido disso é claro: os moradores não querem qualquer memória ali e muito menos o poder público pretende incomodá-los. Não existe sequer o menor sinal de respeito, o que significa muito. Vou chegar logo à minha conclusão: não se trata de querer ultrapassar um momento histórico doloroso, virar a página, como se diz por aí. Se fosse isso, seria preciso instaurar um debate, esclarecer toda a situação (o que significa jogar os holofotes sobre aquele endereço) e por fim colocar sua importância. O poder público sabe perfeitamente disso e os moradores não fazem na verdade porque gostam da ditadura.

O Brasil não apenas desdenha de seus potenciais lugares de memória, como cria espaços de afronta e esquinas de cinismo e violência.

23 de novembro

O Brasil conta oficialmente com 169.200 mortos por conta da Covid-19. O número real deve ser duas ou três vezes maior. Ontem o jornal *O Estado de S. Paulo* publicou um editorial dizendo que apoia a reeleição de Bruno Covas por, no final das contas, ele ter mais experiência administrativa que seu adversário. A chapa Boulos/Erundina seria uma aventura. Não vale a pena entrar no mérito da afirmativa, por si mesma uma tolice.

Durante a campanha de 2018, o mesmo jornal publicou um editorial famoso, chamado "Uma escolha difícil", em que afirmava que os dois candidatos tinham enormes defeitos. Nas entrelinhas recomendava discretamente o voto no mito. Como se pode ver, se houvesse alguma coerência, o jornal deveria recomendar o voto em 2018 em Fernando Haddad, que tinha bem mais experiência administrativa que a Morte.

Em termos eleitorais, o editorial serve apenas para mostrar que o mercado financeiro está preocupado com o crescimento da chapa Boulos/Erundina. Já no que diz respeito ao ambiente de análise política, fica claro que não há nenhum tipo de solidez. Não é possível basicamente levá-los a sério. Não temos um comentário político de primeira hora que mantenha os mais elementares níveis de coerência e razoabilidade intelectuais. O mínimo a fazer aqui seria começar o novo editorial comentando o anterior e explicando por que a posição oficial do jornal mudou. Do jeito como está feito é mais uma prova de que tudo não passa de adesão ocasional a um lado bem definido: o do poder econômico.

Hoje já posso fazer um balanço: o *Ano I* do *Diário da catástrofe brasileira* é o meu trabalho criativo menos comentado pela imprensa. As razões agora estão claras: trata-se de uma obra artística. Essa afirmação não é aceita por quem divide a pauta. Se fosse, certamente os suplementos culturais reservariam o espaço que sempre tive. Ele vai para a editoria de política, e ao mesmo tempo critica enfaticamente essas editorias, como ficou claro hoje, e não receberá nenhum espaço.

As vendas continuam normais. Quero me esforçar para a segunda edição se esgotar agora no Natal. Estou pensando em como terminar este segundo ano de análises.

24 de novembro

Por inúmeros motivos, inclusive a necessidade de fazer um balanço, não vou escrever o diário hoje e talvez nem mesmo amanhã. Quero deixar registrado apesar disso que hoje o Brasil ultrapassou oficialmente os 170 mil mortos devido à Covid-19, chegando a exatos 170.179 óbitos. É o décimo dia com altas seguidas e ainda assim os governos estão evitando tocar no assunto diretamente, alguns porque não querem interferências na eleição do próximo domingo, e outros na verdade estão comemorando a alta, mesmo que intimamente. As poucas informações mostram que desde maio a taxa de transmissão (1,30, o que significa que cada cem contaminados estão levando a doença para 130) nunca esteve tão alta. Os hospitais voltaram ao risco de saturação. Daqui a pouco menos de dois meses haverá mortos em Manaus por falta de oxigênio hospitalar. A propósito, a necessidade do insumo está mais ou menos nesse momento sendo comunicada às autoridades, que não farão coisa alguma.[19]

E amanhã vai morrer na Argentina Diego Armando Maradona.

25 de novembro

Na Copa do Mundo de Futebol de 1986 eu tinha 10 anos, quase 11. Já escrevi isso aqui no *Diário* ou em algum outro lugar. Não estou com disposição agora para procurar. Naquela época meu pai já tinha saído de casa. Eu e ele ainda mantínhamos alguma conexão, sempre através do futebol. Nunca conversamos sobre qualquer outra coisa, percebo agora.

Eu sempre ia visitá-lo aos domingos de jogo, quando ele ficava ansioso e mais acolhedor. O homem alto e magro não se abaixava para conversar comigo, acordava ao meio-dia, almoçava e logo ia ver as notícias esportivas. No sofá em frente eu o esperava perguntar se havia novidades sobre os outros times. Claro que sim, eu respondia satisfeito, e resumia o que lera nos jornais.

Minha avó me pegava com meus irmãos em casa logo cedo. Como morava em um bairro ainda mais periférico que eu, dava tempo no caminho para me inteirar.

Depois de me ouvir com atenção (sem jamais elogiar o meu cuidado) ele comentava os boletins que a TV ia passando durante os jogos. No horário da partida ele ficava feliz e comentava tudo, sempre comparando com algum jogo histórico do Corinthians a partir de 1977. Ouvia-me como se eu fosse adulto. Talvez eu tenha sido obrigado a amadurecer um pouco cedo para ter um pai.

Quando o jogo acabava ele na mesma hora me deixava de lado. Minha avó já sabia que precisava nos levar de novo embora. Muitas vezes ele sequer se despedia. Não sei onde ia parar.

---

19. Essa será a manchete do jornal *Folha de S.Paulo* em 17 de janeiro do ano que vem: "Governo Bolsonaro ignorou alertas de caos em Manaus."

Em 1986, Maradona era o grande nome do futebol mundial. No início da Copa, meu pai me avisou que ninguém teria a menor chance diante dele. Os jogos ocorreriam no mês de junho. (Pouco antes, portanto, de eu completar 11 anos.) Como sempre, o Brasil só dispensaria os trabalhadores nos dias de jogo da nossa seleção. Fiz uma tabela e, atento à dica que meu pai havia me dado, pedi para a minha avó me buscar nos dias de jogo da Argentina. Só que seu pai não vai estar em casa. Respondi que sabia, e que iria fazer um relatório.

Ela aceitou e minha mãe deixou, meio contrariada. Ela sabia da minha vontade de às vezes, quase desesperadamente, aproximar-me do meu pai. Por isso, tenho uma história muito pessoal com Maradona. Estou de fato muito triste. As imagens do grande jogador que estão mostrando na TV me recordam dessa época, a última em que tive algum contato com meu pai.

No Copa seguinte, em 1990, eu tinha 15 anos. Estava no meio do meu interesse adolescente pelo movimento punk e já gostava de ler de forma dedicada. Jogava xadrez e continuava amando o Corinthians. Ainda assim já tinha perdido o idioma rarefeito com que me comunicava com meu pai. Vou dormir.

26 de novembro

Aos fins de semana da Copa de 1986 eu assistia aos jogos com meu pai. Argentina e Inglaterra, a partida mais esperada do torneio, caiu em um domingo. Como sempre, logo depois do almoço ele se sentou em frente à TV e começou a acompanhar tudo. Não vou comentar aqui os dois gols de Maradona. A gente precisa ter pudor.

Procurei no YouTube por bastante tempo. Não achei o pequeno boletim em que ouvimos falar da Guerra das Malvinas. Meu pai não tinha nenhuma ideia do que se tratava (e eu tinha 9 anos) e me pediu para descobrir. Deve ter sido essa a última vez em que tentei chamar a atenção dele.

Hoje eu seria capaz de em quinze minutos dar todas as informações para ele. A internet mudou tudo. Minha avó no dia seguinte me levou à Biblioteca Mário de Andrade, onde devo ter passado boas horas virando jornais e revistas e copiando muitos detalhes. Certamente fiz desenhos de fardas, navios e armamentos. Ela me deixou em casa no começo da noite e passei o dia seguinte escrevendo.

Meu pai me ouviu com bastante atenção. No final da leitura falou algo como "entendi" e pegou minhas folhas.

Houve também a eliminação do Brasil e então a final, quando a Argentina venceu a Alemanha Ocidental. O muro de Berlim ainda não tinha caído.

Dali em diante, a relação com meu pai foi se deteriorando. Em 1990 eu já me recusava a não receber a menor atenção e em nenhuma hipótese iria lutar por ela. A última vez que o vi foi no metrô de São Paulo, muitos anos depois. Eu iria embarcar para a Europa no meio da noite e estava indo ao centro comprar um tênis. Tinha que ser barato, pois pretendia abandoná-lo no final, por causa do peso. Sempre retorno quase sem roupa na bagagem.

Entrei correndo no vagão e dei de cara com ele sentado em frente à porta. Consegui voltar para a plataforma e o trem se foi. Quando ele morreu, acho que há uns 8 anos, não senti nada. Não fui ao enterro. Nesse caso, muito diferente do que aconteceu com a morte do meu avô, que me deixa abalado até hoje. Também não estive no velório nem no cemitério. Nesse caso, por receio de agredir as desgraçadas das minhas tias.

Quando Sócrates morreu, também lembrei bastante do meu pai. Ele adorava o Magrão. Até hoje o futebol, ou mais especificamente ainda o Corinthians e as Copas do Mundo, são o único momento em que me lembro de ter tido fugazmente um pai.

27 de novembro

O que mais vejo, ao menos aqui no Brasil (não acompanhei a repercussão fora), são críticas ao Maradona por ele ter usado drogas, ter feito um gol com a mão e outros sei lá como, ter amado Fidel Castro, ter dado risada e chorado muito e por aí vai e até mesmo pelo fato de o seu velório ter acabado em confusão.

No momento em que o mundo inteiro previa o que o grande craque iria fazer, o cara deu de lado. Não cumpriu o roteiro, chegou inclusive a decepcionar a família, os fãs, o mundo inteiro. Maradona engordou. Maradona abusou das drogas. Maradona incomodou jornalistas. Maradona cometeu centenas de erros. Maradona era de esquerda.

Todos os cumpridores de regras, os certinhos, essa gente que sabe o que fazer e conhece a melhor hora para tudo, os fluxogramas e as expectativas. Esse mundo desgraçado, cheio de subgerentes, de ansiosos por crescer na firma, o pessoal que detesta o desconhecido, que não entende nada além de azul e rosa, os tontos e os moralistas, os mentirosos que escondem o remédio, todos os clientes dos resorts do Nordeste, a piscina com borda infinita de merda, vão todos vocês tomar no cu, filhos de uma puta organizados, peido de touro, cu da vaca, tubarão com engulho, gente obtusa, escravos da camisa passada, vocês só andam na linha, vocês não sabem de nada, desgraçados, estrumes da ordem, pequenininhos, pequenininhos, mínimos.

28 de novembro

Estou em compasso de espera para as eleições de amanhã. Preciso dos resultados para tirar as últimas conclusões sobre o segundo ano da nossa catástrofe e encaminhar o final do livro. Já o tenho mais ou menos estruturado (em uma folha à parte deste caderno). Posso dizer desde já que a crise da Covid-19 esteve presente nas campanhas com críticas de intensidades variadas à conduta dos governantes. Guilherme Boulos, aqui em São Paulo, não deixa passar um debate sem afirmar que a cidade abriga o terceiro maior número de óbitos em todo o mundo.

Ainda assim a palavra genocídio não apareceu. O centro do debate é a questão da crise e não o crime contra a humanidade. No final das contas, o presidente brasileiro acaba pintado como péssimo administrador. Só que disso ao que de fato o que ele é, comandante de um genocídio, há uma longa distância.

De resto as campanhas confirmaram que o sadomasoquismo se naturalizou na nossa vida social. Vou deixar um exemplo corriqueiro e sintomático.

O site UOL, junto com o jornal *Folha de S.Paulo*, promoveu nos últimos dias da campanha uma "sabatina" entre os dois candidatos a prefeito da cidade de São Paulo. A conversa foi mediada por duas jornalistas, Thais Oyama e Luciana Coelho. No final, Oyama fez uma pergunta de tom afetivo a Bruno Covas e lhe concedeu quase um minuto para a resposta. Havia um cronômetro na tela. Quando o tempo acabasse, o candidato teria a voz cortada. Na vez de Boulos ela ocupou o minuto final para comunicar-lhe o resultado de uma pesquisa — que de resto estava errado — e com isso deixou apenas sete segundos para a resposta e as considerações finais. Ele não pôde fazer nem uma coisa nem outra.

Até aí é um fato corriqueiro: a mídia não disfarçou o apoio a Bruno Covas e mais ainda a ojeriza a Boulos. A perversidade se revela de forma sutil. Ao perceber que tinha conseguido retirar a voz de Boulos, Oyama sorri muito discretamente. O vídeo congelado no momento decisivo, quando o anjo da história se manifesta, denuncia com clareza: ela está satisfeita. A perversão não para aqui. Se fosse só isso, como eu disse, tudo seria mais do mesmo.

Oyama escreveu o livro *Tormenta: o governo []*: crises, intrigas e segredos, francamente contra o presidente da República, que agiu por sua vez de forma preconceituosa contra ela. Agora, poucos meses depois, ela quase não consegue ocultar a satisfação ao prejudicar o candidato que encarna a oposição à figura política que a atacou gravemente e inclusive, no resto das perguntas, oferece apoio velado ao nome que o mito, no caso através de alguns de seus correligionários, recomenda. Aí está a tendência sádica que tenho apontado. O detalhe de, horas depois e fato consumado, Oyama pedir desculpas não muda nada.

29 de novembro

O resultado das eleições para prefeito, concluídas agora com o segundo turno, confirma a tendência conservadora da população brasileira, inclusive as classes mais baixas. Nas capitais, com pouquíssimas exceções, os candidatos claramente antinazifascistas foram derrotados. O Rio de Janeiro tinha dois conservadores no segundo turno, o que significa uma dupla vitória para o presidente. O vencedor não irá demorar a telefonar para o mito. O fato de seu candidato declarado não ter vencido é irrelevante, sobretudo porque ambos estão na mesma trilha reacionária. Em Vitória ganhou um candidato que invadiu um hospital para provar que não existe pandemia. Ele também fez o que podia para impedir que uma criança de 10 anos que estava grávida por causa de um estupro continuado pudesse interromper a gestação. Tanto no Recife quanto no Rio Grande do Sul as campanhas vencedoras fizeram largo uso de procedimentos machistas e espalharam todo tipo de mentira, bem ao gosto dos apoiadores do presidente.

Em São Paulo houve sobretudo a tentativa de taxar o candidato antinazifascista de radical, enquanto os aparelhos do mercado financeiro continuaram a campanha a favor do prefeito. Hoje mesmo o jornal *O Estado de S. Paulo* publicou outro editorial a favor de Bruno Covas. Aqui e ali a mídia impressa trouxe matérias desconfortáveis a ele. A televisiva, por outro lado, não conseguiu esconder a simpatia (uma leitura psicanalítica me emprestaria aqui o termo "tesão") por Covas, tanto nos sorrisos, generosos ou envergonhados, dirigidos a ele, quanto na maciça quantidade de perguntas infames a que seu adversário foi submetido.

O dado mais importante é outro: o mapa eleitoral mostra que com uma pequenina variação Guilherme Boulos venceu nas mesmas zonas eleitorais (na periferia da cidade) que Fernando Haddad em 2018. Mesmo nos locais onde os dois perderam, a quantidade de votos foi muito parecida. Covas recebeu o mesmo apoio praticamente que [].

Não é muito difícil concluir que o nazifascismo se instalou. As urnas não quiseram dar a mais remota autorização para combatê-lo. A situação fica ainda mais grave se considerarmos que a eleição ocorre em meio a um genocídio.

Deixo ainda algumas conclusões pontuais:

a) as pesquisas erraram: muita gente não quis admitir que faria a opção conservadora, ou simplesmente mentiu para se divertir;

b) há um grupo grande de pessoas de vários espectros ideológicos tentando nos convencer de que a situação melhorou. Ora, em primeiro lugar venceram os apoiadores tácitos do presidente, depois, aceitar essa falsa melhoria é ainda outra vez apagar o genocídio que o Brasil atravessa. Como sempre e hoje com 172.848 óbitos, estamos indo no caminho da pacificação impune.

30 de novembro

Em rápida síntese, a partir de ontem depois do anúncio dos resultados do segundo turno, haverá uma campanha para nos convencer a todos de que o resultado é ótimo e que a moderação venceu.

A campanha machista e cheia de ódio continuou com toda força. Manuela d'Ávila e Marília Arraes, candidatas à prefeitura de Porto Alegre e do Recife, foram bastante agredidas. Algumas imagens que aviltavam bastante d'Ávila foram recauchutadas da eleição presidencial de 2018. Novamente a extrema direita atacou com mais violência as mulheres. Vale ressaltar que ambas perderam as eleições.

São Paulo viu hoje o anúncio do recrudescimento das medidas de contenção, logo após o anúncio de que o candidato da situação venceu. Ele e o governador, portanto, aguardaram a eleição, inclusive escondendo os números, que até o pleito não eram, segundo eles próprios, assim tão alarmantes.

Houve portanto um cálculo eleitoral: primeiro garantimos a vitória do nosso candidato e depois salvamos vidas.

Se é isso que estamos chamando de moderação, só porque o prefeito e o governador de São Paulo falam por favor e obrigado quando não estão bravos, então duas conclusões obrigatórias e, mais ainda, não excludentes, aparecem:

a) a hipocrisia tomou conta do país;

b) a política nazifascista que faz fluxograma com a vida dos outros está completamente naturalizada.

1º de dezembro

Para mim tem sido muito difícil escapar da impressão de que o mundo, de forma geral, e mais decisivamente o Brasil, deveriam estar mergulhados em um enorme estado de mal-estar. Vistos de forma estanque, alguns sinais de catástrofe podem parecer apenas incidentes localizados que, em outras épocas, também tiveram seus similares nos incomodando: na França um homem negro foi brutalmente espancado pela polícia. Não é de fato o primeiro, só que isso acontece em meio à tentativa de aprovação de uma lei que impediria a filmagem de qualquer ação dos aparatos repressivos do Estado. Entre Polônia, Hungria e, um pouco mais longe, Índia, políticas de diminuição dos direitos da população LGBTQ+ aparecem sem nenhum tipo de constrangimento. Vale lembrar que a cidade-luz, sempre tão orgulhosa de sua arte universal e da elegância de seus passeios, abrigou há alguns poucos anos uma manifestação com centenas de milhares de pessoas contra o casamento entre homossexuais.

Grupos de inspiração nazifascista começam a aparecer aqui e ali com cada vez menos receio.

Tudo isso em meio a uma crise sanitária que acumula, em números oficiais, 1.485.330 mortes em todo o mundo. Alguns países de fato se esforçaram para reduzir os danos (hoje o Uruguai contabilizou um óbito e dezoito pessoas internadas em UTIs e por conta disso resolveu intensificar as medidas de contenção), outros países em caminho oposto viram a oportunidade de instalar políticas genocidas e nela apostaram todas as suas fichas. Aqui falo sobretudo de Estados Unidos e Brasil.

Entre nós há algumas semanas um homem negro foi brutalmente assassinado em um supermercado de Porto Alegre. De lá para cá, alguns poucos protestos, o brado mais ou menos unânime de que o patrimônio da rede de supermercados tinha que ser a todo custo preservado. De novo, algo que sempre ocorreu: hoje completa um ano da chacina de Paraisópolis, quando jovens foram massacrados após uma ação da polícia em um baile. Conforme a lista que apresentei há alguns meses (Cabula, Carandiru, Canudos etc.), ninguém até agora recebeu qualquer constrangimento jurídico pelas mortes.

De novo tudo ocorre agora em meio a uma pandemia em que, repito, as vítimas estão sobretudo nas classes baixas. O Brasil alcançou a cifra de 173.817 mortes, uma boa quantidade delas evitável se o governo levasse a sério as medidas de cuidado, e não, como faz desde o início, zombasse delas.

No domingo, as eleições para prefeito conduziram ou reconduziram ao cargo no geral candidatos que não se opuseram ao atual governo federal. Sendo claro: os opositores declarados do genocídio perderam a eleição. A periferia de São Paulo se dividiu. Em muitas zonas eleitorais, preferiu o candidato da situação. E a situação é que ali as estatísticas mostram, todo mundo tem um parente ou amigo próximo que perdeu a vida por causa da Covid-19. Poucos de fato estamos sentindo o peso do nosso tempo.

2 de dezembro

O fato é que não há aquele sentimento oceânico, portanto coletivo, de urgência transformadora. Ele nunca existiu no que, ao longo do tempo, fomos chamando de povo brasileiro. As transformações políticas, por menos estruturais que tenham sido, sempre aconteceram através de movimentos calmos, controlados pela elite e muitas vezes através de um fôlego que tinha também ar externo em sua composição. O Brasil só muda, e muito pouco (para o bem ou para o mal), quando a transformação interessa à elite financeira e a grupos estrangeiros. A passagem do império para a república é um exemplo, o golpe de 1964, outro. O seguinte, de 2016, não me parece também muito longe disso.

Busquei o componente sadomasoquista que está na identidade do povo brasileiro como uma possível explicação. Ela é parcial e fragmentária, ainda que persistente. O tempo inteiro reafirmo que não me sinto confortável com minhas conclusões, como aliás com absolutamente nenhum dos meus trabalhos. Preciso constantemente me colocar à prova.

Estabelecer uma identidade, ainda que parcial e fragmentária, para todo um povo não seria condená-lo a uma espécie de continuidade perversa? Ora, se de fato somos assim, por favor, venham me bater! "A conservação do passado na vida psíquica é antes a regra do que a surpreendente exceção."[20] Estamos aqui falando de indivíduos. Somados e colocados para conviver, a questão não é assim tão objetiva. Muitos grupos não são unitários. Não consigo um exemplo no Brasil. Do caso contrário, a dissonância, cito vários: a polícia mantém um comportamento de execução, que no final das contas volta-se também para si mesma (portanto sofrem e fazem sofrer); com exceções que só confirmam a regra, as classes baixas votam muitas vezes em candidatos que as exploram há décadas, sem falar nos deputados que representam os grupos que irão matar seus filhos; a imprensa continua apoiando um governo que a ataca sem parar.

A lista é exaustiva. Prefiro substituí-la por um exemplo quase caricatural. Os leitores devem se lembrar do repórter Fabio Zanini, aquele que foi entrevistar um militante comunista e, sem mais delongas ou mediações, começou perguntando se o rapaz é stalinista. Eu, inclusive, admito: sou corintiano. É assim que ele termina um texto qualquer: "A história do garoto de uma cidadezinha que vendia peixes para ir ao cinema aos sábados e chegou à presidência é fascinante, gostemos ou não da personagem." Ele chama de fascinante a

---

20. FREUD, Sigmund. *O mal-estar na civilização*. Trad. de Paulo Cesar de Souza. São Paulo: Companhia das Letras, 2011, p. 19.

trajetória de um homem que zomba de milhares de mortes e o tempo inteiro ameaça sua profissão. Zanini não é nenhum tapado: ele goza apanhando.

Hoje, o que me parece mais difícil de compreender é a ausência de mal-estar geral. Circulou ontem uma lista de pessoas que estão sendo monitoradas pelo governo federal. Muitas comemoraram. Vi gente lamentando ter ficado de fora. Uma festa. Hoje morreram 698 brasileiros por causa da Covid-19.

3 de dezembro

Certamente o governo brasileiro nazifascista faz muita gente feliz. Resta entrar nesse debate ainda outro vetor que impede um levante forte o suficiente para derrubá-lo. Se ele agrada a todos que se identificam com seu grau de destruição (tanto os que ocupam o lugar da mão quanto os que oferecem o rosto) e os que sentem muito prazer por não fazer parte dessa perversão, os voyeurs, talvez aqui esteja a verdadeira massa oceânica. Ela dá a impressão de ser grande o suficiente para arrastar tudo o que se opuser a ela ou no mínimo causar muito estrago em caso de choque. Em uma sociedade já avessa a convulsões sociais como a brasileira, esse imaginário talvez seja paralisante.

Continuo colocando em questão minhas próprias conclusões: o que poderia ser mais forte que essa inércia social conservadora? Peço desculpas pelo clichê: como se sabe, só a morte não permite contestação. Uma projeção hoje mostrou que se as coisas continuarem no passo em que estão, daqui a pouco mais de um mês teremos 200 mil óbitos por causa da Covid-19. E, mesmo com isso, o governo ainda não mostra nenhuma atitude concreta diante da vacinação que, a propósito, logo começará em vários países.

A pobreza terrível e o enorme abismo social não foram suficientes para que por fim a população brasileira se rebelasse. Um genocídio ocorre a céu aberto e também não dissipou a impressão de impossibilidade de uma revolta. Parece então não haver de fato nada a ser feito.

Minha autoanálise, lógica por princípio, parece estar me levando ao mesmo estado paralisado da sociedade brasileira. Se não há saída, então o trabalho com este livro de fato não faz muito sentido. Devo pará-lo agora.

Se deixar de redigir este diário agora, às 23h50 do dia 3 de dezembro de 2020, quando no Brasil já morreram 175.307 pessoas vítimas da Covid-19, eu mesmo deixarei de existir. Sou esse narrador que o leitor conheceu há dois anos e dois meses e absolutamente mais ninguém.

Faltam-me uma série de convicções para o suicídio, além de me sobrar desejo por umas poucas coisas que me restam ao fazer neste diário. Uma delas é a construção de formas. Por isso concluo com tranquilidade: o *Diário da catástrofe brasileira* é um trabalho artístico. Freud afirma que as dificuldades da vida exigem paliativos para que as suportemos. Entre elas estão as "gratificações substitutivas",[21] que diminuem o sofrimento.

Um primeiro passo, portanto, é afastar de mim o mal-estar que me causa não ver nenhum mal-estar na maioria das pessoas. E como posso fazer isso?

4 de dezembro

Vou logo colocar em questão alguns outros dos meus pressupostos. Até agora neste mês tudo o que fiz foi arranjar uma justificativa, que talvez sirva bem mais para mim que para os leitores, para a continuidade deste diário. Ele só existe porque se coloca contra uma ideologia muito bem definida: o nazifascismo, que levou à presidência da República o pior candidato da nossa história eleitoral.

É um enfrentamento. Para ser leal, portanto, precisa colocar em questão a própria razão de ser. Acho que, sobretudo neste segundo ano, tentei ser um pouco mais preciso. Não quero ficar perdendo energia. Respondo sobretudo a uma pergunta muito específica: "Como é que tantas pessoas

---

21. Ver FREUD, Sigmund, op. cit, p. 18.

chegaram a partilhar esse ponto de vista de surpreendente hostilidade à civilização?"[22]

As respostas imediatas não me satisfizeram, até porque todas pareciam fragmentárias: desilusão com o meio político, por exemplo. Se fosse verdade, por que isso seria solucionado através das urnas e com um político profissional? Alguns insistem em dizer que a população foi enganada. Acho arrogante. Temos que respeitar os eleitores. Eles votam sabendo o que fazem, é uma decisão consciente. Sejamos maduros: quase 58 milhões de pessoas votaram no pior candidato da história eleitoral brasileira. O tal antipetismo é balela. Havia muitos candidatos opostos ao Partido dos Trabalhadores. A questão econômica nem se coloca. O mito não fez nenhuma proposta nessa área, apenas se apresentava como "de direita"; de resto, o mesmo que muitos outros candidatos.

Parece-me mais razoável supor que de fato houve a criação de um peso que causou impressão de ser grande demais e deixou como resultado a facilidade de adesão (ficar ao lado é mais fácil do que resistir) ou a impossibilidade de se revoltar verdadeiramente contra ele. Daí nem mesmo um genocídio é suficiente.

Seguindo a proposta agora para o início de dezembro, como posso avaliar essa minha afirmativa? Freud responde à própria pergunta da seguinte maneira: "Acho que uma profunda, duradoura insatisfação com o estado civilizacional existente preparou o solo no qual, em determinadas ocasiões históricas, formou-se uma condenação."[23] Amanhã examinamos essa ideia.

5 de dezembro

Respondendo a Freud, faço um raciocínio circular, aliás repetido aqui toda hora: o que faz com que pareçamos condenados à catástrofe é a ilusão de

---

22. Ibid., p. 31.
23. Ibid.

força com que o mito revestiu a própria imagem. Por um lado, muita gente votou nele porque encontrou essa impressão de fortaleza em algum lugar; por outro, não há um oceano de reação justamente porque tudo parece forte o suficiente para que qualquer ato de maior força acabe desde já diminuído.

E de onde o mito pode ter obtido uma ilusão tão grande de ser forte? Da morte.

Tudo em Jair Messias [] é tétrico. Em 1999 ele afirmou que a ditadura devia ter matado muito mais gente. Durante sua campanha, além de exaltar a tortura (a antessala da morte), tanto fez que quase foi mesmo assassinado. Logo depois de eleito insinuou por mais mortes pelas mãos das forças de segurança e quando veio a pandemia fez de tudo (de tudo mesmo!) para que ela fosse a mais letal possível.

Como se sabe, diante da morte não há o que fazer, dizer ou agir. Depois que ela passa, não tem mais jeito. É assim que muitos se sentem diante de Jair Messias [].

É preciso afastar essa imagem dele. Aqui, resguardo-me de imediato: levá-lo para longe da imagem não é retirar sua responsabilidade. Faleceram até hoje 176.641 brasileiros vítimas da Covid-19 e já sabemos que os planos do governo para a vacinação se revelam praticamente inexistentes.

Em primeiro lugar desvincular esse cara da morte significa parar de respeitá-lo, a ele e seus apoiadores. De novo repiso o que venho dizendo: é preciso repelir qualquer contato com essa gente. Toda manifestação de respeito é cumplicidade. Temos que rir dessas pessoas, ridicularizá-las, mostrar que elas são as figuras mais patéticas do mundo, fracotes, boçais incapazes de pensar.

Diante disso ainda é necessário ter uma postura oposta a essa confraria de estrupícios diante da Covid-19. Vamos a todo momento manifestar respeito às vítimas. E isso de novo remete ao meu raciocínio sobre o perdão: significa exigir que os responsáveis sejam levados à justiça.

Precisamos portanto estabelecer um grau máximo de tensão. Fazer piada com a cara dessa gente, criar o discurso da fraqueza que deve ser colado a eles e seguir adiante.

7 de dezembro

Acho que minha intenção circular está se consolidando e creio conseguir terminar este volume complementando o que comecei a construir no início: formas possíveis de resistência. Não estou afirmando aqui (e nunca fiz isso em lugar nenhum) que a arte deva se constituir como um objeto desde sempre de oposição a governos, de qualquer ideologia a propósito. Não acho que a arte "deve" qualquer coisa. Inclusive não acredito em nenhum tipo de função anterior, primordial ou essencial do objeto artístico. Só podemos refletir sobre os trabalhos depois que eles passarem a existir. Não há nada de certo ou sólido no que se chama de "arte".

Por outro lado, afirmo claramente que as obras de arte existem e a partir de então ocupam um lugar no mundo. Essa colocação, é claro, influencia sua relação com as outras obras e com a sociedade. Vou repetir ainda outra vez porque para mim é importante: a arte não reflete a realidade. Ela faz parte da realidade e portanto a modifica. Não existe nenhum jeito de não ser assim. Uma obra de arte não é exterior à realidade (não existe em outra dimensão) para refleti-la, se confundir com ela, borrar seus limites e quaisquer outros termos na verdade sem sentido lógico.

Do mesmo jeito portanto há trabalhos que se opõem a determinadas situações e outros que as apoiam. Os livros de Cristovão Tezza, que apresentei, por exemplo, estão muito ao gosto do pensamento conservador.

Além disso é possível encontrar formas que ajudem a sociedade a pensar alternativas para as próprias estruturas e expandir seus limites imaginativos ou até mesmo observar possibilidades pouco percebidas até então. Aliás, vale também para indivíduos: são inúmeros os trabalhos artísticos que obrigam o leitor a enfrentar todo tipo de crença, inclinação e tabu que de outras formas poderiam continuar ocultos. O negativo é verdadeiro: certos trabalhos artísticos colaboram para a manutenção de estruturas antigas, preconceitos muito arraigados e todo tipo de forma de dominação. Ao contrário do que muita gente pensa, há bastante arte conservadora por aí. Se o artista se esforça demais para ser reconhecido e logo entra para o grupo daqueles que produzem trabalhos ao gosto unânime das formas já preconcebidas, e portanto facilmente reconhecíveis, certamente construirá obras conservadoras.

A propósito, nada parece assustar mais o status quo do que a palavra gênero. O presidente brasileiro foi eleito a partir de uma plataforma de costumes. Como não tinha nenhum tipo de proposta particular na economia e absolutamente nada a dizer sobre gestão, repito que os mais de 57 milhões votos se pautaram pela proposta de costumes. E ela o tempo inteiro faz questão de sublinhar a imutabilidade dos gêneros: eles seriam para essa gente meramente biológicos.

Precisamos falar sobre os gêneros.

8 de dezembro

Uma das reflexões mais importantes de Judith Butler é a que qualifica a genealogia dos gêneros como dependente de atos performativos (da prática, portanto) que são ao mesmo tempo sociais e históricos.[24] Não tem sentido aqui apresentar o trabalho fundamental da filósofa. Muita gente já fez isso. Sequer é minha intenção estabelecer sua importância, que me pareceria algo meramente ridículo. Lembro que Butler foi agredida por apoiadores do mito quando esteve no Brasil em 2017.

O que me interessa aqui é apenas operar um discreto trânsito, bem à moda do trabalho dela. Ao afirmar que um dos pressupostos da construção do "gênero" é a ação performática, o trecho de imediato se aproxima do Brasil contemporâneo. Desde o ano passado tenho falado de performance, enfatizando que esse é tanto um dos principais recursos de ação contra o presidente extremista quanto possivelmente uma das mais eficazes formas de oposição a ele, desde que nesse caso preenchido com um conteúdo crítico,

---

24. A análise se espraia por toda sua obra notável. Indico aqui por exemplo *Problemas de gênero* e *Corpos que importam*.

que falta a ele. Dessa forma a discussão sobre gêneros não poderia de fato ficar longe de seus asseclas, o que ao mesmo tempo fornece uma pista sobre a importância da questão.

Os gêneros seriam socialmente compartilhados e historicamente criados. Ora, aqui é perfeitamente aceitável trazer a discussão de Butler da questão sexual para algo mais amplo e que envolve também os gêneros do discurso, inclusive o que ainda se reconhece como artístico. Acho importante a discussão sobre o estatuto artístico dos trabalhos a que vou me referir a partir de agora (para falar de outro jeito, à moda de Arthur Danto: eles são ou não obras de arte?).[25] Acho por outro lado que essa discussão pode ficar para depois. Se os gêneros são socialmente compartilhados, aqueles que não aderirem à norma irão sofrer resistência. É o que acontece com os gêneros sexualmente dissidentes (agora passo todo faceiro de Danto a Paul B. Preciado).[26] Se formos atrás de outros compartilhamentos sociais, podemos partir para a segunda parte da formulação de Butler: a construção histórica.

Como já disse também muitas vezes, acredito em criações, que estão obrigatoriamente presas ao seu momento histórico. Trata-se obviamente, do mesmo jeito, de outros atos performáticos. Criar é percorrer muitas instâncias diferentes de ação.

Historicamente não acho que preciso de qualquer justificativa para colocar o genocídio como a questão mais drástica (e portanto urgente) do nosso tempo. Por isso acredito que qualquer construção contemporânea precisa focar, sob risco de a ausência desaguar em cumplicidade, o Mal que nos tem preso à catástrofe.

Não fujo de um dos propósitos mais importantes deste livro: como fazer isso?

---

25. Ver DANTO, Arthur. *O que é arte?* Trad. de Raquel Cecilia de Oliveira e Debora Pazzeto. Belo Horizonte: Relicário, 2020.
26. Ver PRECIADO, Paul B. *Um apartamento em Urano.* Trad. de Eliana Aguiar. Rio de Janeiro: Zahar, 2020.

9 de dezembro

Muita gente está tentando. Daqui a alguns dias será publicado no Brasil *Minha luta*, assinado por Messias Botnaro. Há muito o que observar no livro. Em primeiro lugar, o fato de que o conteúdo começa pela assinatura. Ainda que isso deixe muitos reacionários de cabelo em pé (loucos por um pente e um romance realista), há já algum tempo o nome que assina a obra faz parte dela.

A capa do livro força o leitor a optar por dois movimentos possíveis: para fora ou para dentro do conteúdo. Desde então o leitor começa a se revelar. Aqui, examino as duas possibilidades.

O leitor que costuma fugir das obras vai imediatamente fazer uma pergunta sintomática: que pessoa é Messias Botnaro? Esse é um conservador, que ainda acredita em verdades essenciais, na literatura que de alguma forma reproduz a realidade e, enfim e talvez o mais grave, ainda não foi informado de que o autor morreu.

(Atenção, leitor: favor não confundir autor com escritor. Este último quando morre ganha até um atestado. Já o autor é uma figura abstrata e, para continuar na companhia sempre agradável de Judith Butler, historicamente determinada. Ele morreu.)

O leitor que se pergunta quem é Messias Botnaro é irresponsável e quer logo que alguém esteja por trás do sentido que ele mesmo dá aos livros — e provavelmente a tudo mais na vida, inclusive o voto. Por isso quer um equivalente a ele próprio no mundo civil para culpar.

Baseando-me na minha própria trajetória, não me esquivo de afirmar que o leitor irresponsável é bastante numeroso. Até hoje sou responsabilizado pelos sentidos que muitos leitores estabelecem para o romance *Divórcio*. Nesse momento, ainda antes de o nosso recurso ser julgado no Tribunal de Justiça do Rio de Janeiro, uma juíza me condenou a indenizar o ex-deputado federal Eduardo Cunha por conta de um sentido que ela mesma criou para um trabalho meu e depois julgou ofensivo ao digníssimo Cunha. Aliás, diante da impossibilidade de aceitar o sentido que ela inventou, a magistrada, além de me condenar, destruiu meu trabalho. Estou me referindo ao livro *Diário da cadeia: com trechos da obra inédita Impeachment*.

O leitor irresponsável é na verdade um covarde: jamais conseguirá ter diante da obra de arte uma experiência de fato plena e reveladora. Ele sempre vai transferir suas sensações, angústias e conclusões para os outros.

Fiquemos amanhã com o leitor que diante do nome Messias Botnaro irá perguntar algo mais criativo: o que isso quer dizer?

10 de dezembro

O leitor responsável (e portanto sem traços de covardia diante da arte) vai procurar uma relação produtiva com o trabalho de Messias Botnaro fazendo justamente o caminho contrário ao que descrevi ontem. Em vez de fugir do livro tentando achar alguém para fugir de suas próprias conclusões, ele irá logo estabelecer uma relação de tensão com o livro, buscando todo tipo de atrito que possa mover sua experiência.

Parto do princípio de que *Minha luta* é uma dessas obras em que o nome que a assina deve fazer parte do conteúdo. Aqui estamos muito próximos de outras criações contemporâneas, como os livros de Elena Ferrante e sobretudo as intervenções de diferentes naturezas de Banksy. Há algo ainda de certa arte voltada para a crítica do próprio meio, na medida em que recusa a participação nos grupos autorais, uma das principais características da literatura brasileira contemporânea. Além disso há o uso da arte para incomodar várias autoridades diferentes: em uma conta muito rápida e portanto incompleta, o livro faz blague com o meio editorial, com parte das ciências políticas, com certo tipo de religião e sobretudo com o nazifascismo que tomou conta de Brasília. Aqui, enxergo influência de coletivos como Pussy Riot e o brilhante Yes Men. Esse é o contexto artístico a que o livro *Minha luta*, assinado por Messias Botnaro, se integra.

Não acho que o trabalho artístico tenha qualquer tipo de obrigação de trocar o nome das pessoas a que uma obra se refere. No ano passado citei a atitude patética da minissérie *O mecanismo*, de José Padilha, que chamou a Polícia Federal de Polícia Federativa, Dilma Rousseff de Janete e Lula de Higino. Trata-se de puro diversionismo covarde. Quando um trabalho artístico lida com um juiz que fez todo tipo de manobra para tornar um processo jurídico em uma série de TV intermídia chamada Lava Jato e com isso ajudar um político nazifascista a ser eleito e depois aceitar dele um cargo enquanto tenta manter a imagem fictícia de paladino da luta anticorrupção, o nome usado deve ser Sergio Moro. Depois se a narrativa for lidar com essa mesma figura sendo torturada psicologicamente pelo nazifascista que ele ajudou a eleger, pedindo demissão de forma patética e indo trabalhar em uma companhia que presta assessoria para as mesmas empresas que sua minissérie ajudou a derrubar, seu nome deve ser Sergio Moro. Se por fim esse cidadão produzir um parecer defendendo um empresário acusado de corrupção, e logo depois ainda acabar circulando a notícia de que a empresa onde o ex-juiz, ex-ministro e ex-paladino anticorrupção foi parar está sediada em um paraíso fiscal, o nome deve continuar sendo Sergio Moro.

No caso de *Minha luta* a escolha do nome Messias Botnaro me parece a mais adequada. Boa noite.

11 de dezembro

A obra completa de Messias Botnaro se compõe por textos de natureza variada. A principal parcela é formada pelos "tuítes póstumos de um herói nacional". Trata-se de uma coleção longa de barbaridades redigida sob a forma da conhecida rede social, antecedida por uma apresentação assinada por Joseíta Pífia, a médium que psicografou a obra durante a pandemia de 2020 e que pela localização é vizinha de outra assombração, Olavo do Carvalho. A propósito, há um certo Orvalho de Farfalho, "um dos mais originais e audaciosos pensadores de todos os tempos", que já estava no "reino escuro" quando Botnaro chegou. Logo depois aparece uma advertência, redigida à maneira das *Memórias póstumas de Brás Cubas*. Uma citação é suficiente:

> Algum tempo hesitei se devia abrir estas memórias pelo princípio ou pelo fim, isto é, se poria em primeiro lugar o meu nascimento ou a minha morte. O uso vulgar seria começar pelo nascimento. A opção adotada foi imitar outro célebre defunto autor, que também contou a sua morte e a pôs no introito. Mas ao contrário do meu antecessor, eu me vi frente à impossibilidade de contar uma história linear e organizada.[27]

Enfim, se o leitor tiver esperado de *Minha luta* algum tipo de identificação com o presidente neonazifascista, aqui será obrigado a desistir: o homem está bem vivo e nesse momento lança piadinhas homofóbicas sobre o coronavírus (que hoje fez ultrapassar a marca de 180 mil mortos no Brasil) e continua tão relapso quanto seu ministro da Saúde no que diz respeito à vacina. Ademais não há a mais remota possibilidade de aproximar a Morte de Machado de Assis. São mundos estanques e o Bruxo de fato está do lado de cá. Enfim, a pergunta que se impõe é a seguinte: se esses textos não pretendem se identificar com o presidente, qual a natureza deles? Ou, dizendo de outro jeito para fazer a mesma coisa: a que conclusão esse tipo de trabalho pode nos levar?

A resposta exige que procuremos com certo cuidado os tais tuítes póstumos, que começam com Botnaro apresentando diversas formas de tortura e por fim as justificando:

8.

> Na #*geladeira*, os bandidos ficavam agachados pelados em cela bem pequena, sem água ou comida. Durante vários dias, alternavam-se sistemas de refrigeração e aquecimento, do gélido cruel ao calor de fusão, do frio severo ao calor de sublimação, fazendo o corpo tremer e se contrair.

---

27. Ver BOTNARO, Messias. *Minha luta*. Vitória: Cousa, 2020, p. 25.

9.

Os casos de torturas ocorreram porque o país estava em guerra contra grupos armados de terroristas que atacavam o Estado e queriam implementar a ditadura do proletariado. E o Estado se defendeu dos inimigos. Ocorreram excessos? Sim, mas era guerra. E na guerra excessos acontecem.[28]

Amanhã a gente continua a apresentação, que levará a outras narrativas, facilmente reconhecíveis, como essa aqui:

20.

Tenho literalmente me matado para melhorar, mas por vias democráticas a transformação não acontecerá na velocidade que almejamos. Se quiser fechar o *#STF*, sabe o que você faz? Você não manda nem um jipe. Manda um soldado e um cabo. Não é querer desmerecer o soldado e o cabo, não.[29]

Passei o dia com uma leve dor de garganta e uma sensação olfativa estranha: de vez em quando me vinha um cheiro de macarrão à bolonhesa com muito queijo ralado.

12 de dezembro

Depois da série sobre tortura e o golpe de 1964, o novo grupo de tuítes cria uma espécie de besteirol lascado, facada nas pessoas que dizem que não tomam de jeito nenhum uma vacina da China (já que com isso acreditam correr o risco de se tornar comunistas), sobre o tal "marxismo cultural",

---

28. Ibid., p. 32.
29. Ibid., p. 35.

que de resto não existe, o que portanto combina bem com a condição póstuma de Messias Botnaro.

Mais uma vez os textos ficam muito longe de algo que possa ter sido escrito por esse tipo de gente:

24.

Certa vez um soldado amarelo, com cara de nenhum amigo, torturou uma mulher num terreno baldio. Entrei no pátio da operação e começaram a gritar: "Mata!", "Tira a roupa", "Terrorista", "Filha da puta", "Deve ter matado gente". O amarelo passou o seio esquerdo a ferro quentíssimo.[30]

A série seguinte relembra um episódio clássico do pensamento das pessoas que estão no governo federal:

33.

O regime militar brasileiro matou foi pouco. Pinochet devia ter matado mais gente. A Polícia Militar do Brasil tem que matar mais. O policial tem que decidir entre reagir e matar ou não reagir e ir para o cemitério. Matar ou morrer. O marginal só respeita o que ele teme. #*Guerra*.

34.

Os canalhas e idiotas da Anistia Internacional dizem que a polícia brasileira é a que mais mata no mundo, atacando nossos valorosos policiais civis e militares. Mas eles matam pouco considerando a criminalidade no país. Violência não se combate com bandeiras de direitos humanos!!

---

30. Ibid., p. 36.

35.

O bandido está destinado originariamente ao sofrimento. Ele deve sofrer visto que é culpado. Não há alternativa. O remédio amargo é o único remédio. A tortura é apenas uma morte sempre adiada. Por fim, a morte tem de vencer, pois a ela estamos destinados desde o nosso nascimento.[31]

Logo aparece a questão da ditadura gay para então o leitor ser apresentado a uma reflexão nonsense de Orvalho de Farfalho.

A próxima parte lida com a pandemia da Covid-19. O texto passa então a inventariar a participação do atual presidente da República na gestão da crise.

Aqui um trecho feliz e típico dessa parte:

9.

Governadores e prefeitos impedem a atividade econômica e em troca oferecem esmolas, com o dinheiro alheio. Esmolas atenuam o problema, mas não o resolvem. E pessoas querem viver de seu esforço próprio. Depois que se monta um grande Estado assistencialista, fica difícil desmontá-lo. Crises instigam os piores instintos intervencionistas e estatizantes. Não podemos deixar que esse vírus chinês destrua as bases de nossa sociedade. O objetivo deles não é debelar a doença, e sim utilizá-la como escada para descer até o inferno, cujas portas pareciam bloqueadas desde o colapso da União Soviética, mas que finalmente se reabriu.[32]

O final do livro é quase um epitáfio:

---

31. Ibid., p. 39.
32. Ibid., p. 93.

> Morri, não há mais o que contar. Acabou, porra! Me desculpem o desabafo. Acabou! Mas ainda não terminou de acabar. Só vamos vencer a guerra contra o comunavírus, infelizmente, se um dia nós partirmos para o modelo dos Estados Unidos de Ronald Dump, fazendo o trabalho que o Manetta não fez. Morrerão uns 200 mil. E daí? Logicamente, a gente quer ter uma morte digna e deixar uma boa história para trás. Força e Honra![33]

Depois disso, por fim, um texto assinado por um certo Joanin Pepperoni afirma nossa principal obrigação diante dos apoiadores do presidente, os horrendos bolsominions:

> As diversões dos Botminions são as manifestações pró-governo realizadas aos domingos, em frente ao "palaclã". Defendem a tortura e a pena capital aos seus inimigos. Qualquer um que contrariar uma ideia ou uma vontade do chefe passa, sob o comando da Gabine do Ódio, a ser atacado sem piedade. Com faixas e memes — únicos gêneros textuais que conhecem —, hostilizam a vítima até o aniquilamento. Contei-lhes da minha estada entre os Botminions, mas não do seu horror essencial, que até hoje me visita em forma de pesadelos. Quando ando na rua, tenho a impressão de que ainda me cercam. Eles são, como já disse, um povo degenerado: defendem instituições arcaicas, têm um chefe a quem chamam de "io", empregam uma linguagem monossilábica composta unicamente por vogais (à semelhança dos símios), ingerem cloroquina para curar coronga, defendem a terapia dos castigos corporais e exultam a meritocracia. Temos o dever de resgatá-los da treva em que caíram. Ou de aniquilá-los definitivamente.[34]

Bom domingo a todos.

---

33. Ibid., p. 127.
34. Ibid., p. 136.

13 de dezembro

Um livro como esse ser assinado por um morto é para os leitores em primeiro lugar um sinal de esperança. Como não há autoria e sim essa espécie de voz que se contrapõe à correnteza discursiva que sustenta o nazifascismo, aqui está uma possível colaboração para o enfraquecimento da ilusão de força dessa gente. Eles não são imortais e ao contrário de repente estão prestes a acabar.

Do mesmo jeito a narrativa póstuma desnaturaliza o discurso. O ponto de vista artístico, a narrativa que vem do lado de lá é trivial. Vou tentar um exemplo concreto para reforçar meu argumento. Hoje um editorial na capa da *Folha de S.Paulo* começa da seguinte forma:

> Passou de todos os limites a estupidez assassina do presidente Jair [] diante da pandemia de coronavírus. É hora de deixar de lado a irresponsabilidade delinquente, de ao menos fingir capacidade e maturidade para liderar a nação de 212 milhões de habitantes num momento dramático da sua trajetória coletiva. Chega de molecagens com a vacina![35]

Ao lado a manchete é a seguinte: "Cresce parcela que não quer se vacinar contra Covid-19." Ora, a veemência do editorial, que de resto se repete periodicamente, já está anulada pela gravidade do fato de que o principal culpado pelo genocídio (que até agora levou 181.419 brasileiros, parte dos quais poderia estar viva se as medidas que o presidente desde sempre sabotou tivessem maior aceitação) não é responsabilizado. O editorial portanto já não faz diferença, e a repetição desse tipo de texto, além de doentia, só dá mais força ao genocida: nada nos abala, ele e seus apoiadores pensam.

A situação trágica está naturalizada. É preciso portanto buscar outras formas narrativas. Messias Botnaro é uma delas. Por si só e além de tudo, ele ridiculariza o nazifascismo, recurso que acho hoje decisivo.

---

35. "Vacinação já!". *Folha de S.Paulo*, 13 dez. 2020, capa.

A contribuição principal do livro, além dessas, parece ser outra. Amanhã encerro a análise de *Minha luta*.

14 de dezembro

A construção de um arquivo nunca foi uma questão pacífica. Em momentos de forte manipulação de dados e quando a mentira se torna um hábito de ação política, que se confunde talvez com a própria narrativa histórica, torna-se decisiva e urgente. Vou tentar ser mais claro: a história do governo extremista no Brasil é contada em tempo presente a partir da documentação que consegue se sobressair. Não se trata portanto da visita a um acervo de fontes primárias, depois a escolha do que pode ser relevante ou ao menos mais adequado e por fim a construção do arranjo que irá resultar na narrativa historiográfica. Nesse momento (por volta das 2 horas da manhã do dia 15 de dezembro de um final de ano muito quente e dolorido) o arquivo é a própria historiografia. Não acho isso exatamente o ideal: talvez a supressão de etapas gere algum tipo de debilidade. Ainda assim admito que não há nenhuma outra forma de agir no tempo presente.

Minha luta, a coleção de discursos fragmentários que está sendo publicada sob assinatura de Messias Botnaro, é um arquivo. O livro traz um amálgama do discurso que acabou solidificando a impressão de força que o presidente exala, resume os recursos que ele usa para manipular a pandemia da Covid-19 a seu favor, recria em tom de poeira a idiotia que Olavo do Carvalho implantou na cabeça de muita gente e, por fim, faz tudo isso sem nenhuma naturalidade.

É possível iniciar uma reflexão sobre documentação primária. O que serve para descrever o surgimento do mito, sua eleição e, no momento, o genocídio que ele comanda? Posso em algum momento tentar colaborar com esse debate. Aqui, minha finalidade é outra: observo como a história se tornou urgente a ponto de se transformar em uma possibilidade de pensar em arquivos. Isso se dá também porque é preciso — falo literalmente! — salvar vidas. O número de mortos pela Covid-19 chegou hoje no Brasil a 181.835.

Angustio-me ainda com uma última questão: há razão nessa supressão de meios? Não estou questionando a urgência. As mortes que poderiam ser evitadas agora servem como contabilidade no julgamento do genocídio que torço, sem esperança, para que ocorra. Comprometo-me a, dentro das minhas possibilidades, lutar por ele.

Justifico-me ainda outra vez com a filosofia contemporânea, com um texto sintomaticamente chamado de *Arquivida*:

> O maior desafio desse processo é o do sentido: exatamente aonde estamos habituados a levar o sentido a uma perspectiva extrema, a um fim (seja ele da história, da sabedoria ou da salvação) descobrimos que os fins se proliferam e ao mesmo tempo, se transformam, incessantemente, em meios.[36]

Desde que o *Diário* começou estou atrás justamente desse sentido.

15 de dezembro

Minha luta, coleção de aforismos alucinados e tuítes endoidecidos, redigidos entre o nonsense e a citação constrangida, que por fim recoloca no nosso mundo como um objeto de ridicularização e ao mesmo tempo de exposição da tolice que nos governa e rege parte considerável da população, é um desses arquivos.

Pela manhã circulou a notícia de que o presidente da República esteve em um evento provocando aglomeração aqui em São Paulo, e agora à noite outra informação pipocou por aí: perdemos hoje 915 pessoas vítimas da

---

36. Ver NANCY, Jean-Luc. *Arquivida*: do senciente e do sentido. Trad. de Marcela Vieira e Maria Paula Gurgel Ribeiro. São Paulo: Iluminuras, 2014, p. 33.

Covid-19. Por fim o presidente desdenhou da vacinação e disse que não irá se imunizar. Sua intenção é, de novo, tentar maximizar as mortes, que estão para a sua alegria e sob seu empenho aumentando de novo. Ele riu bastante sem máscara no evento. Daqui a poucos dias irá insinuar que a vacina pode transformar pessoas em jacaré. O mundo inteiro vai rir da nossa cara.

Bastante gente ainda discute a aprovação da Morte, que continua muito elevada. Ora, ele anunciou durante a campanha que traria destruição e morte. Aí está! Parece natural que um político que entrega, nesse caso com notável rapidez, suas promessas de campanha receba aprovação por isso. Quem votou nesse cara para presidente da República em 2018 é capaz de qualquer coisa. Um país que tem esse presidente é doentio. O Brasil se apaixonou pela morte que sempre esteve em seu horizonte, fez sua declaração publicamente, celebrou com pompa e circunstância o casamento e agora tira proveito da lua de mel. O Brasil é um lugar doentio.

Assim, já não importa o que venha a acontecer com o mito e seu governo. Um impeachment não significará de forma alguma seu fracasso. Com um total de 353.137 óbitos no momento em que este livro for fechado — boa parte delas evitável, como podemos ver nos números dos outros países —, o presidente já cumpriu seus objetivos: fez o país dobrar-se à ânsia que ele e seus seguidores sempre tiveram (e a propagandearam sem reservas) pelo sofrimento, dor e morte.

Tenho apenas quinze dias para terminar este diário. Vou agora fechar algumas reflexões, enquanto faço uma revisão mais severa dos últimos meses.

Termino o ano com uma constatação terrível: a Morte venceu e apenas na metade do tempo que os mais de 57 milhões de votos lhe conferiram. Não tenho lembrança de um presidente que agiu de forma tão rápida e eficiente para entregar as promessas a seus eleitores.

Se algum dia o mito for preso, será às custas de milhares de mortes. É assim que a gente define "genocídio", palavra que aliás o país continua evitando.

16 de dezembro

Há dois dias, o jornalista Jamil Chade publicou o seguinte em seu blog:

> A procuradoria do Tribunal Penal Internacional revelou que está examinando uma comunicação contra o presidente Jair [] por conta da situação da população indígena. Essa é a primeira vez na história que um chefe de Estado brasileiro fica sob avaliação formal por parte do órgão internacional. O comunicado é ainda o primeiro sinal positivo da corte em relação às denúncias que acusavam o chefe do Executivo de "incitar o genocídio" e "promover ataques sistemáticos contra os povos indígenas" do País.[37]

Como ele disse, trata-se de ação muito preliminar, ainda que notável. A reação no Brasil, dos apoiadores à oposição, foi sintomática: nenhuma! Por aqui todo mundo continua reclamando da incompetência do ministro da Saúde, já alcunhado ministro da Doença ou ministro do Ataúde, para lidar com a pandemia, cujo capítulo atual da barbárie é a inépcia quanto à vacinação. O próximo será a falta de oxigênio hospitalar em Manaus. A reação do presidente também é muito citada: irresponsável, insensível, desumano e por aí vai. De vez em quando algum artigo é publicado tentando analisar a linguagem do presidente, sua psicologia, forma de fazer política etc. Como se ainda fosse o momento...

A história passou e nós, brasileiros, ficamos para trás, como dirá o escritor Tiago Ferro, em artigo um tanto mais atual na *Folha de S.Paulo* de amanhã.[38] Perdemos a hora: hoje, faleceram vítimas da Covid-19 mais 968 pessoas.

Tentar compreender como age o presidente brasileiro é dar um passo para trás: ele já agiu. Viabilizou um genocídio. Seria preciso nesse momento criar

---

37. Ver <noticias.uol.com.br/colunas/jamil-chade/2020/12/14/tribunal-internacional-confirma-que-esta-analisando-queixa-contra-bolsonaro.htm>.
38. Ver FERRO, Tiago. "País esgotado". *Folha de S.Paulo*, 17 dez. 2020, p. 3.

o mesmo ambiente que culminou no golpe contra Dilma Rousseff em 2017. Hoje, é muito mais fácil: nem mesmo uma minissérie de TV disfarçada de procedimento político seria necessária.[39] Se todos os setores que se dizem indignados com a "irresponsabilidade" do presidente de fato resolvessem lhe fazer oposição, destacando sem parar o genocídio (como faziam com as bravatas jurídicas de Sergio Moro), o presidente não duraria mais muito tempo no cargo e, ainda que tardiamente, haveria a chance de brecar o genocídio.

Por isso, afirmo sem receio: o desconforto com o atual governo, que inúmeros meios manifestam por aí, é falso. Muita gente se sente bem com o que o presidente está fazendo e por isso manifesta uma indignação de carochinha. Com isso o genocídio segue o seu curso livre, ágil, aerossol e sem nenhum sinal de tentativa de contenção. Daqui a alguns anos, provavelmente faremos outros acordos para que nada contenha a violência que move o Brasil. A lista de cúmplices será grande como sempre e também como sempre nada vai acontecer, até porque já aconteceu e ninguém quis ver ou, se viu, achou melhor não falar com clareza: estamos testemunhando a maior matança organizada pelo Estado da história do Brasil. O nome disso é genocídio.

Ajudem-me a estar errado, por favor: o presidente brasileiro e seu ministro da Saúde, Eduardo Pazuello, precisam ser responsabilizados pelo genocídio que estão comandando.

17 de dezembro

Aqui, quero apenas dar uma satisfação para o leitor que talvez estranhe o salto cronológico: o ano termina com a abertura deste diário. Também preciso revisar tudo e fechar o arquivo. Tenho por volta de vinte dias para isso e muito trabalho pela frente.

---

39. A título de entretenimento, lembro aqui que nas últimas décadas toda vez que o Congresso Nacional afastou um presidente legitimamente eleito, uma minissérie desempenhou um papel importante de agitação: *Anos rebeldes* no caso de Fernando Collor e a Operação Lava Jato no episódio de Dilma Rousseff.

Hoje, o Brasil perdeu 1.054 pessoas por causa da Covid-19 e o presidente fez uma declaração para desestimular o uso da vacina.

Muita gente ainda aceita que as ações dele se devem a algum tipo de insensibilidade, incompetência, psicopatia, infantilidade, burrice ou qualquer outra coisa do gênero. Eu diria que a maioria ainda não aceita que se trata de uma política organizada de extermínio de uma parte da população brasileira.

Caso eu não volte mais aqui, desejo a todos um bom Natal e deixo meu mais profundo respeito a quem perdeu uma pessoa querida, sobretudo para as vítimas do que estou querendo compreender e combater. Mando ainda um enorme abraço às crianças que perderam os avós, mortos por uma sociedade que esnoba seus velhos. Este livro é dedicado a vocês.

Este livro foi composto na tipografia
Minion Pro, em corpo 11/16, e impresso em
papel off-white no Sistema Cameron
da Divisão Gráfica da Distribuidora Record.